新编21世纪高等职业教育精品教材 · 通识课系列

U0874157

创新创业教育

CHUANGXIN
CHUANGYE
JIAOYU

主　编◎孔　震
副主编◎范新灿　张春青　刘丽莎　罗海林

中国人民大学出版社
· 北京 ·

前　言

PREFACE

一、关于大学生创新创业

创新是什么？是支持冒险、鼓励冒尖、宽容失败，是知识与技能的厚积薄发，是人类特有的认识能力和实践能力，是人类主观能动性的高级表现形式，是社会发展的不竭动力。有了创新，这个世界才如此精彩，创新赢未来。

创新能力不是与生俱来的，大学生要善于发掘新事物，挥洒灵感的激情和想象力，也需要掌握基本的技法和工具。

创新教育能够培养大学生以现有的思维模式提出有别于常规或常人思路的见解，开启创新思维，发现问题，多角度思考问题，使大学生掌握基本创新应用领域的技法工具，以专业技能为依托，不断改进或创造新的事物、方法、元素、路径、环境。

创新仅有意识和思维是不够的，一定要勇于实施，创业是一种高层次的实践，是一种个人价值观的升华，但是，创业教育仅仅是教人创业吗？大学生的创业教育并不是以创业成功为目的，而是培养学生的自我认知和综合素质，传授创业知识，培养学生的实践能力、商业化的运作能力，使学生将来无论是就业还是创业，都更具开拓能力。

二、本书编写宗旨和特色

推进创新创业教育，逻辑起点就是破解创新创业教育的“特殊性”，核心问题就是理论体系的构建和实践能力的塑造。中国高校创新创业教育体系建设应当坚持“面向全体学生、贯穿全过程”的基本要求，将创新思维和创业知识融入课程体系，帮助学生提高实践能力。本书编写的宗旨是让学生系统性学习创新创业知识，提升学生的创新思维、创业意识和创新创业技能，实现创新创业教育融入人才培养全过程。

本书的内容编排努力体现以下几个融合：

一是创新创业教育和思政教育相融合。本书的内容编排紧扣时代脉搏，贯彻国家政策方针，融入我国创新创业的政策导向，注重全过程育人和职业道德熏陶，提升学生的思想层次，使学生摆正位置、调整心态，树立正确的创新创业观。

二是创新创业教育和专业教育相融合。本书在案例筛选、思维启迪、跨学科融合等方面，遵循针对性、发散性、适用性原则，在项目训练环节，强化创新创业知识和技能与专业核心能力有机结合，通过角色体验、过程体验和环境体验，满足学生的个性化学习需求。

三是创新教育和创业教育相融合。创新与创业有着各自明确的边界与内涵，也有密不可分的内在联系，以创新思维培养为驱动力，以创业能力培养为目的，两部分内容交叉、渗透与融合，既涵盖了创新创业的基础知识，又突出了创新创业的思维方法。

四是创新教育和实践教育相融合。本书的重点部分是创新创业的思维拓展、技法应用，落脚点是创新创业能力的训练，注重从应用的角度锻炼和提高学生解决创新创业活动中遇到的各种实际问题的能力。

三、本书呈现方式和栏目设置

本书体现了职业教育的教学方法，在体例设计上根据需要采用了以下的栏目设计：

(1) 导入案例：以与每节内容关联的典型案例作为启发式教学引导。

(2) 核心概念：所学内容的概念、原理、内涵等。

(3) 知识探究：基本知识的延伸、拓展内容、纵深学习。

(4) 应用案例：构造知识的应用场景，更加立体、直观和吸引人。

(5) 素养要求：提示和重点介绍大学生创新创业必备的素养。

(6) 思考交流：以案例、话题等为引子，抛出问题，头脑风暴。

(7) 能力训练：学以致用、巩固提高。

(8) 风云人物：介绍创新创业的有关人物的情况。

(9) 经典分享：选取经典案例、事件，便于深刻理解有关理论、模型、原理、方法。

四、编写分工和感谢

本书由北京信息职业技术学院孔震主编；深圳职业技术大学范新灿、刘丽莎，唐山职业技术学院张春青，中国人民大学出版社罗海林担任副主编。本书的编写得到了有关职业院校领导和同事的大力支持。

感谢各位领导、同人给予的宝贵建议、启迪和帮助。感谢各位专家对本书编写提供的悉心指导。

创新创业教育需要打造一个生态系统，需要不断与时俱进、学习探索。由于编者水平有限和时间仓促，书中疏漏之处在所难免，敬请专家和读者朋友提出宝贵的意见。

编者

目　录

CONTENTS

第一部分　开发创新能力

第二部分　践行创业人生

第一部分

开发创新能力

模块一 创新意识与创新精神

导读导学

在我国悠久的历史文化中，创新文化、创新思维无处不在，早在商朝就已有“创新”的记载。

创新有三层含义：一是更新，对原有的东西予以替换；二是创造，创造出原来没有的东西；三是改变，对原有的东西进行发展和改造。

创新意识是指人们在社会活动中，主动开展创新活动的观念和意识，表现为对创新的重视、追求和开展创新活动的兴趣和欲望。创新精神是指能够综合运用已有的知识、信息、技能和方法，提出新方法、新观点的思维能力，具有进行发明创造和改革的意志、信心、勇气和智慧。

思维导图

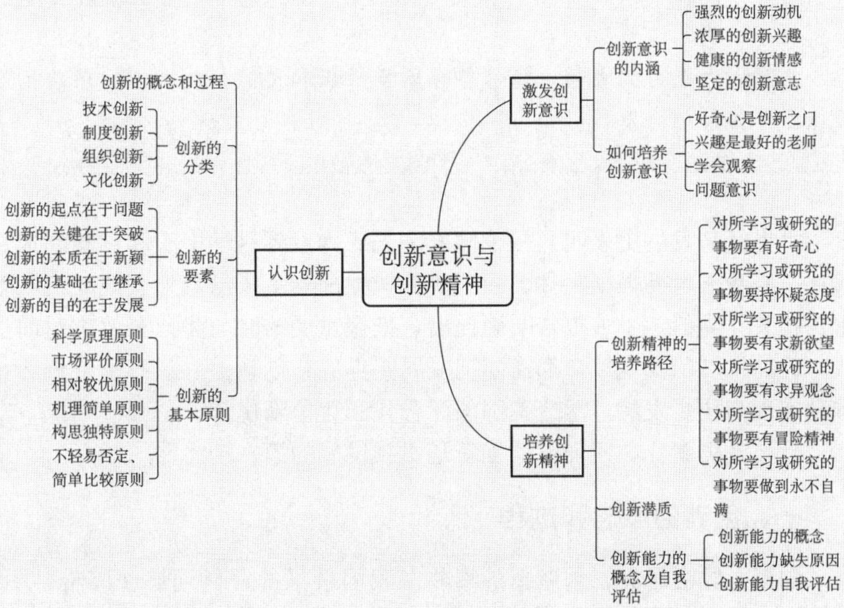

1.1 认识创新

▶能力目标

1. 认知创新的概念、过程、分类和基本原则
2. 理解创新和创意、创新和创造的联系与区别
3. 学会分析企业的创新类型

导入案例

智能农业监测系统的研发与应用

一群电子工程专业的学生，在老师的指导下，针对农业生产中的实际问题，开展了一项创新项目——智能农业监测系统的研发。学生们利用物联网技术，结合传感器和数据分析，设计了一个能够实时监测土壤湿度、温度、光照强度等关键指标的系统。系统通过无线网络将数据传输到云平台，农民可以通过手机 App 或电脑实时查看数据，并根据系统分析的建议进行决策。

具有创新能力的大学生能够整合所学知识和技能，创造性地解决问题，从而实现自身价值，并推动社会发展。

世界经济发展史表明，一个国家率先成为世界科学中心和创新高地，就能快速实现现代化，跻身于世界强国之林。而一些传统强国衰落，与其失去或缺乏创新精神和创新能力密切相关。党的二十大报告明确提出，把握发展的时与势，有效应对前进道路上的重大挑战，提高发展的安全性，都需要把发展基点放在创新上。只有坚持创新是第一动力，才能推动实现高质量发展，塑造我国国际合作和竞争新优势。

什么是创新？如何理解“创新是引领发展的第一动力”？

一、创新的概念和过程

创新，顾名思义，创造新的事物。我国最早的百科词典《广雅》中说，“创，始也”；新，与旧相对。“创新”一词出现得很早，如《魏书》中有“革弊创新”，《周书》中有“创新改旧”。在西方，英语中 innovation（创新）这个词起源于拉丁语，有三层含义：一是更新，就是对原有的东西予以替换；二是创造新的东西，就是创造出原来没有的东西；三是改变，就是对原有的东西进行发展和改造。

创新，是人类特有的认识能力和实践能力，是人类主观能动性的高级表现形式。从哲学角度来说，创新是人类为了满足自身需要的创造性实践行为，是对旧事物所进行的替代和覆盖；从社会学角度来说，创新是人们为了发展需要，运用已知的信息和条件，突破常

规，发现或产生某种新颖、独特的有价值的新事物、新思想的活动；从经济学角度来说，创新是人类在特定环境中，以现有的知识和物质改进或创造新的事物并能获得一定有益效果的行为。

创新的过程一般分为四个阶段：准备阶段、思考阶段、顿悟阶段和验证阶段（见图1-1）。

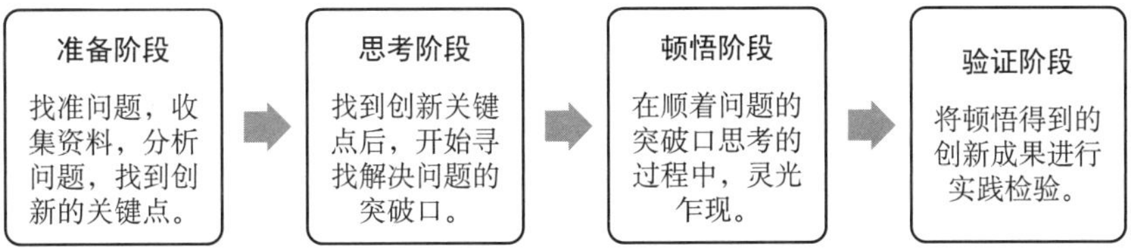

图1-1　创新的过程

核心概念

创新理论

经济学上的创新的概念是由著名经济学家熊彼特首先定义的，他在其著作《经济发展理论》中提出，创新是指企业家对于生产要素进行新的组合，从而获得超额利润的过程。熊彼特将其所指的创新组合概括为五种形式：

（1）引入新的产品或提供产品的新质量；

（2）采用新的生产方法、新的工艺过程；

（3）开辟新的市场；

（4）开拓并利用新的原材料或半制成品的一种新的供给来源；

（5）采用新的组织方法。

熊彼特创立创新理论的主要目的在于对经济增长和经济周期的内在机理提供一种全新的解释，利用创新理论分析资本主义经济运行呈现“繁荣——衰退——萧条——复苏”四阶段循环的原因，说明了不同程度的创新，会导致长短不等的三种经济周期，并认为创新能够引发经济增长。熊彼特等人对创新的定义，突出之处是强调了经济要素的有效组合，即创新应是信息、人才、物质材料与企业家才能等经济要素的有机配合，形成独特的协同效用。

风云人物

钱学森

钱学森被誉为中国航天事业的奠基人之一（见图1-2）。他认为，创新就是要敢于突破传统观念和思维定式，敢于研究别人没有研究过的科学前沿问题，不断探索求新。用他自己的话说，“所谓优秀学生就是要创新。没有创新，死记硬背，考试成绩再好也不是优秀学生”。钱学森的创新精神不仅推动了中国航天事业的发展，也为科学技术的进步和国家现代化建设做出了不可磨灭的贡献。

图1-2　钱学森

二、创新的分类

熊彼特所描绘的五种创新组合形式，大致可归纳为三大类：一是技术创新；二是制度创新；三是组织创新。后来又有学者增加了“文化创新”。

（一）技术创新

技术创新在企业的创新中处于核心地位，技术创新包括原始创新、集成创新以及再创新，而制度创新、组织创新和文化创新是围绕和支撑技术创新而进行的创新。

技术创新是一个从产生新产品或新工艺的设想到市场应用的完整过程，它包括新设想的产生、研究、开发、商业化生产到扩散的一系列活动。技术创新的本质是科技、经济一体化的过程，它包括技术开发和技术利用这两大环节。从生产过程的角度分析，技术创新可以分为材料创新、产品创新、工艺创新和手段创新四类。

技术创新既可由企业单独完成，也可由高校、科研院所和企业协同完成，技术创新过程的完成，是以产品的市场成功作为标志的。技术创新的过程中通常都有企业的参与，具体就某个企业而言，采取何种方式进行技术创新，要视技术创新的外部环境、企业自身的实力等相关因素而定。对大型企业来说，企业要建立自己的技术开发中心，提升技术开发的能力和层次，建立技术开发成果的有效利用机制；中小型企业则应侧重于深化企业内部改革，建立承接技术开发成果并有效利用的机制。

（二）制度创新

制度创新是指在人们现有的生产和生活环境条件下，通过创设新的、更能有效激励人们行为的制度规范体系，来实现社会的持续发展和变革的创新。这种创新不仅涉及社会政治、经济和管理等制度的革新，还包括支配人们行为和相互关系的规则的变更，以及组织与其外部环境相互关系的变更。制度创新能够激发人们的创造性和积极性，促使人们不断创造新的知识和社会资源的合理配置，以及社会财富的源源不断涌现。在快速变化的外部环境中，制度创新能使组织保持先进性，与国内外组织保持良好的关系，从而不断发展，经久不衰。此外，制度创新是搞好组织内部管理工作的基础，通过从体制、制度上为其开道，使组织不断地充满活力，并提升管理效率。制度对于组织中的个人及集体的行为会形成一种激励机制，通过这种激励，人们受到鼓励而努力地工作。

（三）组织创新

组织创新是指通过对发起设立、运作机制、职能定位和治理结构等方面的创新，塑造创新型的企业组织、产业组织、社会组织和行政组织。

企业系统的正常运行，既要求具有符合企业及其环境特点的运行制度，又要求具有与之相适应的运行载体，即合理的组织形式，因此企业的发展必然要求组织形式的变革和发展。

从组织理论的角度来考虑，企业系统是由不同成员担任的不同职务和岗位的结合体。这个结合体可以从机构和结构这两个层次去考察。机构是指企业在构建组织时，根据一定的标准，将那些类似的或为实现同一目标而产生密切关系的职务或岗位归并到一起，形成的不同的管理部门。结构是各管理部门之间，特别是不同层次的管理部门之间的相互关系。它主要涉及管理的纵向分工问题，即所谓的集权和分权问题。不同企业有不同的组织形式，同一企业在不同的时期，随着经营活动的变化，对组织的机构和结构也会不断进行调整。

（四）文化创新

组织文化是特定组织在处理外部环境和内部整合的过程中出现各种问题时，所发现、发明或发展起来的基本假说的规范。从现代系统论的观点看，组织文化的结构层次分为表层文化、中介文化和深层文化，组织文化的表现形态有物化文化、制度文化、管理文化、生活文化和观念文化，组织文化的构成要素有组织精神、组织理念、组织价值观、组织道德、组织素质、组织行为、组织制度和组织形象等，由此可构成一个有着内在联系的组织文化复合网络图（见图 1－3）。

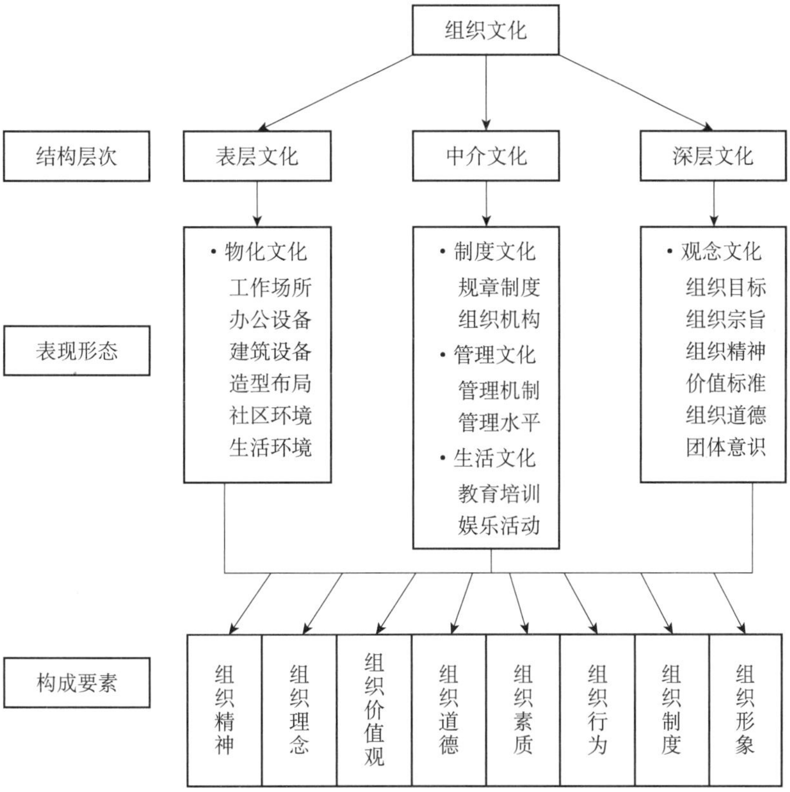

图 1－3　组织文化复合网络图

文化创新的目的是通过思想观念的变革和先进文化的交融，为创新创业提供强大的精神动力。若没有文化上的改变，企业就无法维持高生产力的发展。

在熊彼特之后，他的主要追随者从不同的角度与层次，对创新理论进行了分解研究，并发展出两个独立的分支：一是技术创新理论，主要以技术创新和市场创新为研究对象；二是组织创新理论，主要以组织变革和组织形式为研究对象。

知识探究

创新与创意的关系

创意是逻辑思维、形象思维、逆向思维、发散思维、系统思维、模糊思维和直觉、灵感等多种认知方式综合运用的结果，许多创意都来源于直觉和灵感。

创意是创新的基础。猿首先想到了造石器，然后才动手把石器造出来，而石器一旦造出来，猿就变成了人。人类是在创意、创新中诞生的，也要在创意、创新中发展。我们所见到的一切产品都起源于创意，然后才有创新，才能持续不断地重复制造。

核心概念

彼得·德鲁克的创新理论

彼得·德鲁克（Peter F. Drucker，1909—2005，见图 1-4）发展了创新理论。他提出，任何使现有资源的财富创造潜力发生改变的行为，都可以称为创新。德鲁克主张，创新不仅仅是创造，而且并非一定是技术上的。评价一项创新的标准并不在于它的新奇性、科学内涵，而在于推出市场后的成功程度，也就是能否为大众创造出新的价值。

图 1-4 彼得·德鲁克

从企业管理的角度来看，组织创新是技术创新的平台，推动技术创新是企业发展的根基，因此，技术创新能力的提升是企业核心竞争力提升的关键。技术创新的管理学解释并强调了“过程”与“产出”，是指从新思想产生到研究、发展、试制、生产制造直至首次商业化的全过程，是发明、发展和商业化的聚合。在这一复杂过程中，缺少任何一个环节，都不能形成最终的市场价值，任何一个环节的低效，都会导致创新的滞后。

三、创新的要素

（一）创新的起点在于问题

爱因斯坦说过，提出一个问题往往比解决一个问题更重要。因为解决一个问题也许仅仅是一个数学上或实验上的技能而已，而提出一个问题则需要想象力，而且提出问题标志着科学的真正进步。发现并提出问题不代表每一个问题都完美、都正确，因为好的思想不是一下子就能在头脑中形成的。我们提出的问题越多，产生好思想的机会也就越多。

（二）创新的关键在于突破

要创新，就要突破常规戒律、突破固有的习惯、突破条条框框、突破已有经验、突破过去的思维定式，创新就是对传统的“背叛”。

（三）创新的本质在于新颖

创新的意义在于“出新”，“新”是创新的本质，是创新的价值所在。所有创新都必须在创新思维的作用下，用新的思路、新的方法去解决问题，从而获得新的理论、新的技术、新的设计、新的方案、新的产品。

（四）创新的基础在于继承

牛顿曾说："如果说我比别人看得远的话，那是因为我站在巨人的肩膀上。"这就很好地说明了新与旧的关系，无旧便无新。新是在旧的基础上发展变化而来的。所以，继承是创新的基础，只有在继承的基础上创新，才是科学的。

（五）创新的目的在于发展

创新的目的性很明确，就是要看是不是有利于自然界的发展，有利于社会的发展，有利于人的发展。

知识探究

创新与创造的差异

创新与创造虽然都具有"新颖性"，但是从各自的含义来分析，创新与创造之间还是存在一定的差异。

（1）创造不受"成果效益"的限制，与熊彼特的"创新"不同，创造只强调其"前所未有"的"新颖性"，因此创造既包括成功的、能产生"成果效益"的"前所未有"的事情，也包括那些数量更多的因失败、失误、条件所限或其他各种原因造成的难以或一时难以产生"成果效益"的"前所未有"的事情。

（2）由于创新必须具有"成果效益"，因此大多是系统性的活动，它的完成常常要依靠多人的群体，而不是单个的创造者，故"创新"活动往往是一个"系统工程"，即创新工程。比如一项技术创新至少包括新产品的构思、设计、发明、试制、批量生产、打入市场并产生经济价值等系统化的过程。因此，创造既可以是系统性的创造（包括能产生经济价值的创新和尚未产生经济价值的系统性创造），也可以是系统中某一部分的单个创造（如新产品的设计或发明，甚至是一个新的想法、点子等），所以创造的外延要比创新大得多。严格来说，我们可以讲某个人具有很强的创造能力，但不宜说他具有很强的创新能力，因为仅仅依靠一个人的能力来完成从创造到具有"成果效益"的系统性创新的全过程，是极为困难的，特别是最后一步——价值性转化，更是难上加难。所以，创新能力一般只适用于群体，如企业创新能力、国家创新能力等。

（3）虽然创新和创造都具有"新颖性"的本质特征，但从人们已经使用的情况来看，创新的新颖性主要表现在与某已有的事物相比较之中，若没有已存在的事物，那么与之相关的创新也难以存在。例如，人们之所以说"体制创新"，就因为当前已有一个"体制"对应存在，如果客观上没有对应的已有"体制"先存在，那么就不会有相关的"体制创新"可言；同样，假若没有一套先行存在的管理制度，也就不会出现"管理创新"的提法等。从这个意义上讲，创新主要表现为"有中生新"。而创造则不同，创造不但可以包括"有中生新"，而且还可包括"无中生有"。例如，第一颗人造地球卫星上天、第一枚原子弹爆炸等都可算是"无中生有"的人类伟大创造，但似乎不宜称为人类伟大的创新。

总之，创造的外延比创新要广，创新的内涵比创造要深；创新是具有"成果效益"（含市场经济效益或社会效益等）的创造，创新是系统化的创造。

四、创新的基本原则

在创新活动中遵循创新原则是提升创新能力的基本前提，是攀升创新云梯的基础，有了这个基础就拥有了开启创新大门的“金钥匙”。

创新原则就是指创新活动所依据的法则或标准，是我们在创新活动和创新过程中需要遵循的原则。

（一）科学原理原则

创新必须遵循科学技术原理，不得有违科学发展规律。

（二）市场评价原则

创新要想经受市场考验，实现商品化和市场化，就要按市场评价的原则来分析，就要考察创新对象的商品化和市场化的发展前景，看它的性能、价格是否具有竞争性。

（三）相对较优原则

创新不盲目追求最优、最佳、最美、最先进。在创新过程中，利用创造原理和方法，会获得许多创新设想，它们各有千秋，这时，就需要人们按相对较优的原则，对设想进行判断选择。

（四）机理简单原则

创新的过程中始终遵循机理简单原则，即进行如下检查：

（1）新事物所依据的原理是否重叠，是否超出应有范围；

（2）新事物所拥有的结构是否复杂，是否超出应有程度；

（3）新事物所具备的功能是否冗余，是否超出应有数量。

（五）构思独特原则

所谓“构思独特”指创新贵在独特，可从以下几个方面来考察：

（1）创新构思的新颖性；

（2）创新构思的开创性；

（3）创新构思的特色性。

（六）不轻易否定、简单比较原则

不轻易否定、简单比较原则是指在分析评判各种产品创新方案时应注意避免轻易否定的倾向。在飞机发明之前，科学界曾从“理论”上对飞机进行否定的论证；过去也曾有权威人士断言，无线电波不可能沿着地球曲面传播，无法成为通信手段。不要随意在两个事物之间进行简单比较，我们应在尽量避免盲目地、过高地估计自己的设想的同时，注意珍惜别人的创意和构想。

以上是在创新活动中要注意并切实遵循的创新原则，这些都是根据千百年来人类创新活动成功的经验和失败的教训提炼出来的，是创新智慧和方法的结晶。它体现了创新的规律和性质，按一定的原则去创新并非束缚你的思维，而是把创新活动纳入快速运行的大道上。

核心概念

创新型人才

创新型人才就是具有强烈的创新精神和创新意识，具有敏捷的创新思维和很强的创新能力，从而能获得创造性成果，有所建树的人才。国家自主创新的关键在人才。创新型人才是国家创新体系赖以维系的根本，是建设国家创新体系的主导力量和可持续发展的能源。国家创新体系的每个构成要素都需要创新型人才发挥科技中坚力量，因而培养具有创新意识的创新型人才是国家创新体系持续发展和永葆生机的需要。

知识探究

企业的创新分类

对于企业来说，创新一般可以分为以下几种。

1. 产品创新

产品创新是指推出一种能够满足顾客需要或解决顾客问题的新产品。例如，海尔推出的“环保双动力”洗衣机（不用洗衣粉的洗衣机）、华为推出的拥有人工智能功能的 Mate 30 智能手机等，都属于产品创新。产品创新还可以分为产品性能创新、产品系统创新两类。

（1）产品性能创新。

产品性能创新指的是公司在产品或服务的价值、特性和质量方面进行的创新。这类创新既涉及全新的产品，也包括能带来巨大增值的产品升级和产品线延伸。产品性能创新常常是竞争对手最容易效仿的一类。

（2）产品系统创新。

产品系统创新是指将单个产品和服务联系或捆绑起来，创造出一个可扩展的强大系统。产品系统创新可以帮助企业建立一个能够吸引并取悦顾客的“生态环境”，并且抵御竞争者的侵袭。

2. 服务创新

服务创新是企业为提高服务质量和创造新的市场价值而发生的服务要素的变化，对服务系统进行有目的、有组织的改变的动态过程。服务创新保证并提高了产品的功用、性能和价值。它能使一个产品更容易被试用和享用；它为顾客展现了他们可能会忽视的产品特性和功用；它能够解决顾客遇到的问题并弥补产品体验中的不愉快。

服务创新来源于技术创新，两者之间有着紧密的联系。但是，由于服务业的独特性，使服务业的服务创新与制造业的技术创新有所区别，并有它独特的创新战略。服务创新可以分为五种类型：服务产品创新、服务流程创新、服务管理创新、服务技术创新和服务模式创新。

3. 品牌创新

品牌创新有助于保证顾客和用户识别、记住企业的产品，并在面对竞争对手的产品或替代品时选择企业的产品。好的品牌创新能够提炼一种“承诺”，吸引买主并传递一种与众不同的身份感。

4. 工艺创新

工艺创新是指企业对产品的加工过程、工艺路线以及设备所进行的创新。例如，新型洗衣机和新型抗癌药的生产过程中生产工艺及生产设备的调整、银行数据信息处理系统相关程序的使用及处理等。工艺创新的目的是提高产品质量、降低生产成本、降低消耗与改善工作环境。

5. 流程创新

流程创新涉及企业主要产品或服务的各项生产活动和运营。这类创新需要彻底改变以往的业务经营方式，使得企业具备独特的能力，高效运转，迅速适应新环境，并获得领先市场的利润率。流程创新常常构成一个企业的核心竞争力。

6. 结构创新

结构创新是指通过采用独特的方式组织企业的资产（包括硬件、人力或无形资产）来创造价值。它可能涉及从人才管理系统到重型固定设备配置等方方面面。结构创新的例子包括：建立激励机制，鼓励员工朝某个特定目标努力；实现资产标准化，从而降低运营成本和复杂性；创建企业大学，以提供持续的高端培训。

素养要求

创新引领未来

在高职教育中融入创新意识的培养是一项系统工程，需要教育者、学生和教育机构共同努力。高职生应具备敏锐的洞察力，能够发现问题并提出创新的想法。他们应鼓励自己跳出传统思维的框架，不断探索新的可能性和解决方案。学生应学会质疑现有知识和常规做法，通过批判性分析，识别问题的核心，从而提出有效的创新策略，成为具备创新能力和实践技能的专业人才。

应用案例

现代社会的商业模式创新

商业模式包含9个要素：价值主张、消费者目标群体、分销渠道、客户关系、价值配置、核心能力、合作伙伴网络、成本结构和收入模型。商业模式创新是指企业对目前行业内通用的为顾客创造价值的方式提出挑战，力求满足顾客不断变化的要求，为顾客提供更多的价值，为企业开拓新的市场，吸引新的客户群。例如：传统的书店决定利用互联网来销售书籍，即开通网上书店，与传统书店相比，Amazon（亚马逊）和当当网就是一种商业模式创新。

能力训练

寻找不同创新类型的案例

在当今高度互联的世界里，没有哪家企业能够独自完成所有事情，只选择一两种创新类型的简单创新不足以获得持久的成功，尤其是单纯的产品性能创新，很容易被模仿、超越。企业需要综合应用多种创新类型，才能打造可持续的竞争优势。

请讨论交流不同创新类型的典型案例，请查阅资料，完成表1-1。

表 1-1 不同创新类型的典型产品与人物/企业

创新类型	典型产品	典型人物/企业
产品创新		
服务创新		
品牌创新		
工艺创新		
流程创新		
结构创新		

1.2 激发创新意识

▶能力目标

1. 掌握创新意识的内涵
2. 了解进行创新意识培养的几个要素
3. 能在学习和生活中自觉培养创新意识

导入案例

太阳能背包

在环保意识日益增强的今天，绿色能源产品正逐渐成为市场的新宠。李明，一位高职学院的毕业生，在一次户外徒步旅行中，受阳光下闪闪发光的背包启发，萌生了创造一款太阳能背包的想法。这款背包不仅能够为电子设备提供源源不断的绿色能源，还能在设计上融入时尚元素，满足年轻消费者的审美需求。他通过问卷调查和在线访谈，收集了目标消费者的需求和偏好。他与设计师合作，创造出一款既实用又时尚的太阳能背包原型。他联系太阳能技术专家，解决了太阳能板集成和电量转换效率的技术难题。李明通过众筹平台成功筹集到了初始资金，并吸引了天使投资者的关注。太阳能背包一经推出便受到了市场的热烈欢迎。

分析：一位高职毕业生的创业故事，展示了创新意识在创业过程中的重要性，同时也涉及市场调研、产品设计、技术攻关和资金筹集等多个方面，这提供了一个全面的学习视角。

创新意识是指人们在实际社会活动中，主动开展创新活动的观念和意识，表现为对创新的重视、追求和开展创新活动的兴趣及欲望。它是人类意识活动中的一种积极的、富有成果性的表现形式，是人们进行创新活动的出发点和内在动力，是唤醒、激励和发挥人所蕴含的潜在本质力量的重要精神动力，与创新能力一起贯穿于人的创新活动的整个过程。创新意识的内涵是什么？是与生俱来的还是靠后天持续训练培养出来的？下面我们从内涵、培养路径来进行分析。

一、创新意识的内涵

（一）强烈的创新动机

创新动机是创新意识的动力源，是形成和推动创新行为的内驱力，是引起和维持主体进行创新活动的内部心理过程，也是创新才能得以施展的能源。人的每项创新活动、每个创新意识都离不开一定创新动机的支配。创新动机明确并且强烈的人，其创新活动成功的希望就大；创新动机不明确且不强烈的人，其创新活动成功的希望就小。

（二）浓厚的创新兴趣

创新兴趣是指人们从事创新活动所投入的积极情绪和态度定向。它是创新动机的进一步发展。创新动机来源于对创新的浓厚兴趣，产生创新动机不一定有创新兴趣，而一旦形成创新兴趣则必然伴随着创新动机。创新兴趣是人们从事创新实践活动强有力的动力之一，是投身创新实践的不竭动力。

（三）健康的创新情感

创新过程不仅仅是纯粹的智力活动过程，它还需要引发、推进乃至完成创造性活动的创新情感。

首先，需要稳定的创新情感。现代创新者只有在稳定的创新情感的支配下，才能提高自身创新敏感性，及时捕捉有用信息，对与创新有关的事物充满浓厚的兴趣。

其次，需要积极的创新情感。现代创新者积极的创新情感，可以极大地激发自身的创新意识和创新敏感性，充分调动自己投身于创新活动的积极性。

最后，需要深厚的创新情感。创新热情是一种深厚的创新情感，具有持续性。它是一种能促进现代创新者形成强烈的创新意识，并展开创新活动的心理推动力量。

（四）坚定的创新意志

创新意志是在创造中克服各种困难、冲破各种阻碍的心理因素，具有鲜明的目的性和坚定的顽强性。创新意志首要的是目的性，其次才是顽强性。现代创新者只有对自己的行动目的有明确的认识，才能按既定的目标去行动。创新意志的顽强性指人们在创新的过程中能精力充沛、坚持不懈地克服一切困难和障碍，取得创新成果。科学创造是一种艰苦的劳动，是要探索前人没有走完的路，要产生前人没有产生过的成果。在创造过程中成功与失败并存，只有意志顽强的创造者才能在挫折与失败中不断进取，从而把失败引向成功。

素养要求

增强大学生创新意识

创新意识和创新能力是一种认识、人格、社会层面的综合体，涉及人的生理、心理、智力、人格等诸多方面，是人的综合素质的外在表现。人才素质的高低在很大程度上取决于其创新意识和创新能力的高低。创新意识和创新能力是大学生素质中必备的成分，因而大学生创新意识和创新能力的培养是高校实施素质教育的核心所在。

在知识经济时代，知识的更新周期不断缩短，知识的增长率加快，知识转化的速度迅猛提高，高校大学生想要在这种情况下成才就需要掌握涉及面广、迁移性强、容纳度大、概括程度高的"核心"知识，需要高校大学生有忧患意识，主动发挥自身的创新意识和创新能力。要想在就业市场饱和的状态下占有一席之地，需要大学生树立创新意识、竞争意识，利用所学的知识，敏锐地观察就业趋向，并把自己武装成与众不同的创新人才，从而提升自身的竞争力。

二、如何培养创新意识

（一）好奇心是创新之门

好奇心是人类乃至很多动物天生具备的东西，它代表了求知欲、喜欢探究不了解事物的心理状态和情感行为。居里夫人说过："很多人都说我很伟大、很有毅力，其实我只是特别好奇。"爱因斯坦也说过类似的话："我没有特别的才能，只有强烈的好奇心。"

强烈的好奇心会增强人们对外界信息的敏感性，对新出现的情况和新发生的变化及时做出反应，发现问题，并追根寻源，提出一连串问题，从而激发思考，引起探索欲望，开始创新活动。许多看似偶然的发现其实都隐含着一种必然：发现者必然具有强烈的好奇心理。缺乏好奇心，必然对外界的信息反应迟钝，对诸多有意义的现象熟视无睹，对问题无动于衷，更不用说创造与发明了。

（二）兴趣是最好的老师

孔子曾说过："知之者不如好之者，好之者不如乐之者。"深厚的兴趣会使个体产生积极的学习态度，自觉克服困难，排除干扰，从而有所成就。兴趣以需要为基础。人们若对某件事物或某项活动感到需要，他就会热心于接触、观察这件事物，积极从事这项活动，并注意探索其奥妙。兴趣又与认识和情感相联系。若对某件事物或某项活动没有认识，也就不会对它有情感，因而不会对它有兴趣。反之，认识越深刻，情感越炽烈，兴趣也就会越浓厚。

一般来说，人人都会有兴趣，但每个人的兴趣对象差异很大。一个人在不同的时间、不同的地点，兴趣也会发生变化。因此，在培养广泛兴趣的基础上，及时确定某一中心兴趣，并以此为起点，继续努力，有意识地在理性的指导下，把一个专一兴趣提升到追求的高度，上升到理性的高度，这样才能真正激发我们的创新意识。我国著名政论家、记者和出版家邹韬奋说过："一个人在学校里表面上的成就，以及较高的名次，都是靠不住的，唯一的要点是你对于所学的是否心里真正觉得喜欢，是否具有浓厚的兴趣和特殊的机敏。"

要保持专注的兴趣和热情，就要建立积极的心理准备状态。大凡有成就的科学家，在其学生时代很少有被困难吓退过。只有在困境中，我们才能更清楚地意识到积极思想的意义和价值，当你克服困难，成功进入下一阶段时，回首那个曾经让你苦恼的困难，你会感谢自己的坚持和专注。著名科学家杨振宁在谈到科学研究的兴趣时说，“自己不愿意的，迫于外界压力非做不可的，那是苦。做物理学的研究没有苦的概念，物理学是非常引人入胜的”。有人问著名物理学家丁肇中做研究苦不苦，他说，“一点也不苦，正相反，觉得很快乐，因为我心中有兴趣，我急于要探索物质世界的微妙”。这就是持续而专注的兴趣所带来的心理愉悦性。

（三）学会观察

观察力是构成智力的一个重要组成部分，是一种有意识、有目的、有组织的知觉能力。世界著名的生理学家巴甫洛夫，在他的研究院门前的石碑上刻下“观察、观察、再观察”的名句，以此来强调观察对于研究工作的重要性。达尔文也曾经说过：“我没有突出的理解力，也没有过人的机智，只是在觉察那些稍纵即逝的事物并对它们进行精细观察的能力上，我可能是中上之人。”可见，观察力是十分重要的。

敏锐的观察是创新的来源。一旦你开始细心观察，各种见解和机遇都会在你面前展现。所有真正的科学家、艺术家都是善于观察的人，都有格外敏锐的观察力和较好的表达能力，这能够让他们注意到其他人容易忽略的细微现象。达尔文就是一名出色的观察家，在他 22 岁的时候，达尔文开始了历时五年的周游世界之旅。在旅途中，他凭借细致的观察，仔细记录了大量地理现象、化石和生物体。对达尔文而言，鸟嘴上和龟背上的细微差异都是不同物种的标志。回国后，他认真研究自己观察记录的宝贵资料，提出了著名的“自然选择”理论。

（四）问题意识

没有问题，就没有创新。现代思维科学认为，问题是思维的起点，任何思维过程都是指向某一具体问题的。孔子在很早就提出“每事问”的主张。强调问题意识在思维和学习中的重要性。

其实问题意识也是以观察意识和好奇心、兴趣为基础的。对任何事情都不感兴趣的人是不可能提出问题的，那些对事物缺少细致观察的人也很难提出问题。当个体对事物感兴趣，并能够进行细致的观察，通常他就能够发现问题，从而打开创新之门。

知识探究

创新与创业的关系

创新是以新思维、新发明和新描述为特征的一种概念化过程。创业是人类社会生活中一项最能体现人的主体性的社会实践活动。它是一种劳动方式，是一种需要创业者组织、运用服务、技术、器物作业的思考、推理、判断的行为。

虽然创业与创新是两个不同的概念，但是，这两个概念之间却存在着本质上的契合，内涵上的相互包容和实践过程中的互动发展。熊彼特认为：创新是生产要素和生产条件的一种从未有过的新组合，这种新组合能够使原来的成本曲线不断更新，由此会产生超额利润或潜在的超额利润。创新活动的这些本质，体现着它与创业活动性质上的一致性和关联性。

1. 创新是创业的基础，而创业推动着创新

从总体上说，一方面，科学技术、思想观念的创新促进人们物质生产和生活方式的变革，引发新的生产、生活方式，进而为整个社会不断地提供新的消费需求，这是创业活动之所以源源不断的根本原因。另一方面，创业在本质上是人们的一种创新性实践活动。无论是何种性质、何种类型的创业活动，它们都有一个共同的特征，那就是创业是主体的一种能动性的、开创性的实践活动，是一种高度的自主行为。在创业实践的过程中，主体的主观能动性将会得到充分的发挥和张扬，正是这种主观能动性充分体现了创业的创新性特征。

2. 创新是创业的本质与源泉

熊彼特曾提出，创业包括创新和未曾尝试过的技术。创业者只有在创业过程中具有持续不断的创新思维和创新意识，才可能产生新的富有创意的想法和方案，才可能不断寻求新的模式、新的思路，最终获得创业的成功。

3. 创新的价值在于创业

从一定程度上讲，创新的价值就在于将潜在的知识、技术和市场机会转变为现实生产力，实现社会财富的增长，造福人类社会，而实现这种转化的根本途径就是创业。创业者可能不是创新者或发明家，但必须具有能发现潜在的商机的能力和勇于冒险的精神。创新者也并不一定是创业者或企业家，但是，创新的成果是经由创业者推向市场的，使潜在的价值市场化，创新成果也才能转化为现实生产力。这也从侧面体现了创新与创业的相互关联性。

4. 创业推动并深化创新

创业可以推动新发明、新产品或是新服务的不断涌现，创造出新的市场需求，从而进一步推动和深化各方面的创新，因而也就提高了企业或是整个国家的创新能力，推动经济的增长。

能力训练

视觉创意训练

1. 活动目标

认识到创新无处不在，简单改变就能形成奇妙创意。

2. 活动过程和规则

（1）教师铺垫：“在我们的生活中，照片拍摄是最容易产生创意的地方，同学们动动脑动动手就可以改变现状。”然后介绍几张创意照片（见图 1－5）。

（2）请学生以“奇思妙想五花八门”为题，关注自己的周边人物，拿起手机拍摄，并且在班级展示作品，畅谈自己的构图创意。

（建议时长：20 分钟）

图 1-5　创意照片

1.3 培养创新精神

▶能力目标

1. 能评估自我的创新潜质
2. 了解创新精神的培养路径
3. 能自觉培养创新精神

导入案例

校园咖啡店的转型之路

在一所高职学院内，有一家校园咖啡店，多年来一直以传统方式经营，但随着时间的推移，学生对咖啡店的兴趣逐渐减少，生意开始下滑。咖啡店的管理者，一位名叫小薇的高职学生，意识到了问题的严重性。她认为，要想吸引学生，咖啡店需要转型，提供更符合年轻人口味和需求的服务。她提出一个创新概念——将咖啡店转型为一个集休闲、学习、社交为一体的多功能空间。小薇与设计团队合作，重新设计了咖啡店的内部布局，增加了舒适的座位区、安静的学习角落和多功能活动室。

她引入新的咖啡品种和健康的轻食，同时推出会员制度和定制服务。经过一系列的创新改造，咖啡店焕然一新，迅速成为校园内的热门地点。学生们不仅在这里享受美味的咖啡和食物，还利用这个空间进行学习交流和社交活动。

分析：在任何行业，创新都是必要的。一个校园咖啡店的转型故事，展示了创新精神在传统行业中的实际应用，同时也强调了持续创新的重要性。

创新精神是指要具有能够综合运用已有的知识、信息、技能和方法，提出新方法、新观点的思维能力和进行发明创造、改革、革新的意志、信心、勇气和智慧。创新精神属于科学精神和科学思想范畴，是进行创新活动必须具备的一些心理特征，包括创新意识、创新兴趣、创新胆量、创新决心及相关的思维活动。

一、创新精神的培养路径

创新精神是一种勇于抛弃旧思想、旧事物，创立新思想、新事物的精神。例如：不满足已有认识（掌握的事实、建立的理论、总结的方法），不断追求新知；不满足现有的生活生产方式、方法、工具、材料、物品，根据实际需要或新的情况，不断进行改革和革新；不墨守成规（规则、方法、理论、说法、习惯），敢于打破原有框架，探索新的规律、新的方法；不迷信书本、权威，敢于根据事实和自己的思考，向书本和权威质疑；不盲目效仿别人的想法、说法、做法，不人云亦云、唯书唯上，坚持独立思考，说自己的话，走自己的路；不喜欢一般化，追求新颖、独特、异想天开、与众不同；不僵化、呆板，灵活地应用已有知识和能力解决问题。这些都是创新精神的具体表现，常见的创新精神培养路径有以下几点。

（一）对所学习或研究的事物要有好奇心

好奇心是创新精神的源泉。牛顿少年时期就有很强的好奇心，他常常在夜晚仰望天上的星星和月亮。星星和月亮为什么挂在天上？星星和月亮都在天空运转着，它们为什么不相撞呢？这些疑问激发着他的探索欲望。后来，经过专心研究，终于发现了万有引力定律。好奇心包含着强烈的求知欲和追根究底的探索精神，要想创新，就必须有强烈的好奇心。

（二）对所学习或研究的事物要持怀疑态度

不要认为被人验证过的都是真理。许多科学家对旧知识的扬弃、对谬误的否定，无不是从怀疑开始的。怀疑是内在的创造潜能，它激发人们去钻研、去探索。只有对自己所学习或研究的事物持怀疑态度，才能另辟蹊径，寻找新的方向，追求新的目标，采用新的方法，从而实现创新。

（三）对所学习或研究的事物要有求新欲望

如果没有强烈的追求创新的欲望，那么无论怎样谦虚和好学，最终都是模仿或抄袭，只能在前人划定的圈子里周旋。要创新，就要有强烈的创新欲望，并且坚持不懈地努力，勇敢面对困难，直到创新成功。

（四）对所学习或研究的事物要有求异观念

不要“人云亦云”。创新不是简单的模仿，要有创新精神和创新成果，必须要有求异的观念。求异实质上就是换个角度思考，从多个角度思考，并将结果进行比较。求异者往往要比常人看问题更深刻、更全面。

（五）对所学习或研究的事物要有冒险精神

创新实质上是一种冒险，因为否定人们习惯了的旧思想，可能会招致公众的反对。冒险不是那些危及生命和肢体安全的行为，而是具有合理性的尝试。只有具备了冒险精神，才能最大限度地挖掘自己的创新潜能。

（六）对所学习或研究的事物要做到永不自满

如果一个有创新精神的人因取得一定的创新成果就停止，如果一个人害怕去尝试另一种可能比这种创新成果更好的做法，或已习惯了一种成功的思想而不能产生新思想，那么这个人就会变得自满，就会停止创新。

风云人物

雷军

雷军，小米科技的创始人兼 CEO（见图 1-6）。以其对科技趋势的敏锐洞察和对产品设计的极致追求，引领中国智能手机和智能硬件的创新潮流。他运用互联网思维，通过线上销售减少中间环节，直接与消费者沟通，快速响应市场变化。小米不仅仅是

图 1-6 雷军

一家手机制造商，还建立了一个庞大的智能硬件生态链，涵盖家居、穿戴、出行等多个领域。

他倡导“与用户做朋友”的理念，通过 MIUI 社区等平台，让用户参与到产品的开发和改进中来，通过高性价比策略重塑传统手机市场，在竞争激烈的市场中寻找差异化的路径。

二、创新潜质

创新潜质，有时也称创新潜力，是指一种隐含于个体内的隐性能力状态，主要由某一领域的基础知识和经验、创造性人格和认知风格、创造性思维能力、创造性实践技能等要素构成。研究表明，好奇心、开放、独立、大胆创新、有毅力、有信心等是创造性人格的共同特性。心理学研究表明，创新潜质包括以下几个方面：

（1）思维流畅，善于掌握事物的内在联系，不追求唯一正确的答案；

（2）思维灵活，不受事物原有形象或功能的约束，能适时转移注意力；

（3）感知敏锐，善于质疑，有很强的好奇心和观察力，注意力能够集中；

（4）不盲从，不迷信权威，有很强的怀疑精神；

（5）感知全面、客观，能调动各种感知觉，存储丰富的表象，独立性强；

（6）敢于冒险，不怕失败，大胆创新；

（7）宽容地对待各种设想，具有浪漫精神和超现实感；

（8）富有想象力和幽默感，视觉表象丰富，能把两类距离很远的事物联系在一起。

三、创新能力的概念及自我评估

（一）创新能力的概念

创新能力是指个体运用一切已知信息，包括已有的知识和经验等，产生某种独特、新颖、有社会或个人价值的产品的能力。它包括创新意识、创新思维和创新技能三部分，核心是创新思维。创新能力有时也表现为相互关联的两部分：一是对已有知识的获取、改组和运用；二是对新思想、新技术、新产品的研究与发明。创新能力应具备基础知识、专业知识、工具性知识或方法论知识、综合性知识。

1. 创新精神

创新精神是创新的意识、兴趣、勇气和毅力。经验性研究证明，具有创新精神的人不满足于现实，有强烈的批判态度；不满足于自己，有持续的超越精神；不满足于以往，有积极的反思能力；不满足于成绩，有旺盛的开拓进取精神；不怕困难，有冒险献身的精神；不怕变化，有探索求真的精神；不怕挑战，有竞争合作的精神；有强烈的好奇心、旺盛的求知欲、丰富的想象力和广泛的兴趣等。

2. 创新思维

创新思维是个体在观念层面新颖、独特、灵活的问题解决方式，创新思维是创新实践的前提与基础。具有创新思维的人常常感受敏锐、思维灵活，能发现常人视而不见的问题，并能多角度地考虑解决办法；理解深刻、认识新颖，能洞察事物本质并能进行开创性的思考。

3. 创新技能

创新技能是指将创新活动付诸实施的技巧和操作能力，是一种方法能力。它包括信息加工能力、实验操作能力、技法运用能力、创新物化能力等方面。只有切实掌握创新技能，才能使创新思维落地，使创新活动得到顺利实施，才能够最终获得丰硕的创新成果。

如果一个人不具备创新能力，必将成为庸才；如果一个企业缺乏创新能力，必将在激烈的市场竞争中遭受惨痛的失败；如果一个民族没有创新能力，必将沦为落后的民族。在科学技术飞速发展的今天，创新能力越来越成为一个国家国际竞争力和国际地位的重要影响因素。

应用案例

废旧轮胎的再生之路

随着汽车数量的增加，废旧轮胎的处理成为一个日益严重的环境问题。在中国，一位名叫小刚的年轻创业者，通过创新思维，将废旧轮胎转化为有价值的产品，创造了一个环保和商业双赢的模式。他组建一个研发团队，开发出将废旧轮胎转化为橡胶地砖和其他建筑材料的技术。通过持续的工艺改进，赵刚的团队提高了产品的质量和生产效率。他设计了一个可持续的商业模式，包括回收网络、生产加工和产品销售，受到了市场和政府的广泛认可。

分析：在产品开发过程中，青年人运用创新能力来识别和解决问题，通过创新的商业模式实现社会价值和经济价值的双重目标。

（二）创新能力缺失原因

1. 缺乏创新意识和创新欲望

忽略了自己在创新能力方面的培养，学习上求知欲不足，依赖性强，不注重思考和质疑，缺乏“问题意识”，主观上不注重创新能力的获取和提升。

2. 缺乏创新兴趣

对创新不感兴趣，缺乏创新所需要的深度和广度。创新兴趣是推动人们积极从事创新工作的动力，是人们在艰辛烦琐的创新探索中的快乐源泉。若缺乏创新兴趣则难以激发创新潜能，无法满足创新工作需要的广度和深度。

3. 思维定式

每个人都会形成自己所惯用的、格式化的思维模式，当面临外界事物或现实问题的时候，就会不假思索地把它们纳入特定的思维框架，并沿着特定的思维路径对它们进行思考和处理，这就是思维定式。法国生物学家贝尔纳说：“妨碍人们学习的最大障碍，并不是未知的东西，而是已知的东西。”

4. 意识与行为之间存在较大反差

认识上追求创新，体现出比较积极主动的精神状态；但行动上不能落实，主动作用发挥不够，欠缺投身实践的勇气和能力。

（三）创新能力自我评估

1. 创新能力的组成要素

创新能力是由两部分组成的：一部分是智力，包括知识和能力。知识学得越多、学得越活，这个人的创新能力可能就越强。能力是理解力、记忆力和想象力，这些构成一个人的智力。另一部分是人在面对复杂的局面时，是否能够迅速地抓住要害，找得出办法来，这也是一种能力。这种能力一般包括在复杂的工作中善于发现机遇并抓住机遇的能力。有时可以概括为以下几个方面：一是感知的能力，创新能力最初体现在敏锐的观察力；二是变通的能力，指不拘于定理；三是沟通的能力，指交流中出现思想火花；四是前瞻的能力；五是诊断问题并找出解决方法的能力；六是利用信息的能力。

2. 创新能力评估的维度

（1）学习能力。

即获取、掌握知识、方法和经验的能力，包括阅读、写作、理解、表达、记忆、搜集资料、使用工具、对话和讨论等能力。

（2）分析能力。

即把事物的整体分解为若干部分进行研究的本领。能做到由表及里、由浅入深、由易到难地认识事物和问题。分析能力与个人的知识、经验和禀赋、分析工具和方法的水平、共同讨论与合作研究的能力有关。

（3）综合能力。

即把研究对象的各个部分结合成一个有机整体进行考察和认识的技能与本领。综合能力包括思维统摄与整合的能力、积极吸收新知识的能力和研究分析的能力。

（4）想象能力。

即以一定知识和经验为基础，通过直觉、形象思维或组合思维，不受已有结论、观点、框架和理论的限制，提出新设想、新创见的能力。

（5）批判能力。

即在学习吸收已有知识和经验时，批判性地吸收和接受。在研究和创新时，质疑和批判是创新的起点，重大创新成果通常都是在对权威理论进行质疑和批判的前提下做出的。

（6）创造能力。

即首次提出新的概念、方法、理论、工具、解决方案、实施方案等的能力，是创新人才的禀赋、知识、经验、动力和毅力的综合体现。

（7）解决问题能力。

即针对问题，能够调动已有的经验、知识和方法，创造性地组合已有的方法乃至提出新方法来予以解决。

（8）实践能力。

即社会实践能力，是为实现创新目标进行的各种社会实践活动的能力。

（9）组织协调能力。

即合理调配系统内的各种要素，发挥系统的整体功能，通过沟通、说服、资源分配和荣誉分配等手段来组织协调各方，以最终实现创新目标。

（10）整合多种能力的能力。

创新人才能把多种才能有效地整合在一起发挥作用。通过学习、实践和人生历练，才能有整合多种能力的能力。

应用案例

无人机配送的突破

随着电商行业的迅猛发展，物流配送的效率和成本控制成为电商企业面临的重要问题。一位名叫小风的年轻创新者决定采用无人机技术来解决这一问题。他专注于研发适合城市环境的无人机配送系统，与政府部门合作，确保无人机配送的合法性和安全性，收集数据并优化配送流程。无人机配送服务在试点区域取得了巨大成功，不仅提高了配送效率，还降低了运营成本，同时为用户提供了新颖的收货体验。

分析：创新者在实际应用中运用创新思维，将理论知识转化为解决现实问题的具体行动。

能力训练

创新潜质测评

1. 活动目标：

通过创新潜质测试，了解自己的创新潜质。

2. 活动规则与程序：

（1）学生做自测题：下面的每道问题，如果符合你的情况，请在括号里打“√”，不符合的打“×”（建议用时：20 分钟）。

1）你平时说话、写文章时总喜欢用比喻的方法。（　　）

2）你在做事、观察事物和听别人说话时，能专心致志。（　　）

3）你能全神贯注地做自己喜欢的事情。（　　）

4）你并不认为权威或有成就者的某些观点一定正确。（　　）

5）当你终于解决了一道难题或完成了一项任务时，会有种兴奋感。（　　）

6）你喜欢寻找各种事物存在的各种原因。（　　）

7）你在观察事物时，向来都很认真，能够注意到细节方面。（　　）

8）你能够从别人的谈话中发现问题所在。（　　）

9）你在进行带有创造性的活动时（如写作文、画画、做手工等）常常废寝忘食。（　　）

10）你能主动发现一些别人不在意的问题，并发现与问题有关的各种联系。（　　）

11）你平时会花较多时间用于学习或琢磨问题。（　　）

12）你好奇心比较强烈。（　　）

13）你对某一问题有了新发现时，总是感到异常兴奋。（　　）

14）通常情况下，你对事物能预测其结果，并能通过自己的研究得出结果。（　　）

15）你平常遇到困难和挫折时，表现得都很顽强。（　　）

16）你经常从不同角度思考问题，以找到不同的答案和结果。（　　）

17）你有较强的洞察力，能够一针见血地指出关键问题。（　　）

18）你在解题或研究课题时，总喜欢在解题方法上求新求异。（　　）

19）遇到问题时你能从多个角度、多个方面探索解决，而不是固定在一种思路或局限在某一方面。（　　）

20）你脑子里总是能够涌现一些新的想法，即使在游玩时也常能产生新的设想。（　　）

（2）评估学生成绩：打"√"得 1 分，打"×"得 0 分。得 20 分以上，说明你的创新能力很强；得 16～19 分，说明你具备较强的创新能力；得 10～15 分，说明你的创新能力一般，应加强培训；得 10 分以下，说明你的创新能力较差，须加强培训。

（3）教师点评，激发学生学习创新的欲望。

模块二 开启创新思维

导读导学

创新思维就是突破传统思维和知识范围，从而产生解决问题的新想法的思维。本质在于将创新意识的感性愿望提升到理性的探索上，实现创新活动由感性认识到理性思考的飞跃。

要打破传统思维的惯性，需要我们在生活和工作中不断地训练。如果把创新活动比作过河的话，那么方法和技巧就是过河的船和桥。本模块分析了常见的思维障碍，介绍如何突破思维定式，重点讲述发散思维、收敛思维、侧向思维和互联网思维，引导学生学会突破思维定式去思考问题，从新的思路去寻找解决问题的办法。

思维导图

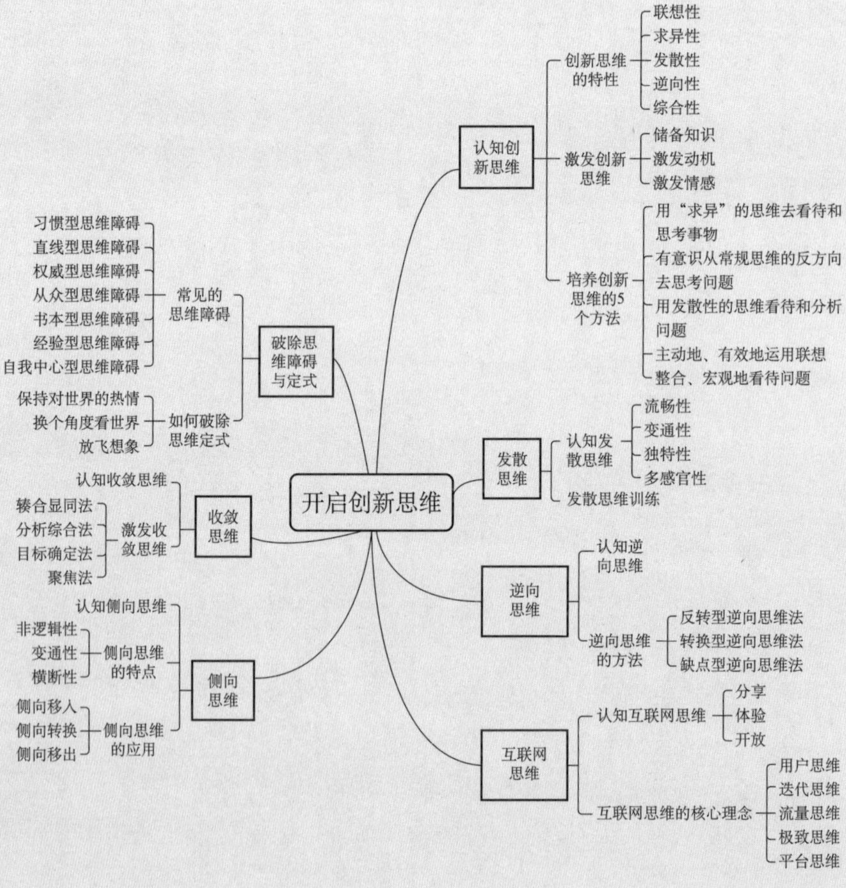

2.1 认知创新思维

▶能力目标

1. 认识创新思维和设计思维
2. 学会激发自身的创新思维
3. 掌握培养创新思维的 5 种方法

导入案例

农村地区光伏新模式

一位名叫小晨的年轻创业者，通过创新思维，将太阳能光伏技术引入农村，创造了一个既环保又可持续的新模式。农村地区电力供应不稳定，影响了居民的日常生活和经济发展。传统的电力解决方案成本高昂，农村居民难以承担。他设计了一个适合农村的太阳能发电系统，培训居民使用和维护光伏系统。通过努力，农村地区的电力问题得到了有效解决，居民的生活质量有了显著提升，同时项目的实施还带动了当地相关产业的发展。

分析：学生们应理解创新在解决问题中的潜力。只有不断创新，青年人才可以适应快速变化的世界。

相对于传统性思维，创新思维就是不受现成的、常规的思路的约束，寻求对问题的全新的、独特性的解答方法的思维过程。

不同行业和环境，创新思维有多样的表现形式，但本质上是人的一种思维能力的体现。创新思维在我们日常生活中有着异乎寻常的作用，各行各业的人都非常重视。

一、创新思维的特性

创新思维是指以新颖独创的方法解决问题的思维过程，通过这种思维能突破常规思维的界限，以超常规甚至反常规的方法、视角去思考问题，提出与众不同的解决方案，从而产生新颖的、独到的、有社会意义的思维成果。

创新思维作为一种高级思维活动，既有一般思维的共同特点，又有不同于一般思维的独特之处。

（一）联想性

联想是将表面看来互不相干的事物联系起来，从而达到创新的界域。我们常说的举一反三、触类旁通就是一种联想思维，这是我们在创新思考时经常使用的方法，也很容易看到效果。当然，能否主动地、有效地运用联想，与一个人的联想能力有关。任何事物之间都存在着一定的联系，联想最主要的方法是找到事物之间存在的对应关系，这是人类能够运用联想的客观基础。

（二）求异性

创新思维要求关注客观事物的不同性与特殊性，关注现象与本质、形式与内容的不一致性。一般来说，人们对司空见惯的现象和已有的权威结论怀有盲从和迷信的心理，这种心理使人很难有所发现、有所创新，而求异性思维则不拘泥于常规，不轻信权威，以怀疑和批判的态度对待一切事物和现象。

（三）发散性

发散性思维是创新思维的核心，是一种开放性思维，其过程是从某一点出发，任意发散，既无一定方向，也无一定范围。发散性思维能够产生众多的可供选择的方案、办法及建议，能提出一些别出心裁、出乎意料的见解，使一些似乎无法解决的问题迎刃而解。

（四）逆向性

逆向性就是有意识从常规思维的反方向去思考问题。如果把传统观念、常规经验、权威言论当作金科玉律，常常会阻碍我们创新思维活动的展开。因此，面对新的问题或长期解决不了的问题，不要习惯于沿着前辈或自己长久形成的、固有的思路去思考问题，而应从相反的方向寻找解决问题的办法。

（五）综合性

综合性要求创新者将事物各个侧面、部分和属性的认识统一为一个整体，从而把握事物的本质和规律。综合性思维不是把事物各个部分、侧面和属性的认识，随意地、主观地拼凑在一起，也不是机械地相加，而是按它们内在的、必然的、本质的联系把整个事物在思维中再现出来。

应用案例

设计思维在智能轮椅创新中的应用

设计师小浩决定运用设计思维来开发一款新型智能轮椅，以更好地满足用户需求。他与用户及其家属深入交谈，了解他们在日常生活中遇到的具体挑战，明确了设计的核心问题——如何提升智能轮椅的用户体验。团队进行了头脑风暴，考虑了从改进用户界面到增加辅助功能的多种可能性，设计并制作了一个智能轮椅原型，便于不同技术水平的用户快速上手。根据用户反馈对原型进行多轮迭代，优化操作逻辑、提高舒适性和智能化水平。最终，产品因其创新性、用户友好性和高度的适应性而受到了用户的热烈欢迎，显著提升了行动不便人士的生活质量。

分析：设计过程始终以用户需求为核心，体现了设计思维的用户中心原则。

知识探究

设计思维

近年来，“设计思维”（design thinking）课风靡斯坦福、哈佛、麻省理工等美国高校。设计思维源于美国硅谷，最早由全球最大的商业创新咨询机构 IDEO 提出。它的核心是以人为中心，是一种创新的方法论，已经创造了巨大的社会价值。设计思维的三大核心见图 2-1。

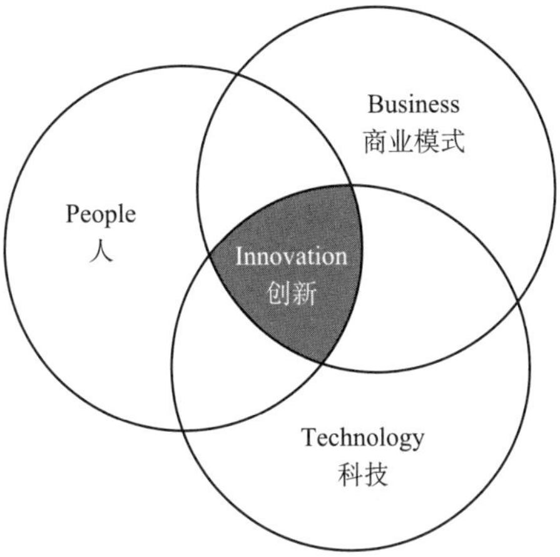

图 2-1　设计思维的三大核心

设计思维是一种方法论，用于为寻求未来改进结果的问题或事件提供实用和富有创造性的解决方案。它不是从某个问题入手，而是从目标或要达成的成果着手，然后，通过对当前和未来的关注，同时探索问题中的各项参数变量及解决方案。

它不急于马上寻找方案，而要先找到真正的问题所在。并不局限于一种解决方法，而要从人的需求出发，多角度地寻求创新。最后成为真正的解决方案，创造更多可能。

设计思维有 5 个阶段，分别是：共情、定义问题、探索点子、设计原型、测试验证（见图 2-2）。

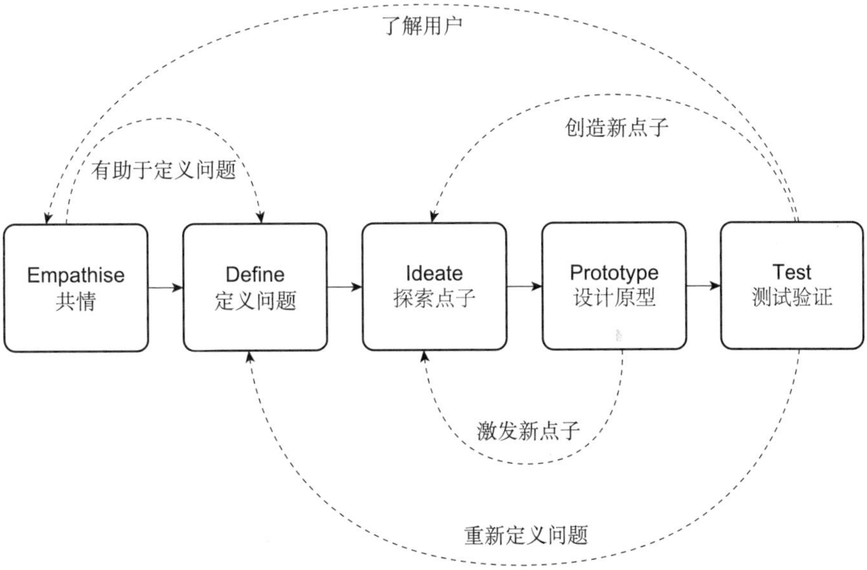

图 2-2　设计思维的 5 个阶段

1. 共情

在以用户为中心的设计原则下，共情是要充分地理解用户的情绪，设身处地地站在用户的角度上想问题。与用户同喜共悲，知晓用户的难处并理解用户。

2. 定义问题

在与用户建立共情、充分了解用户之后，就应该用清醒的头脑去定义用户的问题了。需要定义出用户真正的痛点和需求到底是什么。

3. 探索点子

寻找解决方案的点子和思路，共同探索解决用户问题的方向，然后把点子收敛为具体的功能，从“对用户的重要性”和“可行性”两个维度，确定出优先级。

4. 设计原型

经过定义和探索，团队会设立一个设计体验目标，对于目标用户本身和场景具有较清晰的认识，快速设计出以用户为中心的可交互、可点击的原型，以供验证闭环。

5. 测试验证

设计好产品原型后需要与真实用户验证产品原型的可行性，结合验证的反馈进一步迭代原型，最后调整为高保真原型，直到可以开发。

二、激发创新思维

创新思维的主体是人，个体思维方式的发挥受许多条件的限制。总体来说，有内因和外因两大方面，内因包括知识、兴趣、独立人格等，外因包括环境、文化等。环境和文化影响着一个人创新思维的发挥，但是，在一个人成长过程中，内因起决定作用。因此，创新思维能力的高低最终还是要看内在因素发挥的程度。

（一）储备知识

有人认为，实现创新的最佳状态是腾空大脑，让大脑像白纸一样。比如，我们经常说“无知”的孩子是想象力最丰富的。腾空大脑对于创新思维的发挥的确有一定的作用，因为“腾空”的状态有助于脱离思维定式的固化作用。但是，如果我们进一步研究发现，在很多情况下，那些所谓对自己从事的行业“一窍不通”的创新人员，并不是真的对他们所从事的工作一无所知，相反，他们恰恰是相关行业的精英。这些人从所擅长的行业转到一个相对陌生的行业，由于不受行业规则约束，常常能做出让人意想不到的成绩。

过于专一的知识经验经常会使人局限在固有的知识框架之内，影响创造力的发挥。因此，构建一种多维的、动态的、灵活的立体知识结构非常重要。简单来讲，一个具有一定创新思维的人首先要在某一领域具有相对扎实的专业知识；其次，他要对相关学科有相应的了解，帮助其开阔视野；最后，将两者相结合，既站在巨人的肩膀上，又能够在前人的基础上脱颖而出，提出自己的独特见解。知识和创造力在实质上是统一的。一方面，知识是创造力的基础，没有知识，创造力就没有了平台和媒介；另一方面，创造力不仅要求有知识的量，更强调知识的质，只有掌握知识，并且能够灵活运用时，才能够产生创造力。

风云人物

达·芬奇

意大利文艺复兴时期的艺术巨匠、著名科学家达·芬奇（1452—1519，见图2-3）不仅给世人留下了《蒙娜丽莎》等传世之作，还创造出很多科学设计和发明。

图 2-3　达·芬奇

1. 自驱式汽车：他设计的木制汽车由传动轮的交互弹簧驱动，这是世界上第一辆自行驱动的汽车。

2. 旋转浮桥：旋转浮桥具有抛物线般的外形，只有一个跨度，通过一个巨型“垂直栓”就能安全连接两岸。浮桥靠绳索和升降机移动，再辅以轮子和金属滚轴以便于其滑行。

3. 有翼滑翔机：安装有襟翼的滑翔机，支架承托帆布机翼，只要拉动两端绳子就可控制飞行方向，另设一个可载人的大篮，并配备轮子以供升降。

4. 三管大炮：炮架易于拆卸，有三根从前面装弹的炮管。为了提高命中率，三根炮管可以通过测标装置调节高度。

5. 板块结构论：根据在内陆地区山顶发现的软体动物化石，他认为这些山脉可能曾经是海岸线，经过很多年的地壳变化，逐渐向上升高，才变成山峰。

6. 螺旋桨飞机：这种飞机由四个人操作，可能当时流行的风车玩具激发了他的设计灵感。

7. 潜水服：由皮革制成，上面连着用芦苇秆制成的通气管和漂浮在海面上的浮钟，可供潜水者在水下呼吸。

达·芬奇的传奇一生，就是不断打破行业边界的探索之旅，每一件作品的产生，都是他探索新的领域知识的旅程。

（二）激发动机

动机是激发和维持个体活动，并使这种活动朝着一定目标努力的内部心理倾向。与其他活动一样，创新活动也是受到动机的驱动而产生的。人的行动的一切动力，都要通过头脑，转变为愿望的动机，才能使他行动起来。

动机是在需要的基础上产生的，需要是个体对某种客观事物的要求而引起的，这种要求可能来自人自身，也可能来自外部环境，因此，创新动机分为内部动机和外部动机两种。

1. 内部动机

内部动机指的是人自发地对所从事的活动产生的一种认知，创新者的内部动机包括兴趣、成就感、挑战意识、好奇心等。内部动机直接与活动本身有关，由于做某种事能激发人的兴趣，令人愉快，活动本身就是行动者所追求的目的。内部动机的种类包括三种：第一种是对于活动本身的兴趣，第二种是完成活动的乐趣，第三种是任务对人的能力的挑战。

2. 外部动机

外部动机也就是间接动机。创新者在追求目标的过程中，目标本身并不一定是创新，但是达到目标就必须经过创新，即在实现目标的过程中含有创新。对工作具有高度责任心的人会去寻找当前工作中的问题和缺陷，希望找到改进和提高的方法。

在一个创新活动中，这两种动机共同存在，共同推动创新活动。内部动机更实在、更根本，它能增强创新者的热情和信心；外部动机更全面、更丰富，它能刺激创新者的行动，使其创新责任感更强烈、更成熟。

（三）激发情感

任何一种活动都包含认知和情感两部分，创新活动也不例外。健康积极的情感对创新行为有促进作用，反之则会带来负面的影响。人们的创新过程不仅是丰富的智力活动过程，也是激烈的情感活动过程，情感因素贯穿创新行为的全过程。从创新动机的产生到创新过程的持续，再到创新成果的转化，各个环节都渗透着创新者的情感因素。因此，创新思维在更多情况下是理智和情感的“二重唱”。

创新活动要求创新者拥有丰富、健康的创新情感，稳定积极的创新情感可以使创新者保持创新热情、排除外界的干扰，能激发创新者的认知能力，增强其创新的主动性和对创新事物的敏感性。

思考交流

关于创新的名人名言

1. 对于一个艺术家来说，如果能够打破常规，完全自由地进行创作，其成绩往往会是惊人的。——卓别林

2. 非经自己努力所得的创新，就不是真正的创新。——松下幸之助

3. 做出重大发明创造的年轻人，大多是敢于向千年不变的戒规定律挑战的人，他们做出了大师们认为不可能的事情来，让世人大吃一惊。——费马

4. 一些陈旧的不结合实际的东西，不管那些东西是洋框框，还是土框框，都要大力地把它们打破，大胆地创造新的方法新的理论，来解决我们的问题。——李四光

5. 人类的创新之举是极其困难的，因此便把已有的形式视为神圣的遗产。——蒙森

6. 我们从失败中学到的东西要比在成功中学到的东西多得多。——斯迈尔斯

7. 一个人想做点事业，非得走自己的路。要开创新路子，最关键的是你会不会自己提出问题，能正确地提出问题就是迈开了创新的第一步。——李政道

请你收集关于创新的名人名言，与同学讨论并分享心得。

三、培养创新思维的 5 个方法

（一）用“求异”的思维去看待和思考事物

在我们的学习、工作和生活中，多去有意识地关注客观事物的不同性与特殊性。不拘泥于常规，不轻信权威，以怀疑和批判的态度对待一切事物和现象。

（二）有意识地从常规思维的反方向去思考问题

如果把传统观念、常规经验、权威言论当作金科玉律，常常会阻碍我们创新思维活动

的展开。因此，面对新的问题或长期解决不了的问题，不要习惯于沿着前辈或自己长久形成的、固有的思路去思考问题，而应从相反的方向寻找解决问题的办法。

（三）用发散性的思维看待和分析问题

发散性思维，即从不同角度、方向和层面思考同一问题。通过这种思维方式，人们能够打破传统思维框架，探索问题的多元解决方案。它鼓励我们跳出常规，将看似不相关的事物联系起来，从而发现新的可能性。这种思维模式的运用，不仅能够拓宽我们的视野，增强思维的灵活性，还能在复杂多变的环境中迅速找到创新路径，推动个人和社会不断进步与发展。

（四）主动地、有效地运用联想

联想能力让我们能够将不同领域、不同概念之间的潜在联系挖掘出来，从而激发新的思考角度和创意。在日常生活和工作中，我们应该有意识地培养自己的联想习惯，比如通过类比、对比、隐喻等方式，将看似无关的事物联系起来。当面对问题时，不妨多问问自己“这个与什么相似?”“能否从中找到灵感?”通过不断练习和实践，我们的创新思维也会随之得到提升。

（五）整合、宏观地看待问题

整合宏观视角看待问题，是培养创新思维的有效策略。我们需要跳出个人或局部的限制，从更宽广的社会、经济、环境等宏观背景出发，审视和分析问题。通过宏观视角，我们能够洞察事物之间的联系和影响，发现隐藏的规律和趋势。这种全局性的思考方式促使我们跳出传统思维模式，寻找创新的解决方案。同时，宏观视角也鼓励我们关注长远利益，平衡各方需求，从而制定出更具前瞻性和可持续性的策略。因此，培养宏观视角，有助于我们拓宽思维边界，激发创新思维，为复杂问题的解决提供新的视角和方法。

应用案例

智慧分拣——物流中心的创新突破

在一家大型电子商务公司的物流中心，分拣环节的低效率导致货物延迟发货，影响客户满意度。分拣部门经理小伟，决定运用创新思维来提升分拣效率。他采取了以下步骤：

问题定义：明确了减少分拣错误和缩短分拣时间的目标。

创意激发：通过头脑风暴会议，鼓励团队成员提出创新解决方案，最终确定采用自动化分拣系统。

原型开发：与 IT 部门合作，开发了一个基于机器学习算法的自动分拣系统原型，该原型能够识别货物目的地并快速分拣。

小规模测试：在非高峰时段对原型系统进行测试，收集了运行数据和员工反馈。

数据分析：分析测试数据，发现自动分拣系统能显著减少分拣错误并提升分拣速度。

系统迭代：根据反馈对系统进行调整，优化用户界面和分拣算法。

全面部署：在确保系统稳定性后，将自动分拣系统集成到日常分拣流程中。实施后，物流中心的分拣效率提高了 50%，错误率降低了 30%，显著提升了发货时效和客户满意度。

分析：小伟通过具体步骤和实际成效，清晰地展示了创新思维在解决物流分拣瓶颈中的应用，并通过原型测试和迭代改进，不断优化解决方案。

能力训练

创新思维训练

1. 在图 2-4 中，你能数出多少个三角形？

2. 一位老农有一块田地，形状如图 2-5 所示，要把它分给 4 个儿子，且每个儿子所分得土地大小、形状都要相同，应该怎样分？

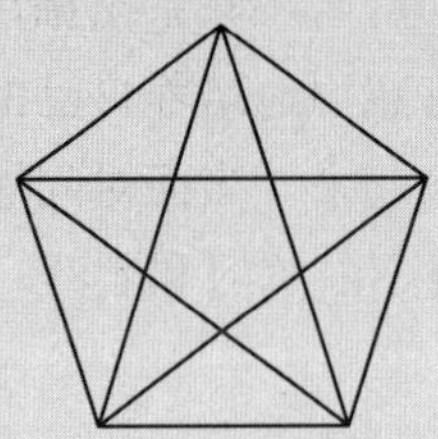

图 2-4　结构示意图

图 2-5　田地示意图

3. 请在 10 个“十”字上最多加 3 笔构成新的字。

4. 请在“日”“口”“大”“土”4 个字的上、下、左、右加笔画写出尽可能多的字（每种至少 3 个）。

5. 尽可能多地设想利用太阳光可以做些什么。

6. 鸽子、蝴蝶、蜜蜂与苍蝇有什么相同之处？

7. 铜、铁、铝、不锈钢等金属有什么共同的属性？

8. 桌子上放着 12 枚硬币，如图 2-6 所示，现要将它们重新摆放，使每边有 5 枚硬币，应怎样摆放？

9. 图 2-7 中是两个抽象的图形，它们可以被形象化为许多事物，如月亮、拱桥、帐篷等。你能将它们形象化为什么事物呢？答案越多越好。

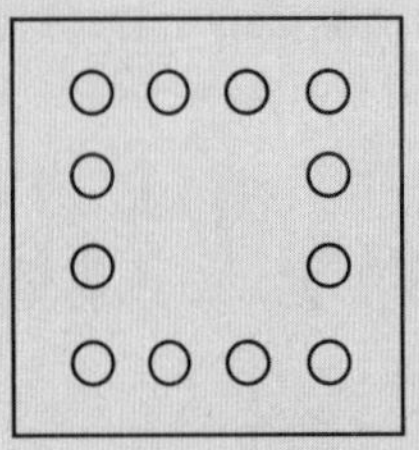

图 2-6　硬币摆放示意图

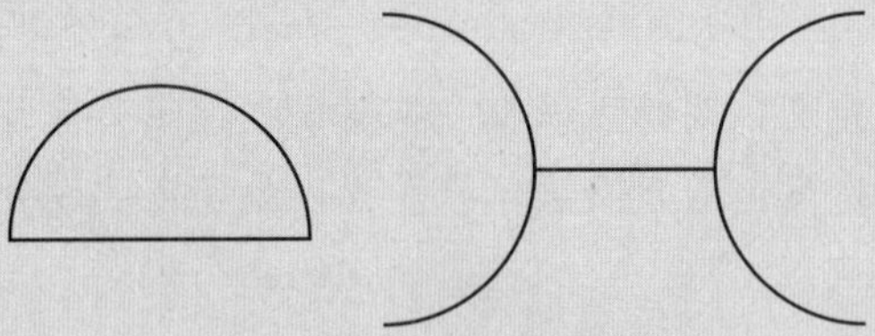

图 2-7　抽象图形示意图

10. 现有 4 根火柴棒，如图 2-8 所示，请你设法将它们摆成 5 个正方形。

11. 现有 8 根竹棒，其中 4 根的长度是另外 4 根长度的 2 倍，如图 2-9 所示。请用这 8 根竹棒组成 3 个同样大小的正方形。

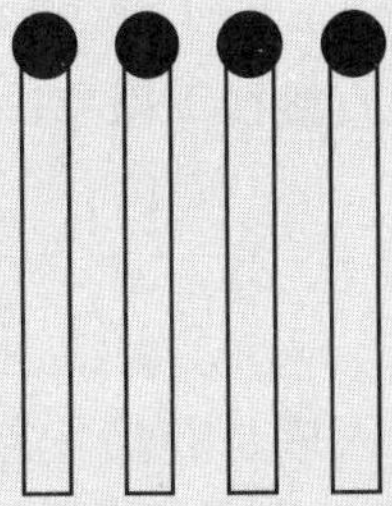

图 2-8 火柴棒摆放示意图

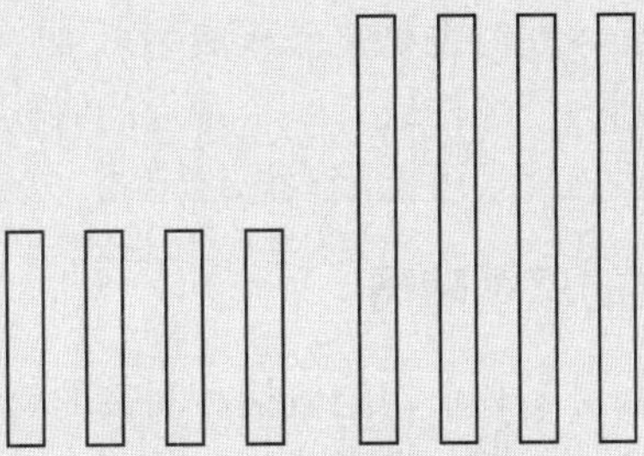

图 2-9 竹棒摆放示意图

2.2 破除思维障碍与定式

▶能力目标

1. 了解习惯性、直线性、权威性等常见的思维障碍
2. 掌握破除思维定式的常用方式
3. 学会在实际学习、工作和生活中摆脱思维定式

导入案例

伽利略的实验

古希腊思想家亚里士多德（公元前 384—公元前 322 年）曾经断言：物体从高空落下的速度同物体的重量成正比，重者下落快，轻者下落慢。比如说，10 磅重的物体落下时要比 1 磅重的物体落下快 10 倍。1 800 多年来，人们都把这个论断当作真理而坚信不疑。直到 16 世纪，伽利略（1564—1642 年）发现了这一理论在逻辑上的矛盾。

伽利略提出，按照亚里士多德的论断，一块大石头以某种速度下降，那么，一块小些的石头就会以相应慢些的速度下降。要是把这两块石头捆在一起，那这块重量等于两块石头重量之和的新石头，将以何种速度下降呢？如果仍按亚里士多德的论断，势必得出截然相反的两个结论。

伽利略进而假定，物体下降速度与它的重量无关。为了证明这一观点，1589 年的一天，伽利略登上比萨斜塔，将一个重 10 磅和一个重 1 磅的铁球同时抛下，两个铁球出人意料地同时落到地上，在场观看的人个个目瞪口呆。这个“比萨斜塔试验”推翻了亚里士多德的错误论断。这就是被伽利略所证明的，现在已为人们所认识的自由落体定律。

人们在过去获得的经验和知识的基础上形成的感性认识，往往会逐渐沉淀为一种特定的认知模式。“比萨斜塔试验”作为自然科学实例，为实践是检验真理的唯一标准提供了一个生动的例证，同时也是突破权威型思维障碍的典型案例。

当我们看到一个事件或者一个观点的时候，不假思索地直接往下思考，对这个事件下结论，这样的话，就很可能陷入思维定式。

一、常见的思维障碍

思维是人脑对客观事物的概括和间接的反应过程。如果人总是沿着一定方向、按照一定次序进行思考，久而久之形成一种惯性，这种情况我们称之为“思维惯性”。如果对于自己长期从事的事情或日常生活中经常发生的事物产生了思维惯性，多次以这种思维惯性来对待客观事物，就会形成较为固定的思维模式，我们称之为“思维定式”（think set），**思维惯性和思维定式结合起来，很容易形成思维障碍。**

我们要进行创新，首先就需要突破思维障碍，常见的思维障碍一般有以下几种。

（一）习惯型思维障碍

习惯型思维障碍会使人们不由自主地犯错误。虽然通过习惯性思维解决一些简单的问题，可能会节省时间，但对于比较复杂的问题，如果也使用习惯性思维，就会使我们犯错，或者在面对新问题时一筹莫展。

（二）直线型思维障碍

直线型思维的人普遍认为：是即是，非即非，除此之外都是错误的。他们往往对是中有非、非中有是，对中有错、错中有对，失败中包含成功、成功中包含失败等情况认为不可思议。

应用案例

两可图

图 2-10、图 2-11 是两幅两可图。图 2-10 既可以将它看成一个花瓶，也可以将它看成两张对视的人脸。图 2-11 是老妪少女图，在这幅图里面能看出两张人脸，既可以是一个老婆婆的脸，也可以是一个少女的脸。

图 2-10 花瓶与对视人脸图

图 2-11 老妪少女图

（三）权威型思维障碍

有人群的地方就会有权威，权威是任何时代和社会都实际存在的现象。有不少人习惯引用权威的观点，不假思索地以权威的是非为是非。一旦发现与权威相违背的观点或理论，便想当然地认为其必错无疑，并大加贬低。

由于时间、精力和客观条件等方面的限制，人在一生中通常只能在一个或少数几个专业领域内拥有精深的知识，而对于其他大多数领域则知之甚少，甚至全然不知，这就是所谓的“闻道有先后，术业有专攻”，但我们不能因此迷信权威。

（四）从众型思维障碍

从众，就是跟从大众、跟随大流，它是思维障碍中最常见、最重要的因素之一。人的认识具有不平衡性，真理有时掌握在少数人的手里，而少数服从多数的这一心理，常常会掩盖和抹杀许多真理，从而压抑人的创造性。从众型思维障碍比较强烈的人在认知事物、判断是非的时候，往往会附和大众、人云亦云，缺乏自己的独立思考和创新观念。

有从众型思维障碍的人，一般会使用前人及他人的思维成果、思维方法、思维模式以及思维形式和思维习惯。通过心理学家研究，人类从众心理的形成主要有群体压力、盲从以及路径依赖等原因。

（五）书本型思维障碍

许多人认为一个人掌握的书本知识多了，比如上了大学，读了硕士、博士，就必然拥有很强的创新能力；还有人认为书本上写的都是正确的，如果发现自己的想法与书本上不同，那就是自己错了。所以书上没有说的不敢做，书上说不能做的更不能做，读书比自己多的人说的话都是“金科玉律”，不能怀疑。一味地迷恋和盲从“书本”，这就是书本型思维障碍。

（六）经验型思维障碍

一般情况下，经验是人们处理日常问题的好帮手，而在经验与创新思维的关系上，问题就显得较为复杂了。一方面，随着时间的推移，人们的经验具有不断增长、不断更新的特点，经过对各种经验的比较，发现其局限性，进而开阔眼界、增强见识，人们的创新思维能力才能得以提高。另一方面，经验含有其稳定的一面，因而也可能导致人们对经验的过分依赖，形成固定的思维模式，结果就会削弱想象力，造成创新思维能力的下降，这就是经验型思维障碍。

应用案例

折叠纸

将一张厚度为 0.1 毫米的普通 A4 纸对折一次，纸的面积减少了一半，厚度则增加一倍。反复对折 50 次后这张纸的厚度将达到多少？如果以前从来没有想过或计算过类似的问题，可能会根据日常经验随意估计一个数值。而略懂数学的人就能够计算出来：一张普通 A4 纸折叠 50 次以后，其厚度将增加 2^{50} 倍，其最终厚度将达到 11 258 万千米左右，比从地球到太阳的距离的一半还要多。所以，这张纸无论多大、多薄，都不可能把它折叠 50 次。

应用案例

塔有多高？

一群游客来到欧洲一座历史悠久的古城，其中的3位游客（一位科学家、一位工程师和一位艺术家）对一座古老教堂的高度发生了争议。一位销售仪表的老板对此产生了兴趣，心想这也许是宣传产品的机会。他拿出3只气压表，送给每人一只，并声称测得的高度最准确的人可以得到一笔奖金。

3人为此跃跃欲试。科学家先在教堂底部测了一下气压，又测量了教堂楼顶的气压，利用这两个气压差计算出了教堂的高度。工程师对此不屑一顾，拿着气压表也登上了教堂楼顶，他把气压表扔了下去，并同时记录落地时间，利用自由落体的运动时间，计算出了教堂的高度。最后轮到艺术家，只见他走进教堂，很快就带着答案出来了。

令人们惊奇的是，艺术家的数据是最准确的。人们大惑不解，在老板的询问下，艺术家说，他把气压计送给了教堂守门人，请守门人告知了教堂的高度。

以上案例生动地反映了现实中的某些实际情况。当人们遇到事情时，总是从职业的角度或熟知的经验中寻找办法，而外行人就不得不“另辟蹊径”，从全新角度选择有效的办法。因此，经验的运用要“因时因地”而行，特别是面对新事物，要学会变通，绝不能形成思维定式。

（七）自我中心型思维障碍

自我中心型思维障碍包括两种：一是过于迷信自己，秉持一己之见，自以为是、刚愎自用，听不得不同声音和不同意见；二是存在反面类型的“自我中心”，如存在自卑、麻木、偏执、浮躁、懒惰、封闭、怯懦、侥幸等心理。

二、如何破除思维定式

思维定式，就是按照积累的思维活动的经验教训和已有的思维规律，在反复使用中所形成的比较稳定的、定型了的思维路线、方式、程序、模式，它的主要特征有趋向性、常规性、程序性。

（1）趋向性：思维者具有力求将各种各样问题情境归结为熟悉的问题情境的趋向；

（2）常规性：思维者直接省去许多摸索、试探的步骤，按常规方式处理问题；

（3）程序性：思维者按规范化要求和步骤解决问题。

应用案例

蜜蜂和玻璃瓶

有这样一个试验：把数量同样多的蜜蜂和苍蝇装进一个玻璃瓶中，然后将瓶子平放，让瓶底朝着窗户（见图2－12）。结果发生了什么情况？

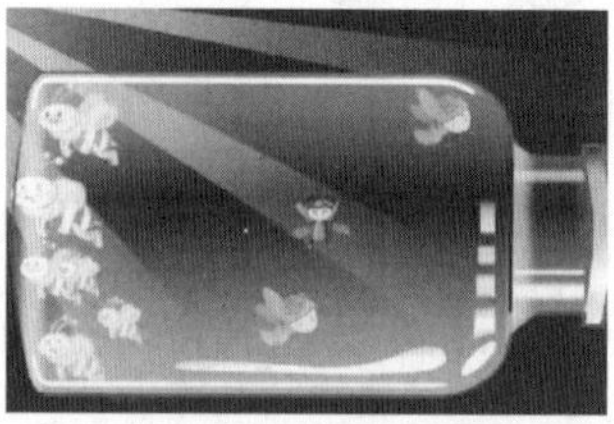

图2－12　蜜蜂和玻璃瓶

蜜蜂不停地想在瓶底上找到出口，直到它们力竭倒毙；而苍蝇则会在不到两分钟之内，穿过另一端的瓶口逃逸一空。

蜜蜂的悲剧就源自其“思维定式”——出口就在光亮处。而人类身上的思维定式，显然会更多。

应用案例

突破思维定式的典型事件

在科学和现实生活中突破思维定式解决问题的例子很多：

法国科学家拉瓦锡挣脱传统“燃素说”的束缚，创立了科学的燃烧学说。

英国土木工程师布斯将“除尘器”把尘埃“吹”入容器，改为“吸”入容器，于是吸尘器诞生了。

日本东芝电气公司将电风扇由黑色改成浅色（当时电风扇都是黑色的），大量积压的电风扇被抢购一空。

摆脱思维定式的方法如下。

（一）保持对世界的热情

善于创新的人总是对世界万物充满热情。心理学研究发现，人们在孩提时代就具有较强的创新思维。随着年龄的增长，人们逐渐看到了现实，感受到现实环境的约束，因此会逐渐收起“锋芒”，变得顺应社会大众的眼光和潮流。但是创新者需要保持内心的激情和童真，能够始终对世界充满热情。

一个内心冷漠的人是不会有创新的激情的。热情就是让人在面对困难时坚持下来的精神力量，它激励和鼓舞着一个人继续努力；热情让人能够精力充沛，达到废寝忘食的境界，达到忘我的水平，充分激发内在的潜能。因此，创新离不开热情。

思考交流

保持热忱

热情是创新的火花，持续的热忱则是点燃成功的火炬。请同学们通过交流和互动，每组创作一句激发创新热情的警句或箴言。创作过程鼓励打破常规思维，持续保持对创新的热忱。

（二）换个角度看世界

科学家贝尔说：“创新有时需要离开常走的大道，潜入森林，你就肯定会发现前所未见的东西。”同样的一件事情换个角度去观察和思考，会有不同的收获。换个角度看世界，是一种突破、一种超越、一种创新。换个角度看世界，世界无限大。万物皆变，变则通，这是世界演化的不变法则。

创新需要把不同的事物联系起来，而当不同文化、不同想法发生碰撞时，必然会有不同的视角，从而产生创意的火花。

应用案例

魔方启示——球形轮胎的创新之旅

工程师小涛通过换个角度看世界，从魔方的旋转特性中获得灵感，发明了球形轮胎，这一革命性设计为汽车提供了前所未有的操控性和灵活性。在深入分析城市驾驶需求后，他设计了球形轮胎原型，并通过技术创新解决了与汽车结构的兼容性问题。经过广泛测试和多次迭代，球形轮胎最终显著提升了汽车在拥挤城市环境中的性能。

分析：这启示我们在面对复杂问题时，采用新颖视角，坚持不懈地探索，可以创造出具有重大影响的发明。

（三）放飞想象

知识有相对固定的含义，而想象力却没有确切的空间范围，创造性劳动属于未知领域。如果人类只局限于自己所发现的知识，就会止步不前。所以要运用自己的想象力创造出从前没有的东西。唯有想象力才能够让人们超越已知，走向未知。在想象中，人们可以使对象以现在不可能的方式存在，呈现出现实中不可能的特点，从中获得启发，从而使人的认识走向深入。与他人沟通，会获得不同于自己的想法，这些想法或许刚好能够为你提供不同的视角，而这些不一样的视角恰好就是灵感的来源。

应用案例

VR 革新教育体验之路

小洁，一家科技公司教育部门的负责人，通过放飞想象，成功将虚拟现实（VR）技术应用于教育领域，开发出一系列沉浸式学习应用。她首先鼓励团队打破传统教育模式的局限，然后深入学校调研，收集师生需求。基于这些需求，团队设计并开发了历史场景重现、太空探索模拟等 VR 教育应用原型，并通过小规模测试收集反馈。经多次迭代优化后，这些应用显著提升了学生的学习兴趣和效率，在多所学校得到应用，为教育模式带来了创新。

分析：这个案例启示我们在技术应用中应敢于想象、勇于尝试、不断优化，以实现技术的最大化利用和创新价值的实现。

经典分享

组合思维的典型案例

许多科学家认为知识体系的不断重新组合是人类知识不断丰富发展的主要途径之一，从这一角度看，近现代科学的三次大创造是由三次组合所带来的。

第一次组合是牛顿组合了开普勒的天体运行三定律和伽利略的物体垂直运动与水平运动规律，从而创造了经典力学，引起了以蒸汽机为标志的第一次工业革命。

第二次组合是麦克斯韦组合了法拉第的电磁感应理论和拉格朗日、哈密顿的数学方法，创造了更加完备的电磁理论，因此引发了以发电机、电动机为标志的第二次工业革命。

第三次组合是狄拉克组合了爱因斯坦的相对论和薛定谔方程，创造了相对量子力学，引起了以原子能技术和电子计算机技术为标志的第三次工业革命。

现在的产品发明有很多都融入了组合思维：电视＋电话＝可视电话；数据＋文字＋图像＋声音＝多媒体；电子管＋电阻＋电容＝集成电路；台秤＋电子计算机＝电子秤；飞机＋飞机库＋军舰＝航空母舰；自行车＋电机＋蓄电池＝电动自行车。

能力训练

摆脱思维定式训练

1. 广场上有一匹马，马头朝东站立着，后来又向左转了 270 度。请问，这时它的尾巴指向哪个方向？

2. 你能否把 10 枚硬币放在同样的 3 个玻璃杯中，并使每个杯子里的硬币都为奇数？

3. 天花板下悬挂两根相距 5 米的长绳，在旁边的桌子上有些小纸条和一把剪刀。你能站在两绳之间不动，伸开双臂用手各拉住一根绳子吗？

4. 玻璃瓶里装着水，瓶口塞着软木塞，要求既不打碎瓶子又不弄碎软木塞，更不准拔出软木塞，怎样才能喝到瓶里的水？

5. 钉子上挂着一只系在绳子上的玻璃杯，你能既剪断绳子，又不使杯子落地吗（剪时，手只能碰剪刀）？

6. 有 10 只玻璃杯排成一行，左边 5 只杯内装有水，右边 5 只是空杯。现规定只能动 2 只杯子，使这排杯子变成装水杯与空杯交替排列。如何移动 2 只杯子？

7. 有一棵树，树下面有一头牛被一根 2 米长的绳子牢牢地拴着鼻子，牛的主人把饲料放在离树 5 米之处就走开了。这头牛很快就将饲料吃了个精光。牛是怎么吃到饲料的？

8. 要使一只网球滚一小段距离后完全停止，然后自动朝相反方向滚动。既不允许将网球反弹回来，也不允许用任何东西击打它，更不允许用任何东西把球系住。怎么办？

2.3 发散思维

▶能力目标

1. 认知发散思维及其特点
2. 掌握发散思维的几种常用训练方法
3. 学会在实际学习、工作和生活中应用发散思维

导入案例

发散思维激发便携咖啡机创新

面临设计新型便携式咖啡机的挑战，一家家电企业的设计团队运用发散思维方法，打破传统束缚，成功推出了市场热销产品。团队首先组织了“自由思考”会议，鼓励成员提出大胆甚至看似不切实际的创意。在无拘无束的讨论中，收集了众多创新点子，之后将这些想法进行整合和重新配置，形成几个创新的产品概念。通过制作低成本原型并进行用户测试，团队根据反馈不断迭代产品设计，最终开发出一款既便携又多功能的咖啡机，它不仅便于携带，还能制作多种饮品，满足了消费者对便携性和多功能性的需求。

分析：这款产品的成功，证明了发散思维在激发创新潜能、推动产品创新中的重要作用。

发散思维在产品创新中扮演着至关重要的角色。它鼓励设计师和工程师跳出传统框架，从不同角度审视问题，从而发现新的解决方案。通过联想、类比和逆向思维等方法，发散思维能够激发创意火花，推动产品向更多元化、个性化的方向发展。以手机为例，其触屏设计就是发散思维的产物，彻底改变了手机行业的格局。另外，电动汽车的推出也是发散思维的成功应用，它将电动汽车与智能化技术相结合，为用户带来前所未有的驾驶体验。发散思维不仅能够打破常规，还能引领潮流，为产品创新注入源源不断的活力。

一、认知发散思维

发散性思维，又称扩散性思维、辐射性思维、求异思维，是根据已有的某一点信息，运用已有的知识、经验，通过推测、想象，沿着各种不同的方向去思考，重组记忆中的信息和眼前的信息，产生出新的信息的一种思维方式。

发散思维作为一种极具创造力的思维活动，使人们在思维过程中不受任何框框的限制，充分发挥探索性和想象力，突破已知领域，无一定方向和范围，从一点向四面八方想开去，然后把材料、知识、观念重新组合，以便从已知的领域去探索未知的境界，从而找出更多更新的答案、设想或解决办法（见图 2-13）。

图 2-13　龟兔赛跑的发散思维

发散思维不依常规、寻求变异，对给出的材料、信息从正反两极进行比较，因而视野开阔，思维活跃，可以产生大量独特的新思想。数学教学中一题多解的训练就是培养学生发散思维的一个好方法。它可以通过纵横发散，使知识串联、综合沟通，收到举一反三的效果。

发散思维具有以下几个特点。

（一）流畅性

流畅性是指在尽可能短的时间内产生尽可能多的方式和方法，表达出尽可能多的思想和观念。流畅性反映的是发散思维的速度和数量特征。

（二）变通性

变通性就是克服个体已有的思维框架和定式，按照某种新视角、新观念、新途径来思考问题的思维特征。变通性需要借助横向类比、触类旁通等方法，使发散思维沿着不同的方向扩散，从而表现出思维的多样性和多面性。变通性是发散思维的关键。

（三）独特性

独特性指人们在思维过程中做出不同寻常的新奇反应的能力。独特性用以表现发散思维的新奇成分，是发散思维的最高目标，也是创新思维的标志。缺少独特性的思维活动不是创新思维。

（四）多感官性

发散性思维不仅运用视觉思维和听觉思维，而且也充分利用其他感官接收信息并进行加工。发散思维还与情感有密切关系。如果思维者能够想办法激发兴趣、产生激情，把信息感性化，赋予信息以感情色彩，会提高发散思维的速度与效果。

要注意的是，发散思维会帮助我们找到问题的许多答案，但一定要注意，在解决面临的实际问题时，真正高水平的发散思维是在短时间内找到正确答案，而不是许多答案。

核心概念

多路思维

发散思维中还有一种思维方法叫作“多路思维”，即在思考问题时，要求思考者善于从不同角度、不同起点、不同思维程序考察客观事物，形成多方面、多层次、多因素、多变量的整体认识。多路思维是发散思维的重要体现，掌握多路思维的方法，不仅有利于拓展思路，还可以使自己的思维更加周密、更具条理性。

例如，设想电线的各种用途，人们自然会把它和电、信号等联系起来，作为导体；也可以把它当作绳来捆东西、扎口袋等。但如果对电线从材质、体积、长度、韧性、质量等不同方面去思考，你会发现电线的用途无穷无尽。如：可加工成针、鱼钩、弹簧，缠绕加工制成电磁铁，电线中的铜丝熔化可以铸铜字、铜像，变形加工可以做玩具等。

二、发散思维训练

心理学家曾做过这样的试验：在黑板上画一个圆圈，问在座的学生这是什么，大学生回答很一致：“这是一个圆。”而幼儿园的小朋友则给出了各种各样的答案：“太阳”“皮球”“镜子”等，可谓五花八门。或许大学生的答案更加符合所画的图形，但是比起幼儿园的孩子来说，他们的答案是不是显得有些单调呆板呢？

倡导用发散思维打开思路，让思维向四面发散开。但是，在开始发散前，先要确定一个出发点，就是要有一个辐射源。在确定好辐射源之后，可以就事物的整体进行发散，也可以就事物的某一特征或者某一局部进行发散，还可以就事物的性质和作用进行发散。具体来说，一般有如图 2-14 所示的几种方法。

材料发散法	以某事物的"材料"为发散点，设想它的多种用途。
功能发散法	从某事物的功能出发，构想出获得该功能的各种可能性。
结构发散法	以某事物的结构为发散点，设想利用该结构的各种可能性。
关系发散法	以某事物为发散点，尽可能多地设想这种事物与其他事物之间的各种联系。
形态发散法	以某事物的形态为发散点，设想利用某种形态的各种可能性。
组合发散法	以某事物为发散点，尽可能多地把它与别的事物进行组合，形成新事物。
方法发散法	以某种方法为发散点，设想出利用方法的各种可能性。
因果发散法	以某事物发展的结果为发散点，推测出造成该结果的各种原因，或者由原因推测出可能产生的各种结果。

图 2-14　训练发散思维的方法

发散思维有多种形式，但其实质就是从一到多，犹如光源向四面八方辐射光线一样，是一种洒水壶式的思维方式。

训练发散思维，能帮助我们从不同的途径、方向，以新的视角去探索，重组眼前的和记忆中的信息，产生出多种设想、答案，使问题得到圆满解决。

能力训练

发散思维训练

1. 有个青年去求职，当他赶到应聘地点时，已有 20 位求职者排在前面，他是第 21 位。面对如此激烈的竞争，为了引起老板的注意而赢得唯一的职位，他在一张纸片上写了几行字，请人交给老板。老板看后哈哈大笑起来，并且走到他的面前亲切地拍了拍他的肩。请你想一想纸片上写了什么。

2. 请利用不同的发散思维方法，根据任务清单，写出可能的发散思维情境（见表 2-1）。

表 2-1　发散思维情景

方法	任务清单	发散思维情境
材料发散	请尽可能多地列举出粉笔的各种用途。	
功能发散	在寒冷的冬天如何御寒?	
结构发散	请尽可能多地列举出立方体结构的物体。	

续表

方法	任务清单	发散思维情境
关系发散	请列出与学校有关的人。	
形态发散	请尽可能多地设想利用铃声可以用来做什么。	
组合发散	请尽可能多地列举出音乐可以同哪些东西组合在一起。	
方法发散	请尽可能多地列举出用摩擦的方法可以做哪些事情或解决哪些问题。	
因果发散	请尽可能多地列出语文学习成绩好的各种可能的原因。	

2.4 收敛思维

▶能力目标

1. 认知收敛思维及其特点
2. 掌握常用收敛思维方法
3. 理解收敛思维与发散思维的关系

导入案例

红砖的用途

“红砖可以造房子、铺路、搭锅灶、砌鸡舍和狗窝、筑炮台、建牢房、筑城墙……”这位回答者的思维实际受到“砖头是建筑材料”思想的束缚，因而这些回答未能跳出“建筑材料”这个圈子。

有人补充说：“红砖除了做建筑材料用，还可以做工具——敲钉子、练气功、垫桌脚、压东西、当锤子，还可以用来做磨刀石，另外还可以卖钱或……”他的思维发散性比第一位强很多，他想到了砖头的多种用途。但这种思维方法颇有“零打碎敲”的味道，流畅性和变通性都受到限制。

第三个人的思维方法就要高明多了，他首先把红砖的各种要素或特性列出来：红砖由一定的物质构成；有重量；有体积；有价值；有形状；有机械强度；有颜色；有功能；有化学特性；有时间性等。然后，从每个方面逐一思考它的具体用途。

发散思维是一种从点到面的思维形态，而收敛思维是一种从面到点的内聚式思维形态。发散思维的思考方向是以问题为原点指向四面八方的，具有开放性；收敛思维则是把许多发散思维的结果由四面八方集合起来，选择一个合理的答案，具有封闭性。

一、认知收敛思维

收敛思维又称聚合思维、聚焦思维和集中思维。它是指以某个问题为中心，运用多种方法、知识或手段，从不同的角度，将思维指向这个中心点，经过比较、排除、综合分析后，找到解决方法的一种思维方法。

收敛思维要求从众多可能性的结果中迅速做出判断，得出结论，一般以汇总思路、集中思维为特征，利用已有的经验和既定的认识成果，朝着一个方向和目标，在一定范围内使众说纷纭的问题得出一个解决方法。

运用收敛思维，关键在于聚焦，通过对所收集到的各种资料进行分析，区分出它们与思维目标的相关程度，以便把重要的信息保留下来，把无关的或关系不大的信息淘汰。

在思考问题时，有意识、有目的地将思维过程停顿下来，缩小领域，聚集能量，形成思维的纵向深度和强大穿透力，犹如用放大镜把太阳光持续地聚焦在焦点上，从而更有效地审视和判断某一事件、某一问题、某一片段信息，形成对这些信息、事件、问题的强大透视力、溶解力，以便最后顺利解决问题。经过清理和选择后，还要对各种相关信息进行抽象、概括、比较、归纳，从而找出它们的共同特性和本质的方面。

二、激发收敛思维

收敛思维是在广泛搜集信息的基础上，通过比较、筛选、归纳、综合等方法，将各种信息、思路聚焦到一个中心点，形成解决问题的最佳方案或最优结论。在创新过程中，适时运用收敛思维，可以确保创意的可行性和实用性。

常用收敛思维方法有：辏合显同法、分析综合法（层层剥笋法）、目标确定法、聚焦法等。

（一）辏合显同法

辏合显同法是收敛思维的一种，它就是把所有感知到的对象依据一定的标准聚合起来，显示它们的共性和本质。

应用案例

徐光启与《除蝗疏》

明朝时，江苏北部曾经出现可怕的蝗灾。飞蝗一到，整片整片的庄稼被吃掉，人们颗粒无收。徐光启看到人民的疾苦，想到国家的危亡，毅然决定研究治蝗之策。他搜集了自战国以来 2 000 多年有关蝗灾情况的资料。在这浩如烟海的材料中，他注意到蝗灾发生的时间是有规律的。151 次蝗灾中，发生在农历四月有 19 次，五月有 12 次，六月有 31 次，七月有 20 次，八月有 12 次，其他月份总共只有 9 次。从而他确定了蝗灾发生的时间，大多在夏季炎热时期，以六月最多。另外他在史料中发现，蝗灾大多发生在河北南部，山东西部，河南东部，安徽、江苏两省北部。为什么蝗灾多集中于这些地区呢？经过研究，他发现蝗灾与这些地区湖沼分布较多有关。他把自己的研究成果向百姓宣传，并且向皇帝呈递了《除蝗疏》。徐光启在构思《除蝗疏》的整个思维过程中，运用的思考方法就是辏合显同法。

（二）分析综合法

人们在思考问题时，最初认识的仅仅是问题的表层（表面），因此，也是很肤浅的东西；然后，进行层层分析，向问题的核心一步一步地逼近，抛弃那些非本质的、繁杂的特征，以便揭示隐蔽在事物表面现象内的深层本质。

（三）目标确定法

确定搜寻目标（注意目标），进行认真观察，做出判断，找出其中的关键，围绕目标定向思维，目标的确定越具体越有效。

（四）聚焦法

聚焦法，就是人们常说的沉思、再思、三思，是指在思考问题时，有意识、有目的地将思维过程停顿下来，并将前后思维领域浓缩和聚拢起来，以便更有效地审视和判断某一事件、某一问题或某一片段信息。

可以从两方面运用该方法：其一，可通过反复训练，培养定向、定点思维的习惯，形成思维的纵向深度和强大穿透力，犹如用放大镜把太阳光持续地聚焦在某一点上，就可以形成高热；其二，经常对某一片段信息、某一件事、某一问题进行有意识的聚焦思维，自然会形成对这些信息、事件、问题的强大洞察力，以便最后顺利解决问题。

知识探究

收敛思维与发散思维的关系

发散思维是为了解决某个问题，从这一问题出发，想的办法、途径越多越好，总是追求还有没有更多的办法。而收敛思维也是为了解决某一问题，在众多的现象、线索、信息中，向着问题一个方向思考，根据已有的经验、知识、寻找最优的解决办法。

两者的思维指向相反。收敛思维是由四面八方指向问题的中心，发散思维是由问题的中心指向四面八方（见图 2 - 15）。

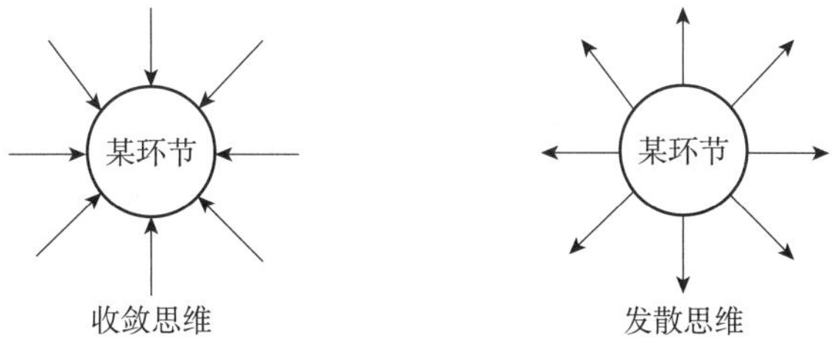

图 2 - 15　收敛思维和发散思维示意图

两者的作用不同。收敛思维是一种求同思维，要集中各种想法的精华，达到对问题的系统全面的考察，为寻求一种最有实际应用价值的结果而把多种想法理顺、筛选、综合、统一。发散思维是一种求异思维，为了在广泛的范围内搜索，要尽可能地放开，把各种不同的可能性都设想到。

收敛思维与发散思维是一种辩证关系，既有区别又有联系，既对立又统一。没有发散思维的广泛收集、多方搜索，收敛思维就没有了加工对象，就无从进行；反过来，没有收敛思维的认真整理、精心加工，发散思维的结果再多，也不能形成有意义的创新结果，也就成了废料。只有两者协同动作，交替运用，一个创新过程才能圆满完成。

丹麦天文学家第谷对行星运动规律的观察长达 30 多年，积累了大量资料，但是他的思维没有进行发散，总是按照当时已经问世的托勒密的“地心说”去考虑问题，所以没有得出行星运行规律的最终结果。开普勒成了他的学生后，分析了第谷的资料，进行了发散思维，按照当时哥白尼的“日心说”观点，假设火星在圆形轨道上绕太阳运行，然后运用收敛思维，发现理论计算结果与资料不符。他又进行第二次发散思维，假定火星沿着椭圆形轨道绕日运行，太阳处在椭圆的一个焦点上，然后再次运用收敛思维，进行资料运算，结果验证了他的假说是对的。最后开普勒发现了行星运动三大规律，奠定了天体力学的基础，也因此获得了“天空立法者”的美誉。

经典分享

丰田公司的管理方法

在日本丰田汽车公司，曾经流行一种管理方法，叫作“追问到底”。就是说，对公司出现的每一个问题，都采用追问到底的态度，以便找出最终的原因。一旦找到了最终原因，那么对于一连串的问题也就有了深刻的认识。

比如，公司的某台机器突然停了，就沿着这条线索进行一系列的追问：

问：“机器为什么不转了?”

答：“因为保险丝断了。”

问：“为什么保险丝会断?”

答：“因为超负荷而造成电流太大。”

问：“为什么会超负荷?”

答：“因为轴承枯涩不够润滑。”

问：“为什么轴承枯涩，不够润滑?”

答：“因为油泵吸不上来润滑油。”

问：“为什么油泵吸不上来润滑油?”

答：“因为油泵产生了严重磨损。”

问：“为什么油泵产生了严重磨损?”

答：“因为油泵未装过滤器而使铁屑混入。”

追问至此，最终的原因就找到了。给油泵装上过滤器，再换上保险丝，机器就能正常运转了。

能力训练

收敛思维训练

1. 思考题：

（1）写出能将一根长钉插入厚木板中的工具应用的特点。

（2）请写出海水与江水的共同之处，越多越好。

2. 应用情景分析题：

（1）假设你是食品店的店员，现有一位顾客预订九块蛋糕，要求装在四个盒子里，而且每个盒子里至少要装三块蛋糕。你能运用发散思维找到解决办法吗？

（2）设计出行婴儿车应具有的功能。

（3）为雨天骑车人设计一把伞，提出产品应具备的特征。

（4）假如你是一个钟表商店的经理，门前要挂两个大的钟表模型，你认为时针和分针在什么位置上最好？

训练要点：注意使用收敛思维的恰当时机，把握好收敛思维的度，在收敛思维和发散思维之间保持平衡。

2.5 逆向思维

▶能力目标

1. 认知逆向思维及其特点
2. 掌握常用逆向思维方法
3. 学会在实际学习、工作和生活中应用逆向思维

导入案例

节能灯泡的逆向创新之路

在照明行业，传统的白炽灯泡因其高能耗和短寿命正逐渐被市场淘汰，而现有的节能灯泡虽效率高，却因成本问题难以普及。面对这一挑战，一家照明公司的设计师小思决定采用逆向思维来寻找突破。材料成本和生产工艺是节能灯泡价格高昂的主要原因。他决定逆向思考，从简化生产流程和降低材料成本入手。团队开发了一种创新的散热设计方案，该方案不仅减少了对昂贵散热器件的需求，还提高了灯泡的能效和使用寿命。同时，他们还优化了灯泡的结构，使其更易于大规模生产和用户自行更换。经过一系列的测试和改进，新型灯泡最终推向市场，并迅速以其亲民的价格和出色的节能性能获得了消费者的认可。这款灯泡不仅满足了市场对节能产品的需求，还推动了节能灯泡的普及，对照明行业产生了深远的影响。

分析：这启示我们在面对行业难题时，应勇于打破常规，从不同的角度出发，寻找问题的根源，并以此为起点进行创新。

逆向思维是指打破固有思维模式，突破常态的一种思考问题的方法。它是思维中较高级别的一种方法。数据分析需要逆向思维，生活中需要逆向思维，企业运营中同样需要逆

向思维。

一、认知逆向思维

逆向思维也称逆反思维，与正向思维或常规思维相反，即以对立、颠倒、逆转、反面等方式认识问题或解决问题的思维。它强调要从事物的反面或对立面来思考问题，从相反的角度进行思考，它以“背叛”常规常理或者常识的方式去寻找解决问题的新途径、新方法。敢于“反其道而思之”，让思维向对立面的方向发展，从问题的相反面深入地进行探索，树立新思想，创立新形象。比如人弃我取、人进我退、人动我静、人刚我柔等。

逆向思维与正向思维相对应。正向思维是指人们运用过去的知识和经验，在已有理论的指导下思考问题和解决问题的一种能力或方法。正向思维在人们日常思考和科学研究中起着巨大的作用。但是，由于人们受心理倾向、心理定式的影响，在思考问题时，这次采取一种思路、下次采取同一种思路的可能性就很大。在一连串的思想中，一个个观念之间形成了紧密联系，以至于它们的联结很难被破坏，这样，就容易使人们形成一种固定的思维模式，即习惯性思路或思维定式，“守株待兔”的笑谈就是其中一例。

逆向思维法作为一种方法论，具有明显的工具意义。它与传统的、逻辑的或群体的思考方向完全相反，表现为反传统、反常规、反顺向。从广义上说，一切与原有的思路相反的思考都可叫作逆向思考。它是人们为了达到一定目标，从相反的角度来进行思考的一种思维方式，在理论创新、技术创新、产品创新上都有出奇的作用。

逆向思维主要分为四类，即结构逆向、功能逆向、状态逆向、原理逆向（见图 2－16)。

图 2－16 逆向思维的分类

应用案例

温度计的诞生

伽利略曾应医生的请求设计温度计，但屡遭失败。有一次他在给学生上实验课时，注意到水的温度变化引起了水的体积变化，这使他突然意识到，如果反过来想，由水的体积的变化不也能看出水的温度的变化吗？循着这一思路，他终于设计出了当时的温度计。

二、逆向思维的方法

逆向思维主要表现为思维逻辑逆推以及方向、位置、顺序、优缺点、价值、原理、功能等方面的逆向思考，在具体的应用过程中，主要有如下方法。

知识探究

逆向思维的优势

1. 在日常生活中，常规思维难以解决的问题，通过逆向思维可以轻松破解。
2. 逆向思维会使你独辟蹊径，在别人没有注意到的地方有所发现、有所建树。
3. 逆向思维会使你在多种解决问题的方法中获得最佳方法和途径。
4. 生活中自觉运用逆向思维，会将复杂问题简单化，从而使办事效率和效果成倍提高。
5. 逆向思维可运用于各个投资领域，包括房地产、股票等。

（一）反转型逆向思维法

这种方法是指从已知事物的相反方向进行思考，产生发明构思的途径。“事物的相反方向”常常从事物的功能、结构、因果关系等三个方面做反向思维。

比如，市场上出售的无烟煎鱼锅就是把原有煎鱼锅的热源由锅的下面安装到锅的上面，这是利用逆向思维，对结构进行反转型思考的产物。

（二）转换型逆向思维法

这是指在研究问题时，由于解决这一问题的手段受阻，而转换成另一种手段，或转换思考角度，以使问题顺利解决的思维方法。

如历史上被传为佳话的司马光砸缸救落水儿童的故事，实质上就是一个用转换型逆向思维法的例子。由于司马光不能通过爬进缸中救人的手段解决问题，因而他就转换为另一手段，破缸救人，进而顺利地解决了问题。

（三）缺点型逆向思维法

这是一种利用事物的缺点，将缺点变为可利用的东西，化被动为主动、化不利为有利的思维方法。首先要发现事物可利用的缺点，紧接着要分析缺点，抽象出这种被认定为缺点的现象背后所隐藏的可以利用的原理和特性。

例如，易腐蚀是金属的一个缺点，但人们利用金属腐蚀原理进行金属粉末的生产，并发展出电镀等其他工艺，无疑是缺点型逆向思维法的一种应用。

经典分享

逆向思维出奇效

某香皂厂生产线上的香皂盒，有时候并未装入香皂，就被送到客户手里。为了解决空香皂盒的问题，老板请了一家自动化公司解决，结果需要投入二三十万元，于是老板要求生产线的小组长解决这个问题。小组长花几十块钱买了一台风扇，调好与生产线的距离和风量，空香皂盒在生产线上走到这里时，就会被风扇的风吹走。几十块钱就为老板解决了需要花几十万元才能解决的问题。这就是逆向思维的力量。

能力训练

逆向思维训练

1. 用逆向思维方法提出有效防盗措施，填入表 2-2 中。

表 2-2　运用逆向思维制定防盗措施

盗窃方案	针对盗窃方案制定防盗措施
侦察，熟悉情况、地形	
确定盗窃对象	
携带盗窃工具	
行窃实施的多种应变准备	
熟悉防盗用具的性能	
联系销赃渠道	
胆大心细，遇事不慌	
内外勾结	
寻找合适的同伙放风、接应	
消除作案痕迹	

2. 一根两头粗细相等的透明塑料软管，里面装有 5 个直径比管子内径略小一点的球，中间一个是黑球，两边全是白球，如图 2-17 所示。你能在不倒出白球又不破坏管子的前提下取出黑球吗？

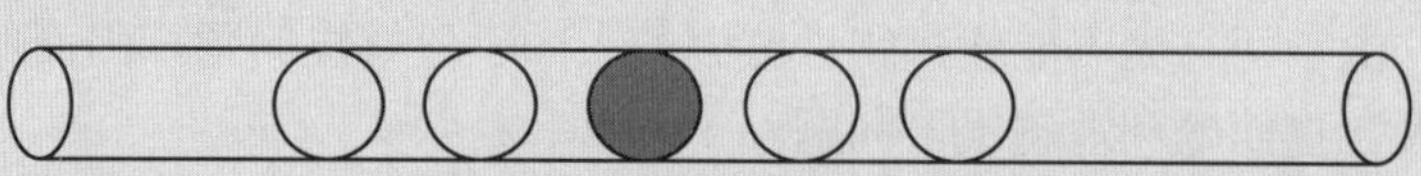

图 2-17　软管装球示意图

3. 将 25 个红球和 25 个白球混合后再分成数量相等的两堆，左边一堆里的红球和右边一堆里的白球哪个多？

4. 有两个人从甲地到乙地。其中一个人骑自行车；另一个人先乘火车走了前一半路程，后一半路程不通火车，改坐马车。火车的速度是自行车的 6 倍，自行车的速度是马车的 2 倍。谁能先到达目的地呢？

5. 迪克中毒死亡，三个嫌疑人艾米、比夫、麦考尔被警方讯问。艾米说："如果这是谋杀，那么一定就是比夫干的。"比夫说："如果这是谋杀，那可不是我干的。"麦考尔说："如果这不是谋杀，那就是自杀。"警方了解到：如果这些人中只有一个人说谎，那么迪克就是自杀的。迪克究竟是自杀、谋杀还是意外死亡？

2.6 侧向思维

▶能力目标

1. 认知侧向思维及常用方法
2. 培养运用侧向思维进行创新思维的习惯和能力
3. 学会在实际学习、工作和生活中应用侧向思维

导入案例

诚信书站——侧向思维下的校园创业实践

张强，一名高职院校市场营销专业的学生，注意到校园内缺乏一个集中的二手书交易平台，他运用侧向思维，打破常规，不依赖于线上市场，而是创新性地提出在校园图书馆设立一个无人监管的二手书交换站。他从超市自助结账系统获取灵感，设计了一个基于诚信的交换机制，学生可以自行交换书籍，并通过一个简单的手机应用记录交易信息。张强与校方沟通合作，利用图书馆的一角作为交换站，并引入基本的监控设备以保障交易安全。经过小规模的测试和反馈收集，他不断优化交换流程，最终在全校范围内推广这一创新模式。它不仅提高了二手书交易的效率，还减少了不必要的资源浪费。

分析：跨领域的思考有效整合了校园资源，提供了一个高效且具有创新性的解决方案，同时也增强了学生社区的互动和信任。

这个实例运用的思维方式称为侧向思维，又称"旁通思维"，是发散思维的又一种形式。侧向思维法是一种非逻辑的拓宽思路的方法，其中会运用类比、想象和联想等方法。

一、认知侧向思维

侧向思维，也称"横向思维"，就是对要解决的问题，在正向思维之外进行"旁敲侧击"。其要义是"他山之石，可以攻玉"，借助其他领域的知识和资讯，来解决面临的难题。其特点是思维活跃多变，善于联想推导，随机应变。

侧向思维，常常可以"歪打正着"，对于疑难问题的解决，有意想不到的效果。大多有成就的人，无不重视和善用侧向思维。

侧向思维打破问题的原有结构范围，从其他方面、方向中得到启示而产生新设想。具有这种思维特点的人，思维面都不会太窄，且善于举一反三。关于侧向思维，有一个形象的比喻：侧向思维就像河流一样，遇到宽广处，很自然地就会蔓延开来，但缺点是深度不够。

侧向思维是相对于纵向思维而言的一种思维形式。纵向思维是按逻辑推理的方法直上直下的收敛性思维，而侧向思维是当纵向思维受挫时，从侧向寻找问题答案。正像时间是一维的，空间是多维的一样，侧向思维与纵向思维代表了一维与多维的互补。最早提出侧向思维概念的是英国学者波诺。他创立侧向思维概念的目的是针对纵向思维的缺陷提出与之互补的对立的思维方法，就好像试图从地面上挖掘清泉，若一处挖不出，不是一股劲儿往下挖，而是换个地方再挖。

风云人物

爱德华·德·波诺

爱德华·德·波诺（Edward de Bono，1933—2021，见图2-18），英国心理学家，牛津大学心理学学士，剑桥大学医学博士，欧洲创新协会将他列为历史上对人类贡献最大的250人之一。他在20世纪60年代末期提出“水平思考”方式，改变了日常人采用“垂直思考”方式容易出现的问题。

图2-18 爱德华·德·波诺

他认为纵向思维者是对局势采取最理智的态度，从假设——前提——概念开始，进而依靠逻辑认真解决，直至获得问题答案；而横向思维者是对问题本身提出问题、重构问题，它倾向于探求观察事物的所有不同方法，而不是接受最有希望的方法。这对打破既有的思维模式是十分有用的。

二、侧向思维的特点

侧向思维具有以下特点。

（一）非逻辑性

非逻辑思维是指用通常的逻辑程序无法说明和解释的那部分思维活动。它是直觉性的，跟发散思维有很大的相关性，可以通过培养发散思维来提高。

（二）变通性

变通性是指思维的灵活性，也就是思维活动能触类旁通、举一反三，往往形成超常构思，提出不同寻常的新方案。

（三）横断性

横断性就是把研究的客体放到事物的相互联系中间去，放到“关系”中进行考察。横断性思维可以充分展开事物各方面的相互关系，从而能揭示出纵向思维过程中不易觉察的问题。

三、侧向思维的应用

（一）侧向移入

这是指跳出本专业、本行业的范围，摆脱习惯性思维，侧视其他方向，将注意力引向更广阔的领域；或者将其他领域已成熟的、较好的技术方法、原理等直接移植过来加以利用；或者从其他领域事物的特征、属性、机理中得到启发，产生对原来思考问题的创新设想。

应用案例

拉链的发明

19世纪末，衣服和靴子的穿脱都很麻烦，主要是因为扣子太多，若是能想办法让所有的扣子都连起来，那肯定会大大节省时间。贾德森是一位机械工程师，研发和动手能力很强，平时就喜欢研究制作一些小零件。

一天，他到一家铁匠铺购买铁勺。这家店铺的铁勺挂得整齐巧妙：在一根水平架着的钢筋棍上，吊着上、下两行铁勺，上面的一行是由钢筋棍直接穿过勺柄孔，下面的一行勺柄朝下，通过勺的凹处“咬合”在一起。贾德森选中了下行左起第五把铁勺，他使劲往下拽却拽不下来，看来咬合得很紧。后来铁匠师傅告诉他，把左起第四把勺子向外扒开，他需要的那把勺子就可以轻而易举地取下来了。买铁勺给他带来了意外的收获，那种紧紧咬合在一起的两行铁勺成了他设想中的“拉链”雏形。他根据这种咬合原理设计出了拉链（见图2－19）。

图2－19　贾德森与他的拉链设计图

（二）侧向转换

这是指不按最初设想或常规直接解决问题，而是将问题转换成为它的侧面的其他问题，或将解决问题的手段转为侧面的其他手段，等等。

应用案例

冰箱用途的延伸

电冰箱这种高度成熟产品的市场竞争激烈，利润率低，厂商束手无策，而日本企业却异军突起，制造了一种与19英寸电视机外形尺寸一般大小的冰箱。当微型冰箱投入市场后，人们发现除了可以在办公室使用外，还可安装在野营车、娱乐车上。微型冰箱方便人们外出旅游，改变了一些人的生活方式，取得了市场成功。微型冰箱与家用冰箱在工作原理上没有区别，其差别只是产品所处的环境不同。创新者把冰箱的使用方向由家居转换到办公室、汽车、旅游等其他方向，有意识地改变了产品的使用环境。

（三）侧向移出

当面临新情况新问题时，建立在以往经验和知识基础之上的心理定式，往往会产生消极影响，成为思维行为的障碍，看不到解决问题的出路。侧向移出就是通过引入其他事物的特点，借势打破思维定式，走出思维惯性，产生创造性思维。

与测向移入相反，侧向移出是将现有的设想、已取得的发明、已有的技术，从现有的使用领域、使用对象中转移出来，将其外推到其他意想不到的领域或对象上。这也是一种立足于跳出本领域，克服线性思维的思考方式。

总之，不论是利用侧向移入、侧向转换还是侧向移出，关键的窍门是要善于观察，特别是留心那些表面上似乎与思考问题无关的事物与现象。这就需要在注意研究对象的同时，要注意其他一些偶然看到的或事先预料不到的现象。也许这种偶然并非偶然，可能是侧向移入、移出或转换的重要对象或线索。

经典分享

围魏救赵

战国时期，魏国派军队进攻赵国。魏国的军队很快包围了赵国都城邯郸，情况十分危急。赵国眼看抵挡不住魏军的攻势，赶紧派人向齐国求救。

齐国大将田忌受齐王派遣，准备率兵前去援救赵国。这时，他的军师孙膑对他说："要想解开一团乱麻，不能用强扯硬拉的办法。要想制止正打斗得难分难解的双方，不宜用刀枪对他们一阵乱砍乱刺；要想援救被攻打的一方，只需要抓住进犯者的要害，捣毁它空虚的地方。眼下魏军全力以赴攻赵，精兵强将势必已倾巢出动，国内肯定只剩下一些老弱残兵。魏国此时顾了外头，国内势必空虚。如果我们此时抓住时机，直接进军魏国，攻打魏国都城大梁，魏军必定会撤回围赵的军队来救都城，我们不是就可以为赵国解围了吗？"

能力训练

侧向思维训练

1. 在日常生活中寻找一个运用侧向思维解决问题的例子。

2. 玻璃容器内有一条毒蛇，如图 2－20 所示，在不伤害它的情况下，如何测量毒蛇的长度？

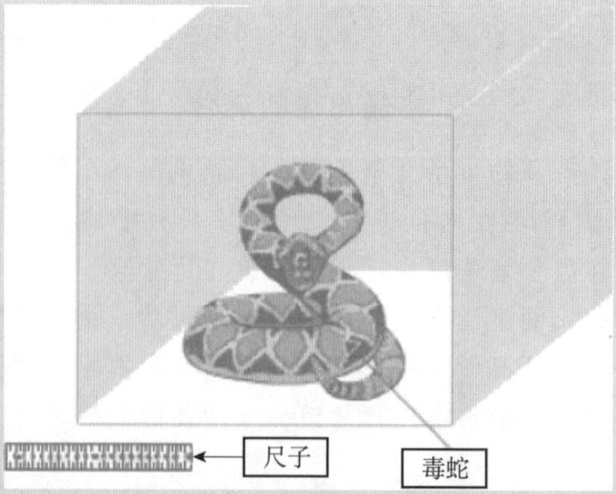

图 2－20　测量毒蛇的长度

3. 请使用 8 根火柴摆出 2 个正方形和 4 个三角形，火柴不能弯曲和折断。
4. 装满水的杯子，不能倾倒，也不能打碎杯子，请你取出杯中全部的水。
5. 请栽 4 课树，每棵树和其他 3 棵树的距离都要相等，怎么栽？

2.7 互联网思维

▶能力目标

1. 了解互联网思维产生的背景及特征
2. 认知互联网思维的核心理念
3. 学会分析互联网时代的典型企业、典型实践、代表性人物

导入案例

智慧革新引领农业新趋势

小华洞察到现代农业生产中存在的问题和市场对健康农产品的需求，决定运用互联网思维创立智慧农场。他首先通过问卷调查和社交媒体收集消费者对农产品的偏好和顾虑，确定项目方向。随后，他引入物联网技术，在农田部署传感器监测土壤湿度、温度和光照等环境数据，通过大数据分析为作物种植提供精准的灌溉和施肥方案。此外，他开发了一款用户友好的移动应用，使消费者能够实时查看农产品从种植到收获的全过程，大大提升了消费者对品牌的信任度。在商业模式上，他摒弃了传统的多层分销渠道，采用“从田间到餐桌”的直销模式，通过在线预订和定期配送服务，将新鲜农产品直接送达消费者手中。同时，他建立了线上社区，邀请消费者参与农场的虚拟管理，如选择种植作物种类、投票决定农场改进措施等，这不仅增强了用户的参与感，也为农场的持续改进提供了宝贵意见。智慧农场迅速受到市场的青睐，不仅提高了农业生产的效率和可持续性，还为消费者提供了健康、透明的农产品。

分析：小华展示了互联网思维在农业创新中的应用，体现了用户需求分析、技术整合、平台开发和商业模式创新在解决实际问题中的重要作用。

互联网是一个产业，“互联网＋”让这个产业衍生出了无限可能。在互联网时代，互联网思维得到大规模地运用，更好地了解互联网思维能够开拓创新思路，在面对问题的时候获得更多解决方案。

一、认知互联网思维

互联网思维尚无明确定义，越来越多的人认为，互联网不仅是一种技术和产业，还是

一种思想和价值观。小米公司董事长雷军认为，互联网不仅是技术，更是一种观念和方法论，其要义是“专注、极致、口碑、快”。**有人将互联网思维归纳为用户、简约、极致、迭代、流量、社会化、大数据、平台、跨界9大思维**（见图2-21），还有人将其提升到精神层面，认为是一种指导行为的思想。

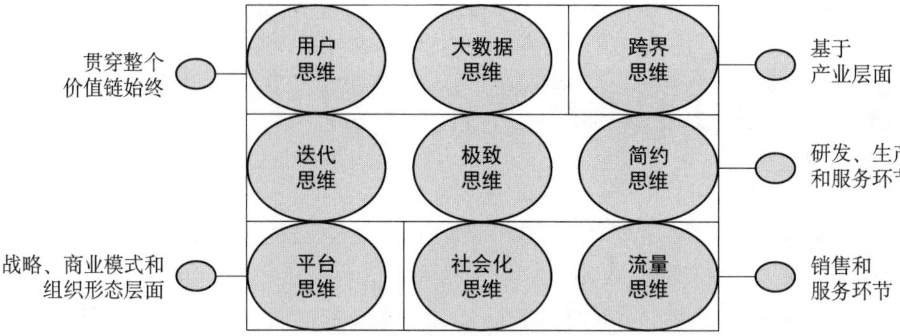

图2-21　互联网思维的几个层面

互联网时代的思考方式，不局限在互联网产品、互联网企业，互联网思维是降低维度，让互联网产业主动去融合实体产业，通过互联网技术改变人、物、信息之间关系的规律和方法。

互联网思维的六大特征：大数据、零距离、趋透明、慧分享、便操作、惠众生，还具有以下几个特点。

（一）分享

首先，在网络平台上，人们的身份、职业、地域、年龄等社会标识都被淡化，每位网民都化身为一个简单的ID；其次，网络互联的过程就是将话语权打碎、均衡分配的过程，每个人都可以发布消息，针对不同现象发表评论；最后，随着移动互联网和社交网络的发展，人们能快速找到网络上生活在五湖四海的志同道合的朋友。

（二）体验

互联网时代，网民由旁观者转变成社会事件的参与者和体验者；互联网公司对网民的“现场感”“参与感”越来越重视。每一位网民都有可能是产品的体验者、推销者，也可能是突发事件的报道者、见证者，真实感受和瞬时呈现使互联网的体验更具说服力。

（三）开放

网络信息传播无边界、进入低门槛，互联网成为汇聚和分享信息的平台。只要有网络，网民便可进入和使用互联网，可以上传和下载信息，可以贡献自己的想法和主意，也能借鉴别人的创意和思路。

应用案例

“互联网＋”让馒头店有无限可能

小陈开了一家馒头店，馒头卖1块钱1个，10块钱可以买12个。生意好的时候一天能卖2 000个，不好的时候也能卖500个。后来小陈有了互联网思维：只要你在店里买豆浆，馒头只需要5毛钱一个。豆浆成本3毛，卖1块钱一杯。这下他每天能卖3 000个馒头和 3 000 杯豆浆——这叫关联营销。

再后来馒头不要钱，免费送，只需要你买豆浆就行——这叫免费战略。

来买的人越来越多，馒头做不过来了，小陈买了台馒头机，客人只要买豆浆就可以自己去做馒头——这叫 UGC（用户生产内容）。

来买的人更多了，只要你是老顾客，就为你提供小板凳、遮阳伞，方便你更舒服地排队——这叫增值服务。

如果你一次订一年的豆浆，还提供免费插队优先买豆浆服务——这叫会员体系。

人越来越多，小陈决定把隔壁的铺子也租下来打通——这叫平台战略。

新铺子不卖馒头豆浆，只卖油条稀饭——这叫丰富产品线。

小陈找人写了宣传语“人间自有真情在，白送馒头 20 年”，贴得到处都是——这叫软文推广。

客人越来越多，小陈决定开连锁店，找银行贷款——这叫融资。

小陈先找亲戚朋友借一圈——这叫 P2P。

小陈又找客人借了一圈，说“只要你借给我钱，我就送你小菜”——这叫众筹。

连锁店开起来，一家店只有桌子和板凳，另一家店全是真皮沙发，当然，有真皮沙发的店卖的东西要贵 5 毛——这叫差异化服务。

看到开馒头店能赚钱，一条街上开了七八家，于是现在馒头不仅随便拿，拿一个馒头还白送你 2 毛钱——这叫补贴。

隔壁街的商场要来小陈门口发传单，小陈每天收 2 万元——这叫流量变现。

最后，小陈卖着豆浆油条稀饭，收着广告费，连锁店开遍了全城，在他的店里除了馒头不要钱，其他都要钱——这叫“互联网+馒头店”。

二、互联网思维的核心理念

互联网思维是一个多元概念，在移动互联网、大数据、云计算等科技不断发展的背景下，本质是发散的非线性思维，以下介绍几种典型的互联网思维。

（一）用户思维

互联网思维最重要的就是用户思维。用户思维是指任何一个行业在价值链各个环节中，都要以用户为中心，做到极致地深挖用户的真实想法，以此为出发点进行产品和服务的针对性开发。

成功的互联网产品多是抓住了用户的需求。QQ、百度、淘宝、微信、YY、小米，无一不是注重互联网用户的企业。了解用户的需求，尽力去满足用户，就能得到大量的用户。

（二）迭代思维

迭代是重复反馈过程的活动，目的通常是逼近所需目标或结果。每一次对过程的重复称为一次迭代，而每一次迭代得到的结果会作为下一次迭代的初始值。

任何一种产品的初始版都有不足之处，只有不断改进和完善，产品才不会被淘汰。

应用案例

迭代思维下的电子书阅读器创新实践

A 科技公司采用迭代思维成功打造了一款用户体验极致的电子书阅读器。团队首先通过深入的用户研究，了解目标用户的阅读习惯和偏好，设计出具有基础阅读功能的原型机。在小规模测试后，根据资深读者的反馈，对用户界面进行优化，并增加了笔记、翻译等辅助阅读功能。同时，团队还提升了阅读器的响应速度和电池续航能力。此外，建立了用户社区，鼓励用户提交功能建议和使用体验报告，每三个月根据反馈进行一次产品更新迭代。这种以用户为中心的快速迭代方法，使得电子书阅读器迅速赢得了市场认可，用户忠诚度和满意度显著提高。

分析：这展示了迭代思维在产品创新中的应用，体现了用户研究、快速迭代和功能优化的重要作用。

（三）流量思维

流量是随着互联网的发展而流行的，之前传统的叫法是“客流”，主要针对线下而言，如今在线上叫“流量”。互联网企业都有很典型的流量思维，“流量即入口”“流量就是金钱”等理念，推动着互联网企业“流量为先”的策略。免费是获取流量的典型方式。免费不等于不收费，免费是为了更好地收费。互联网流量思维与传统思维的区别如图 2-22 所示。

实现目标	传统思维	互联网思维
做大 （吸引客流）	资产投入 （扩大经营面积、升级门店装修、增加特色产品等来吸引客流）	粉丝数量 （利用互联网工具，将粉丝聚焦在一起）
做强 （转化消费）	人才培养 （通过专业人才的优秀销售能力来提高转化率）	消费黏性 （利用免费等互联网运营手段，让顾客自主高频上门）

图 2-22　互联网流量思维与传统思维的区别

应用案例

“潮玩街区”的快速崛起

一家大型购物中心运营经理小莉运用流量思维，精心策划了一系列符合目标客群口味的活动，包括限量版潮玩展览、高科技互动体验区和知名乐队的现场音乐会，这些活动不仅丰富了街区的娱乐内容，还极大地提升了街区的吸引力。为了扩大活动的影响力，她利用社交媒体平台进行预热，发布活动预告和精彩瞬间，吸引网友的注意和转发，成功地将线上流量引导至线下。她还积极与流行品牌和知名艺术家建立合作关系，通过联名活动和限量商品发售，借助合作伙伴的流量和粉丝基础，为“潮玩街区”带来更多的曝光和客流。在营销活动的同时，她非常注重数据的收集和分析，实时监控客流量和顾客反馈，从简化入场流程到提供个性化推荐，每一个细节都经过精心设计。通过这一系列的努力，街区很快成为年轻人的热门打卡地，不仅客流量持续增长，销售额也有了显著提升。

分析：通过创造有吸引力的内容、运用社交媒体策略、建立合作伙伴关系，以及基于数据分析的持续优化，成功地将流量转化为商业价值。

（四）极致思维

极致就是匠人精神，内核是保持专注和追求极致，就是把产品、服务和用户体验做到极致，超越用户预期，要打造让用户“尖叫”的产品。有三个方法：第一，“需求要抓得准”（把握用户的痛点和需求点）；第二，“自己要逼得狠”（做到自己能力的极限）；第三，“管理要盯得紧”（得产品者得天下）。

（五）平台思维

平台思维是互联互通互动的网状思维，是开放的、创新的思维，是对商业模式、组织形态的理解，是开放、共享、共赢的思维，全球最大的100家企业里，有60家企业的主要收入来自平台商业模式。通过平台化的运作，把不擅长的部分外包出去，能够快速扩大规模，减少投资，融入更多的资源，快速把事业做大。平台思维可以使你聚焦你所擅长的领域，能够在你所擅长的领域形成强大的核心竞争力。

思考交流

移动互联网产品经理的素养

1. 敏锐感知潮流变化。
2. 理性思维。
3. 丰富的实践经验。
4. 博而不专的积累。
5. 负责的态度。

经典分享

中国国际大学生创新大赛高职赛道的特点

中国国际大学生创新大赛中的高职赛道特别体现了职业教育与行业需求的紧密结合，强调实践技能和创新应用的融合。以下是高职赛道的特点及对未来参赛者的启示：

1. 行业对接：高职赛道的项目通常与特定行业需求紧密相关，如制造业、服务业、信息技术等，反映了职业教育对行业发展趋势的快速响应。

2. 技能应用：参赛项目往往展示了学生在专业技能方面的高水平应用，如工艺创新、设备改进、服务流程优化等。

3. 解决实际问题：项目着重解决企业或社会面临的实际问题，具有很强的实用性和操作性。

4. 创新与创业相结合：高职赛道鼓励学生将创新思维与创业实践相结合，培育技术型和管理型人才。

5. 团队协作：项目往往需要跨专业团队合作，强调不同专业背景学生之间的协同工作能力。

6. 市场导向：高职赛道的项目特别注重市场导向，许多项目在设计之初就考虑了市场化的可能性。

通过这些特点和启示，未来参赛者可以更好地准备自己的项目，提高在大赛中的竞争力，同时也为未来的创业生涯打下坚实的基础。

能力训练

互联网思维训练

请列出表 2-3 中的几种传统行业进行“互联网+”后，涌现的典型实践、典型企业、代表性人物。

表 2-3 项目训练单

传统行业	“互联网+”典型实践	典型企业	代表性人物
金融			
交通			
媒体			
通信			
教育			
医疗			
……			

模块三 应用创新技法

导读导学

模块二所讲述的逆向思维、侧向思维等创新思维方法，告诉了人们创新的方向，但是它并没有提供具体的创新路径。创新技法是对大量成功的创造和创新实例进行归纳、分析、总结，找出规律和方法以供人们学习、借鉴和仿效。不同的领域和阶段、不同类型的问题和使用者，都有相应的创新技法，适合的创新工具应用能够快速地见到效果，目前世界上共有 300 多种创新的技法。本模块将介绍如何利用几种典型的创新技法，解决各种创新需求。

思维导图

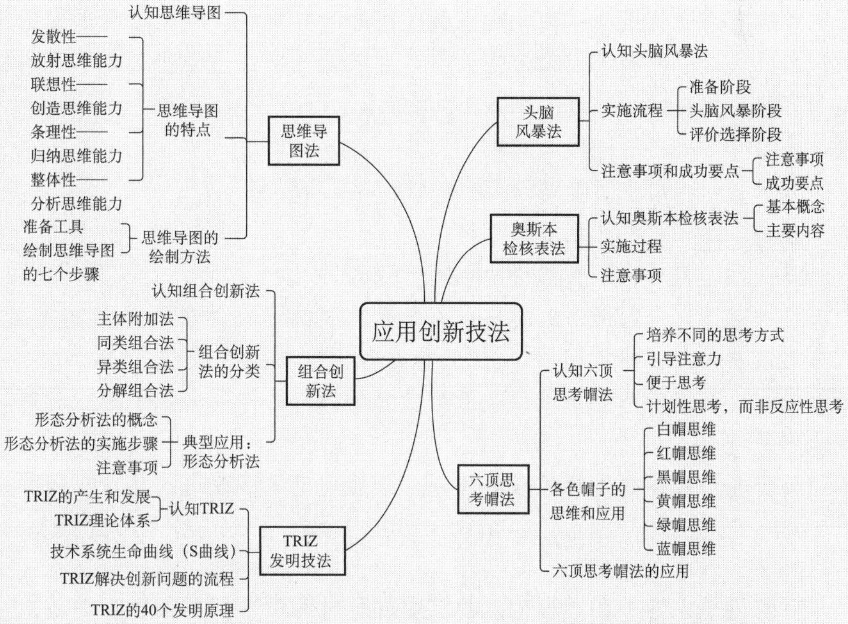

3.1 头脑风暴法

▶能力目标

1. 认知头脑风暴法的概念、特点
2. 掌握头脑风暴法的实施流程
3. 学会应用头脑风暴法解决实际遇到的问题

导入案例

头脑风暴会议

在北美，冬天天寒地冻，常降大雪，传输电力的电缆线上经常积满冰雪，大跨度的高压电缆线常被积雪压断，由此造成长时间的断电事故，严重影响人们的生活。过去，许多人试图解决这一问题，但都未能如愿。后来某电信公司经理决定采用头脑风暴法来寻求问题的答案。他在做了一定的准备工作之后，召开了头脑风暴会议，与会人员在会上自由畅谈。人们开始提出了一些设想：

方法一，采用专用电缆清雪机；

方法二，采用电热化解积雪；

方法三，采用振荡技术清除积雪……

好一阵子，人们陷入沉思中，似乎别无良方，突然有人幽默地提出："带上大扫帚乘直升机沿着线路去扫雪！"有一位工程师却因此触发了灵感，他想，用扫帚扫不可行，但直升机螺旋桨旋转产生的风力不正可以起到扫雪的作用吗？于是一种简单可行、高效率的清雪方案诞生了。

公司会后对设想进行了分类评判，最后确定了用改进的直升机扇雪的方案。

好的创意无处不在，每个人的设想都有可能带来技术创新，通过大家的头脑风暴，发挥充分想象，会有新的构想和创意产生。

一、认知头脑风暴法

头脑风暴法（brain storming，BS）又称智力激励法或自由思考法（畅谈法、畅谈会、集思法），最早是精神病理学上的用语，是指精神病患者的精神错乱状态，而现在则成为无限制的自由联想和讨论的代名词，其目的在于产生新观念或激发创新设想。

头脑风暴法是较为典型的一个提高决策质量、保证群体决策的创造性方法。经各国创造学研究者的实践和发展，头脑风暴法至今已经形成一个发明技法群，如**奥斯本智力激励法、默写式智力激励法、卡片式智力激励法**等。头脑风暴法又可分为**直接头脑风暴法**（通常简称为头脑风暴法）和**质疑头脑风暴法**（也称反头脑风暴法）。前者是由专家群体决策，尽可能激发创造性，产生尽可能多的设想的方法，后者则是对前者提出的设想、方案逐一质疑，分析其现实可行性的方法。

风云人物

亚历克斯·奥斯本

图 3-1　亚历克斯·奥斯本

亚历克斯·奥斯本（Alex Osborn，1888—1966，见图 3-1），被誉为“创造学和创造工程之父”，头脑风暴法的发明人，美国 BBDO 广告公司创始人，美国著名创意思维大师，创设了美国创造教育基金会，开创了每年一度的创造性解决问题讲习会，并任第一任主席。他的许多创意思维模式已成为家喻户晓的常用方式。20 世纪 40 年代，亚历克斯·奥斯本在其公司发起创新研讨。1953 年和帕内斯教授在纽约州立大学布法罗学院创办了世界上第一个创造学系，开始招收创造学专业的本科生和硕士研究生。1954 年，奥斯本作为布法罗学院的董事会成员，促成该校建立“创新教育基金会”。

亚历克斯·奥斯本提出了久负盛名的促进创造力技法——头脑风暴法，所以大家都称他为“头脑风暴法之父”。这种方法的目的是通过找到新的和异想天开的方法来解决问题。

二、实施流程

头脑风暴法的实施程序如图 3-2 所示。

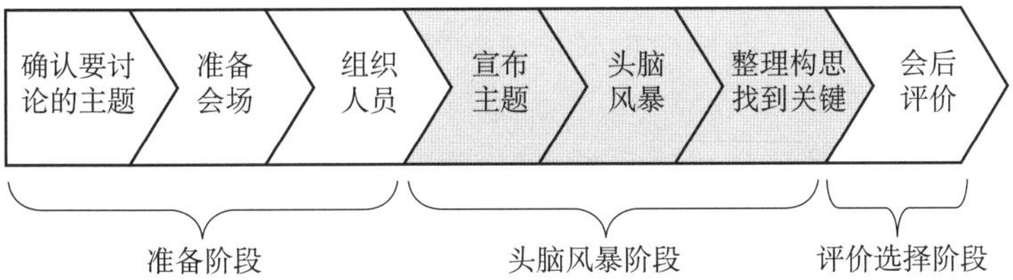

图 3-2　头脑风暴法的实施程序

（一）准备阶段

准备阶段包括产生问题，组建头脑风暴法小组，这个阶段的主要任务是：

（1）确定会议负责人，制定所要研究的议题；

（2）敲定参会人员，5～10 人最好（以跨部门的专家组最佳），选择会议时间、场所，准备会议资料，通知参会人员；

（3）准备好纸、笔等记录工具；

（4）布置场所；

(5) 将大张纸贴于白板上；

(6) 座位的安排以“凹”字形为佳；

(7) 不宜上来就讨论议题，要准备暖场话题。

(二) 头脑风暴阶段

(1) 会议主持人介绍基本原则、要求等，介绍主题，如组员感到困惑，可做简单练习；

(2) 主持人引导组员提出各种构思，记录人在板上记录所有构思，鼓励组员自由提出构思。到各个组员都无法再提出构思时，立即结束会议（见图3-3)。

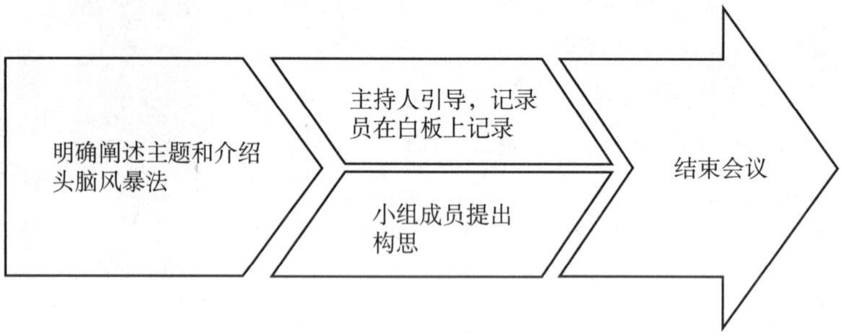

图3-3 头脑风暴阶段

(三) 评价选择阶段

(1) 会后以鉴别的眼光讨论所有列出的构思，也可以让另一组人来评价；

(2) 将会议记录整理分类后展示给参加者，从效果和可行性两个方面评价各构思；

(3) 进行删选、分析、决策，选择最合适的构思，尽可能采用会议中激发出来的构思。

思考交流

利用头脑风暴法产生新设想

1. 目标

通过头脑风暴训练游戏，让同学们掌握创新思维训练的规律。

2. 规则和程序

步骤一，划分小组，采用随机的方式进行分组，每组以6～8人为宜。每个小组选出主持人和记录员。

步骤二，每个小组在以下两个议题中选择一个：设计一种新型的眼镜；设计一种理想的大学校园内使用的交通工具。根据所选的议题，组织头脑风暴会。

步骤三，将会上所有的设想都记录下来，留待以后处理。

建议时间：20分钟。

三、注意事项和成功要点

(一) 注意事项

1. 关于议题的选择

从平时悬而未决的问题着手，必须合乎参与者的能力层次和关心程度，以参与者一直期待解决的问题为最佳。主题必须单一并且明确，不该模棱两可、似是而非，大的主题必须细化，从接近参与者关心的主题开始。会议开始后，主持人应仔细阐述主题，以便参与者理解。

2. 会议主持人技巧

（1）主持人应懂得各种创造思维和技法，会前要向与会者重申会议应严守的原则和纪律，善于激发成员思考，使场面既轻松活跃而又不失头脑风暴的规则。

（2）避免形成辩论和发言不均，要以赏识激励的词句语气和微笑点头的行为语言，鼓励与会者多提出设想。

（3）禁止使用不当的话语，经常强调设想的数量，遇到大家思维暂时停滞时，可采取一些措施。

（4）根据主题和实际情况需要，引导大家掀起一次又一次头脑风暴的“激波”。

（5）要掌握好时间，会议持续 45～60 分钟，形成的设想应不少于 100 种。

3. 记录员的工作要点

（1）记录员应依照发言顺序标号记录点子，在发言内容含糊不清时，应向发言者确认，发言内容过长时，仅记录要点即可。

（2）会议结束后应该对所做记录进行分类整理，并加以补充，然后交与有丰富经验和专业知识的专家组进行筛选。筛选应主要从可行性、应用效果、经济回报率、紧急性等多个角度进行，以选择最恰当的点子。

（3）由于用头脑风暴法产生出来的构想，大部分都只是一种提示，很少是可以用来直接解决问题的。因此整理和完善构想这一步就显得相当重要，在整理补充点子时，为了使构想更具体化，也可继续使用头脑风暴法。

（二）成功要点

1. 自由畅谈

参加者放松思想，畅所欲言，从不同角度、层次、方向，大胆地展开想象，提出独创性的想法。

2. 延迟评判

当场不对任何设想做出评价，既不能肯定某个设想，又不能否定某个设想，也不能对某个设想发表评论性的意见，一切评价和判断都要延迟到会议结束以后才能进行。

3. 禁止批评

每个人都不得对别人的设想提出批评意见，因为批评对创造性思维无疑会产生抑制作用，发言人的自我批评也在禁止之列，否则会破坏会场气氛，影响自由畅想。

4. 追求数量

获得尽可能多的设想，每个人都要抓紧时间多思考、多提设想，设想的质量问题留到会后的设想处理阶段去解决。因为产生的设想越多，其中的创造性设想就可能越多。

知识探究

卡片式智力激励法

卡片式智力激励法，又称 CBS 法，这是由日本创造开发研究所所长高桥诚根据奥斯本智力激励法改良而成的一种创新技法，特点是对每个人提出的设想可以进行质询和评价。

具体做法是：召开由 3～8 人参加的会议，会前宣布发明课题，会议时间为一小时。会上发给每人 50 张卡片，桌上放 200 张卡片备用。在头 10 分钟内，与会者独自在卡片上填写设想，每张卡片填写一个设想。接着用 30 分钟，每位与会者按座次轮流宣读自己的设想，一次只能介绍一张卡片（宣读时将卡片放在桌子中央，让大家能看清楚）。然后其他与会者可质询，也可将受启发所得的新设想填入备用卡片。最后 20 分钟，大家可以相互评价和探讨各自的设想。

知识探究

默写式智力激励法（635 法）

默写式智力激励法，是德国人鲁尔巳赫提出来的。由于数人争着发言易使点子遗漏，该方法对奥斯本智力激励法进行了改造。它与头脑风暴法原则上相同，不同点是把设想记在卡上。头脑风暴法虽规定严禁评判，自由奔放地提出设想，但有的人对于当众说出见解犹豫不决，有的人不善于口述，有的人见别人发表与自己的设想相同的意见就不发言了。

具体做法是：由 6 个参与者坐在一起围成一圈，每个人 5 分钟内在一张纸上写出 3 个设想（故又叫 635 法），然后按顺时针或逆时针方向传递给相邻的人完成第一轮设想。然后开始下一轮，依然是 5 分钟，参与者根据自己拿到的纸上面的 3 个设想，再写下 3 个设想。依此类推，在半小时内共可产生 6 人×3 个设想×6 轮＝108 个设想（见图 3-4）。

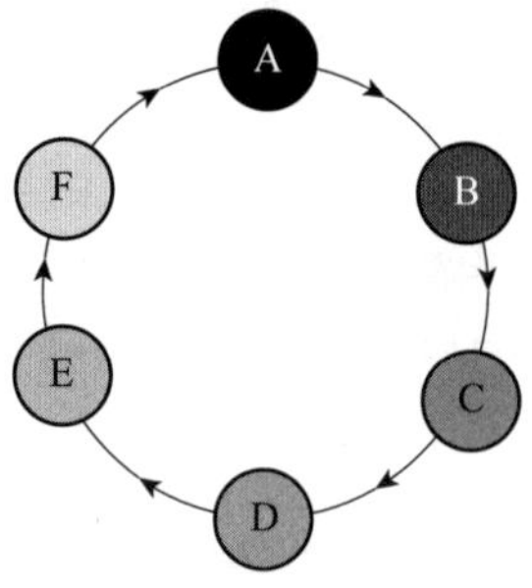

图 3-4　默写式智力激励法（635 法）

经典分享

砸核桃

组长：我们的任务是砸核桃，要求多、快、好，大家有什么办法？

甲：鸟儿用嘴啄，或者飞得高高的，把核桃扔在硬地上。我们应该把核桃装在容器里，从高处往硬的地方扔，比如说在气球上、直升机上往水泥板上扔，然后把摔碎的核桃拾起来。（类比）

乙：可以把核桃放在液体容器里，借助水力冲击把核桃破开。（物理原理）

组长：是否可用发现法如认同、反向等解决问题呢？

丙：应该从里面把核桃破开，把核桃钻个小孔，往里面打气加压。（反向思维）

丁：可以把核桃放在空气室里，往里打气加压，然后使空气室里压力锐减，内部压力就会使核桃破裂，因为内部压力不可能很快减少。或者可以急剧增加和减少空气室压力，这时核桃壳会承受交变负荷。（拓展了上一个点子）

戊：不让外壳长，只让核桃仁长，就会把外壳顶破。（理想结果）

乙：核桃成熟时就掉在地上摔破。应该把核桃种在悬崖峭壁上，或种在陡坡上，它们掉下来就破掉。

甲：应该掘口深井，井底放一块钢板，在核桃与深井之间开几道沟槽。核桃从树上掉下来，顺着沟槽滚到井里，摔在钢板上就会摔破。

结果，仅用十分钟就收集了四十个点子，经专家组评价，从中得出参考解决方案。

能力训练

头脑风暴法训练

1. 烧一根不均匀的绳子需要一个小时，如何用这根绳子判断半个小时的时间？

2. 桌上并排放有 3 张数字卡片，组成三位数字 216。如果把这 3 张卡片的位置变换一下，则组成了另一个三位数，这个三位数恰好能用 43 除尽。这是什么数？是如何变换的？

3. 一个经理有三个女儿，三个女儿的年龄加起来等于 13，三个女儿的年龄乘起来等于经理自己的年龄，有一个下属已知道经理的年龄，但仍不能确定经理三个女儿的年龄，这时经理说只有一个女儿的头发是黑的，然后这个下属就知道了经理三个女儿的年龄。请问三个女儿的年龄分别是多少？为什么？

4. 甲、乙两人分别在两座岛上。乙生病了，甲有乙所需要的药。丙有一艘小船和一个可以上锁的箱子。丙愿意在甲和乙之间运东西，但东西只能放在箱子里。只要箱子没被上锁，丙都会偷走箱子里的东西，不管箱子里有什么。如果甲和乙各自有一把锁和只能够开自己那把锁的钥匙，甲应该如何把药安全递交给乙？

3.2 思维导图法

▶能力目标

1. 了解什么是思维导图
2. 学会从思维导图的特点中掌握其应用领域
3. 学会绘制思维导图

导入案例

思维导图激发智能家居设计革新

小峰，一位初创公司的产品开发团队负责人，首先通过头脑风暴围绕“智能家居设备创新”这一中心主题提出多样化的设计理念。随后，将这些想法绘制成思维导图，形成初步的创意网络。团队分析了不同分支间的关联性，合并相似想法，筛选出最具潜力的功能，最终设计出一款集成远程控制、能源管理和安全监控的智能家居设备原型。该设备不仅实用，而且外观符合现代审美，成功通过了用户测试并获得市场认可。

分析：思维导图帮助团队系统化地组织创意，发现不同想法之间的联系，促进了创新解决方案的产生。

一、认知思维导图

思维导图（the mind map）是系统性思考的极佳方法，又称脑图、心智地图、脑力激荡图、灵感触发图、概念地图、树状图、树枝图或思维地图，**是一种利用图像式思考辅助工具来表达思维的工具。**

1971 年托尼·巴赞开始将他的研究成果结集成书，慢慢形成了发射性思考（radiant thinking）和思维导图法（mind mapping）的概念。思维导图是大脑放射性思维的外部表现。思维导图利用色彩、图画、代码和多维度等图文并茂的形式来增强记忆效果，使人们关注的焦点清晰地集中在图形中央（见图 3－5）。

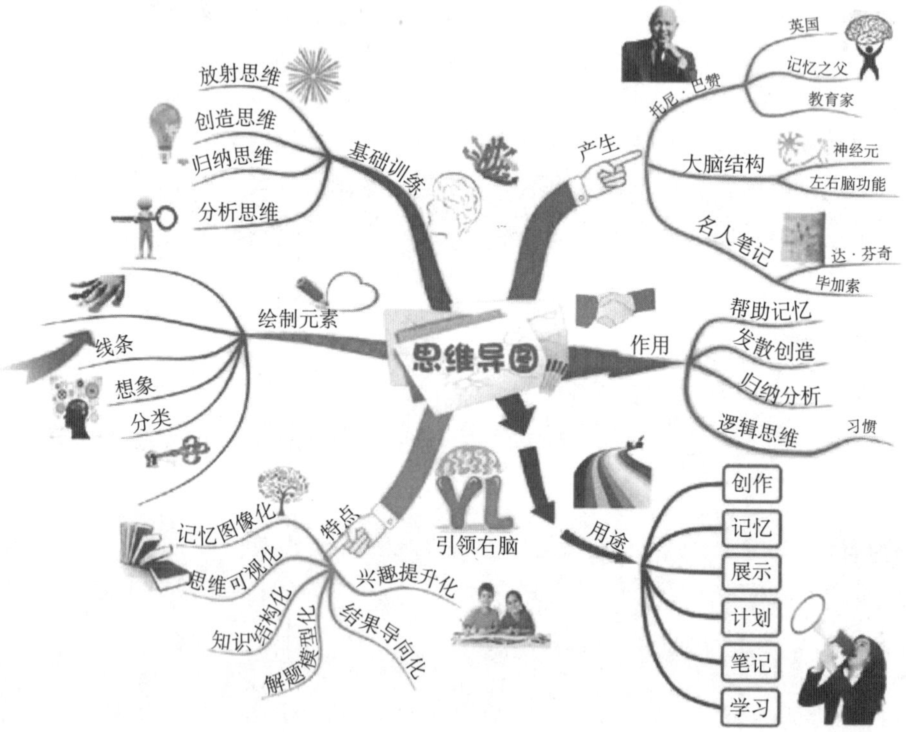

图 3－5 思维导图

思维导图采取一种独特的画图方式，将思维重点、思维过程以及不同思路之间的联系清晰地呈现在图中。这种方式在处理复杂的问题时，一方面能够显示出思维的过程，另一方面可以很容易地厘清层次，掌握重点。对于那些整天面对各种复杂问题并且需要尽快做出判断的企业来说，思维导图的优势显得更加明显。

二、思维导图的特点

（一）发散性——放射思维能力

放射性思维是指向各个方向传播或移动，或者从一个既定的中心向四周放射，是来自或连接到一个中心点的联想过程。每一张思维导图总是从一个中心主题开始的。每个词或者图像自身都成为一个子中心，合起来便形成一种从中心向四周发射的无穷无尽的分支链的形式，就像一只只有着无数触腕的八爪鱼。而这种从中心向外无限扩展的放射状思考方式，是大脑的基本运作方式。

（二）联想性——创造思维能力

当一个主题确定下来后，该点引发的、与它有关的联想由此产生，就像一把钥匙，瞬间打开了大脑里千万个信息存储空间。通过联想不断产生新的思路、新的想法，大大提高了我们的创造思维能力。

（三）条理性——归纳思维能力

相对于传统线性笔记，思维导图利用本身所具备的逻辑归纳的特点，可以帮助我们从材料中找出重点，选择并提炼关键词，进行全面的逻辑梳理与归纳，锻炼我们的归纳思维能力，从而使材料本身变得条理清晰。

（四）整体性——分析思维能力

尽管思维导图是在二维的纸上面画出来的，但它可以代表一个多维的现实，包含了空间、时间和色彩，思维导图所体现的多维空间显示了它具有高度的全局整体性。它着眼于全局，可以从宏观角度进行整体分析，从而有效处理宏观与微观之间的关系。

风云人物

托尼·巴赞

托尼·巴赞（Tony Buzan，1942—2019，见图3-6），心理学家、教育学家，被誉为“智力魔法师”“世界大脑先生”，出版了87部专著（含合著），系列书销售量达到一千万册。他发明的思维导图这一简单易学的思维工具在世界范围内被广泛使用。

图3-6　托尼·巴赞

他既是著名的学者、作家、演讲家，又是很多知名跨国企业的商务顾问，还是诗人、运动员和教练；他既是一位心理学专家，也是世界记忆锦标赛和世界快速阅读锦标赛的创始人；他曾因帮助英国查尔斯王子提高记忆力而闻名遐迩，被誉为英国的“记忆之父”。

三、思维导图的绘制方法

（一）准备工具

绘制思维导图非常简单，思维导图就是帮助你了解并掌握大脑工作原理的使用说明书。绘制思维导图需准备的工具如下：

（1）一张 A4 或 A3 白纸；

（2）1 支铅笔，至少 2 支不同颜色、色彩明亮的涂色笔，1 支钢笔或水性写字笔。

在绘制过程中，你还可以使用更适合自己习惯的绘图工具，例如成套的彩色软芯笔等。

（二）绘制思维导图的七个步骤

（1）从一张白纸的中心画图，周围留出足够的空白，找出主题，写出关键词。

（2）确定你要绘制的类型，如图 3-7 所示，厘清层次。

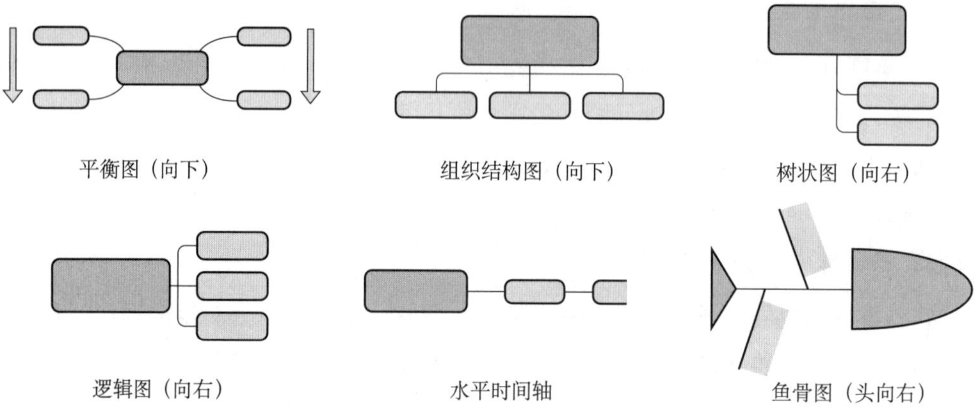

图 3-7　思维导图类型

（3）添加内容，用曲线把中央的主题和关键词连接起来，而且一定要确保词在线上。

（4）将中心图像和主要分支连接起来，然后把主要分支和二级分支连接起来，再把二级分支和三级分支连接起来，以此类推。

（5）让思维导图的分支自然弯曲，不要画成一条直线。

（6）在每条线上使用一个关键词。

（7）自始至终使用图形。

注意：线条要弯曲、柔软，向四周发散时应像树枝一样自然；线条长度刚好包住关键词；关键词要简短，可以引发下级分支的联想，有较强的概括性；图片选择应遵循“夸张、有趣、关己、有情”的原则；发挥思维导图的帮助记忆功能，充分利用各种制图元素帮助记忆，如：背景、颜色、字号、空间位置等。

知识探究

认识思维导图

思维导图示范可见图 3-8。

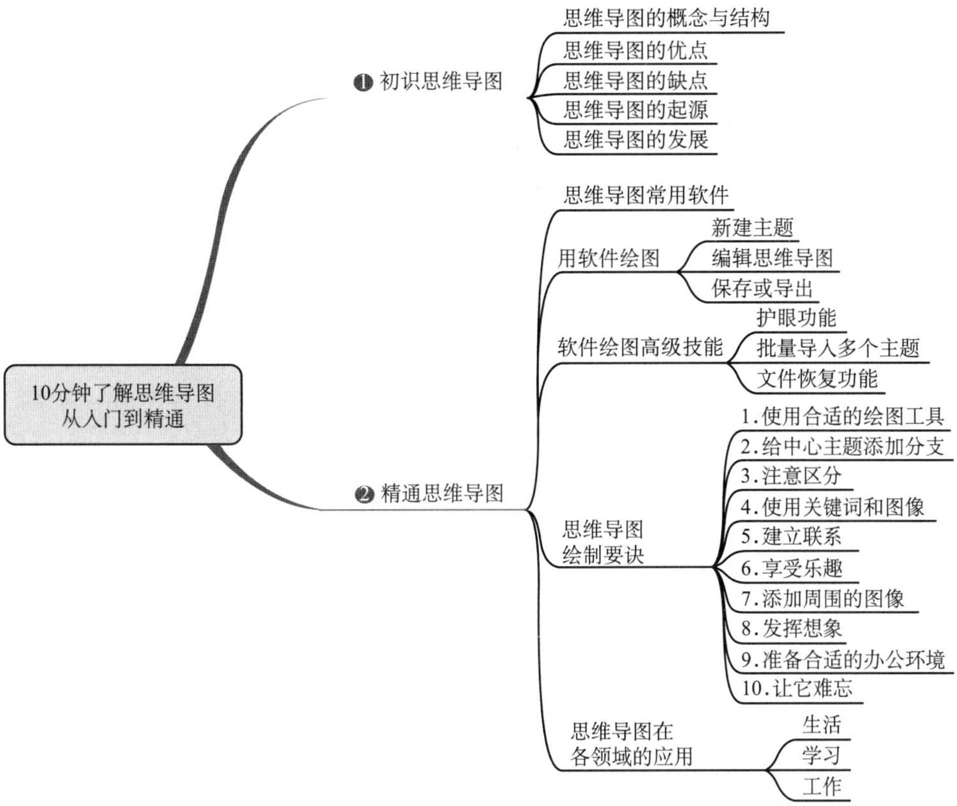

图 3-8　思维导图示范

应用案例

各种思维导图绘制软件

思维导图绘制有手绘和软件绘制两种方式，用软件绘制思维导图更加方便快捷，并且修改起来更加自由简单。思维导图软件有很多种，如 iMindMap、MindManager、MindMapper、FreeMind、XMind、DropMind、NovaMind 等。每一款软件都有它针对的人群，也就是说，这么多思维导图软件，总有一款适合你。其中最常用的思维导图软件是 iMindMap 和 MindManager。

iMindMap 是思维导图创始人托尼·巴赞的公司开发的思维导图软件，以如同手绘般的自由线条为主要特点，用它来绘制思维导图时，分支线条灵活，容易修改，操作便捷，同时具备的 3D 效果给使用者带来绚丽的视觉感受。

MindManager 是由美国 Mindjet 公司开发的一款思维导图软件，有着直观、友好的用户界面和丰富的功能，能帮助人们整理思维、资源和项目进程，在商业、经济等领域有着广泛的应用，是目前使用人数最多的思维导图软件。

经典分享

鱼骨图示例如图 3-9 所示。

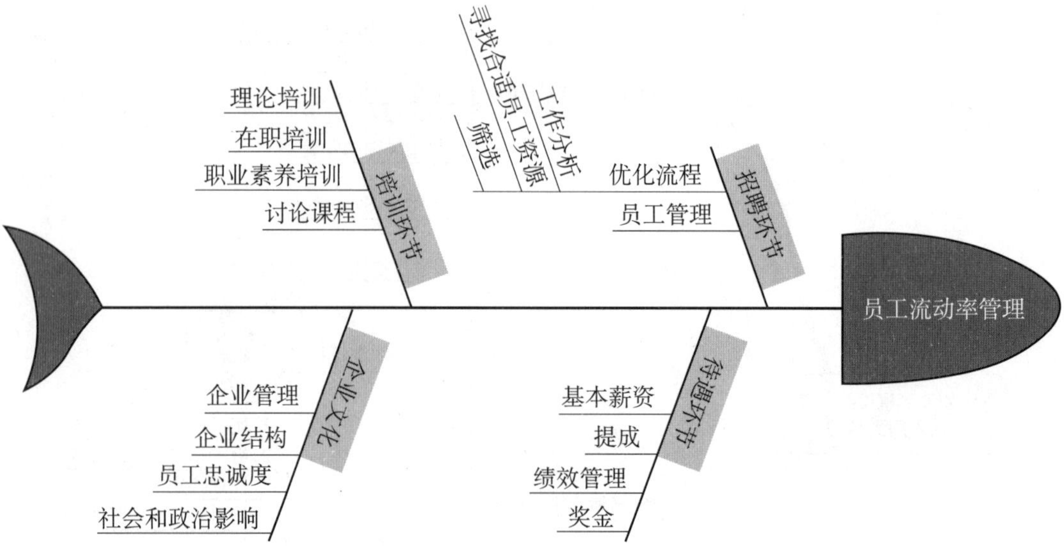

图 3-9　员工流动率管理鱼骨图

能力训练

绘制思维导图训练

1. 制作一份旅行计划思维导图，包括每天的行程、交通、预算、景点、住宿等关键要素。

2. 选一本你喜欢的图书，制作一份读书笔记思维导图，可参考以下两种设计思路：

（1）向别人推荐这本书，例如推荐原因、精彩点评、图书信息等。

（2）介绍整本书或者某一章节的内容。

3. 选一个问题，针对其设计一份鱼骨图。鱼骨图是一种发现问题根本原因的分析方法，制作鱼骨图分两个步骤：

（1）分析问题原因/结构。

1）针对问题点，选择层别方法（如人、机、料、法、环等）。

2）对各层别找出所有可能原因（因素）。

3）将找出的各因素进行归类、整理，明确其从属关系。

4）分析选取重要因素。

5）检查各因素的描述方法，确保描述简明、准确。

（2）鱼骨图绘图过程。

1）填写鱼头，画出主骨；

2）画出大骨，填写大因素；

3）画出中骨、小骨，填写中小因素；

4）用特殊符号标识重要因素。

要点：绘图时，应保证大骨与主骨成 60°角，中骨与主骨平行。

3.3 奥斯本检核表法

▶能力目标

1. 掌握奥斯本检核表法的概念和主要内容
2. 学会应用奥斯本检核表法进行设计创新的基本流程
3. 学会和田十二法

导入案例

奥斯本检核表法的几个典型案例

案例一：为了使宇宙飞船能把在月球上收集到的各种信息发回地面，供人类研究，就必须在月球上架设一架像大伞似的天线。于是，宇宙飞船要携带很多精密仪器，但飞船的容积非常有限，怎样才能把很占空间的天线带上月球呢？科学家为此绞尽脑汁。后来，人们从材料选择方面入手，即采用形状记忆合金，在40℃以上的条件下将其做成天线，然后冷却，把天线折叠起来放进飞船里，送到月面后使天线“记忆”起原来的形状，自动展开而达到预定的状态，从而创造性地解决了这一难题。

案例二：光会产生影子，一盏灯会使一个物体产生一个影子。假如灯光从一个人的右边射来，那么他的左边就会出现一个影子。如果在他的左边再加一盏灯呢？如果两盏灯、三盏灯、多盏灯从多个角度同时照射，影子不就无处现身了？医院手术用的无影灯就这样诞生了。

巧妙的设问可以启发想象、开阔思路、导引创新。经验已证明，能发现问题与提出问题就等于取得了成功的一半。针对所需解决的问题，逐项对照检查，以期从各个角度较为系统周密地进行思考，探求较好的创新方案，我们可以采用设问检查法中的奥斯本检核表法。

一、认知奥斯本检核表法

（一）基本概念

奥斯本检核表法是由美国创造学之父亚历克斯·奥斯本在1941年出版的创造学专著《创造性想象》中首次提出的。它是质疑的方法之一，质疑在原有事物的条件下，通过“为什么”的提问，综合应用各种思维改变原有条件而产生新事物（新观念、新方案）。

奥斯本检核表法，又称奥检核表法、设想提问法或分项检查法，它引导主体在创意思考过程中对照九个方面的问题进行思考，以便启发思路、开拓想象空间，促进人们产生新创意、新方案。它是创造学界最有名、最受欢迎的创意思考方法。

该方法的设计特点之一就是多向思考，用多条提示引导你进行发散思考。奥斯本创造的检核表法中有九个问题，就好像有九个人从九个角度帮助你思考，使人们突破了不愿提问或不善提问的心理障碍，在进行逐项检核时，强迫人们把思路打开，突破旧的思考框架，有利于拓展思路，提升发现创意的机会。

运用此方法时，要注意几个问题：一是，要和具体的知识经验相结合。奥斯本只是提示了思考的一般角度和思路，思路的发展还要依赖人们的具体思考。二是，要结合改进对象（方案或产品）来进行思考。三是，可以自行设计大量的问题来提问。提出的问题越新颖，得到的想法就越有创意。

奥斯本检核表法的优点很突出，使思考问题的角度具体化了，但也有缺点，即它必须先选定一个有待改进的对象，然后在此基础上设法加以改进。它不是原创型的，但有时候也能够产生原创型的创意。比如，把一个产品的原理引入另一个领域，就可能产生原创型的创意。

（二）主要内容

奥斯本检核表法主要针对现有事物的特性，从九个方面着手进行提问，即能否他用、能否借用、能否改变、能否扩大、能否缩小、能否替代、能否调整、能否颠倒、能否组合，如表 3－1 所示。

表 3－1　奥斯本检核表法

序号	检核项目	含　义
1	能否他用	现有事物有无其他的用途；保持不变能否扩大用途；稍加改变有无其他用途
2	能否借用	能否引入其他的创造性设想；能否模仿别的东西；能否从其他领域、产品、方案中引入新的元素、材料、造型、原理、工艺、思路
3	能否改变	现有事物能否做一些改变，如在颜色、声音、味道、式样、花色、品种、制造方法等方面的改变；改变后效果如何
4	能否扩大	现有事物可否扩大适用范围；能否增加使用功能；能否添加零部件；能否延长使用寿命；能否增加或提高长度、厚度、强度、频率、速度、数量、价值
5	能否缩小	现有事物能否体积变小、长度变短、重量变轻、厚度变薄以及拆分或省略某些部分（简单化）；能否浓缩化、省力化、方便化
6	能否替代	现有事物能否用其他材料、元件、结构、设备、方法、符号等代替
7	能否调整	现有事物能否变换排列顺序、位置、时间、计划、型号；内部元件可否交换
8	能否颠倒	现有事物能否从里外、上下、左右、前后、横竖、主次、正负、因果等相反的角度颠倒过来用
9	能否组合	能否进行原理组合、材料组合、部件组合、形状组合、功能组合、目的组合

1. 能否他用

它指的是现有产品有无其他用途，保持不变能否扩大用途，稍做改革有没有其他用途，能否引入其他的创造性设想，有没有可以借用的其他创造发明成果，有没有在其他地方见过类似的发明。

应用案例

他用的实例

橡胶起初只被用于制造橡皮等。随着种植技术的发展，人们发现橡胶有很好的弹性、绝缘性、强伸性、防水性、气密性，于是被作为工业原料大量用于制造油漆、肥皂、醇酸树脂等，并用于制造轮胎、家具、纸浆、纤维板、胶合板等。新的用途有制作床垫、皮筏、雨衣、玩具、铺设人行道等。

2. 能否借用

它指的是现有产品领域内能否引入其他领域的创造性设想，或者直接引入其他领域具有类似用途的发明；外界有无相似的想法，能否借鉴；过去有无类似东西，是否可供模仿；现在的发明能否引入其他的创新设想之中。

应用案例

智能手表设计的突破之旅

小悦，一家科技公司设计团队的负责人，采用奥斯本检核表法中的“能否借用”原则，成功领导团队设计出一款创新的智能手表。面对市场上众多同类产品，她明确了设计目标：创造一款既具备健康监测功能又拥有独特用户体验的智能手表。团队从时尚饰品、高端钟表到汽车仪表盘等多个领域借鉴设计理念，将这些元素与智能手表的功能需求相结合，开发出一款外观时尚、操作简便且具备健康监测功能的智能手表原型。最终推出的产品迅速占领市场，成为健康科技领域的热门选择。

分析：这个案例展示了跨领域借鉴和用户中心设计在产品创新中的重要性。

3. 能否改变

它指的是现有产品是否可以做某些改变；改变一下会怎么样；可否改变一下形状、颜色、味道；是否可改变一下型号、模具等；改变之后，效果又将如何。这种方法看起来很简单，却非常有效。

应用案例

改变的实例

形状、式样变化：对钢笔进行改造，在笔尖开一个小孔和小沟，使书写更流畅。

结构变化：洗衣机结构从单桶到双桶、套桶；开门方式有前开、顶开、顶开式滚动洗衣机。

颜色变化：给食品包裹上一层颜色鲜艳的包装，刺激消费者的感官，引起美感，从而提高销售量。

4. 能否扩大

它指的是现有产品能否扩大使用范围；能否增加一些东西；能否添加部件、增加长度、提高强度、延长使用寿命、提高价值等。

应用案例

扩大的实例

在两层玻璃中间加入一层特殊材料，可以制成一种防震、防碎或防弹的安全玻璃；在牙膏中掺入某种药物，可制成防酸、防过敏、止血、抗龋齿等治疗保健牙膏，可以使牙膏有治疗口腔疾病的功效；在水泥中加入钢筋可使它既能承压又抗拉，加入气泡可减轻重量，且隔音隔热，加入颜料可使建筑物赏心悦目。

5. 能否缩小

它指的是现有产品可否密集、压缩、浓缩、聚束；可否微型化；可否缩短、变窄、分割、减轻；可否变成流线型。如袖珍型收音机、微型计算机、折叠伞等就是缩小的产物。

应用案例

缩小的实例

微型化：最初发明的收音机、电视机、电子计算机、收录音机等体积都很庞大，结构也非常复杂，经过多次改革，现在都小型化、袖珍化了。

拆分化：通过折叠、弯曲、盘卷、排放气体、拆卸等方法，让产品在非使用状况下变小，如折叠床、缩骨伞、卷尺、伸缩钓鱼竿等。

简单化：省略一些部件、结构和使用手续，可以得到新的产品。如不用内胎的自行车，省略换挡而用油门调速的汽车。

方便化：速冻食品的烹饪方法简单，方便消费者食用；超级市场可方便顾客购买各类商品。

6. 能否替代

它指的是能否更换一下先后顺序；是否可以找到能够部分或全部代替现有产品及其功能的产品或零部件；是否可用其他型号；可否改成另一种安排方式；原因与结果能否对换位置；能否变换一下日程等。

应用案例

替代的实例

爱迪生发明的灯泡在初期有内部发黑的问题，他经过多次试验，最终确定用氩气代替真空，发明了比真空钨丝灯泡亮两倍的充氩气灯泡。

英国人发明出一种碳素纤维自行车，它不需要传统的三角架，重量更轻，通过模具制成整体型车架结构，无焊点，因而强度更高。

7. 能否调整

它指的是现有产品可否变换；有无互换的成分；可否变换模式；可否变换布置、顺序；可否变换操作工序；可否变换因果关系；可否变换速度或频率；可否变换工作规范。

应用案例

调整的实例

原来的汽车喇叭按钮装在方向盘的轴心上，每次按喇叭得把手移到轴心处，既不方便又不安全。后来有人将喇叭按钮改装在方向盘的下半部分上，只要在该区域任意处轻按就行，深受司机欢迎。

8. 能否颠倒

它是一种反向思考的方法，在创造活动中是一种颇为常见和有用的思考方法，指的是现有产品可否颠倒、可否颠倒正负、可否颠倒正反、可否头尾颠倒、可否上下颠倒、可否颠倒位置、可否颠倒作用。

应用案例

颠倒的实例

英国科学家法拉第就是把当时已证明的“电流能够产生磁”的原理颠倒过来，提出“磁能变成电”的设想，从而发明了世界上第一台发电机。

9. 能否组合

它指的是现有的几种发明是否可以重新组合；可否混合、合成、配合、协调、配套；可否把物体、目的、特性或观念组合。

应用案例

组合的实例

发现超声波技术后，就创造了超声波研磨法、超声波焊接法、超声波切割法、超声波理疗法、超声波洗涤法等。把计算机同各种机械组合形成自动机械。在输液瓶外侧附加电子控制电路，成为注射报警器。

思考交流

与自行车有关的创新

请你利用奥斯本检核表法对自行车从九个方面着手进行提问，进而得到与自行车有关的创新，并与同学讨论交流。表 3-2 中的创新设想可供你参考。

表 3-2　自行车检核表

序号	检核项目	创新设想
1	能否他用	健身、举重、竞赛
2	能否借用	能在水中行驶自行车、飞翔自行车、滑雪自行车
3	能否改变	不同颜色的自行车、三轮自行车、方轮车、三角车轮自行车
4	能否扩大	双人自行车、多人自行车
5	能否缩小	独轮车、自行车模型玩具、儿童自行车
6	能否替代	木制自行车、复合材料自行车
7	能否调整	变速自行车、折叠自行车、变形自行车
8	能否颠倒	反着骑的自行车、背靠背的自行车、慢骑自行车、跳跃式自行车
9	能否组合	带音响的自行车、带伞的自行车、带车棚的自行车、打扫垃圾的自行车

二、实施过程

（1）根据创新对象明确需要解决的问题。

（2）根据需要解决的问题，参照奥斯本检核表中列出的问题，运用丰富的想象力，逐一检核讨论，写出新设想。

（3）对新设想进行筛选，将最有价值和创新性的设想筛选出来。

三、注意事项

（1）要联系实际一条一条地进行检核，不要有遗漏。

（2）要多检核几遍，效果会更好，可以更准确地选择出所需创新、发明的方面。

（3）在检核每项内容时，要尽可能地发挥自己的想象力和联想力，产生更多的创新设想。

（4）可根据需要确定检核方式，可以一人检核，也可以 3～8 人共同检核。集体检核可以互相激励，产生头脑风暴，更有利于创新。

经典分享

和田十二法

和田十二法，又叫“和田创新法则”，是我国学者许立言、张福奎在奥斯本检核表法的基础上加以创造而提出的一种思维技法，如表 3-3 所示。它既是对奥斯本检核表法的一种继承，又是一种大胆的创新，同时，这种技法更通俗易懂，简便易行，便于推广。

表 3-3　和田十二法

序号	项目	内容
1	加一加	加高、加厚、加多、组合等
2	减一减	减轻、减少、压缩、省略等
3	扩一扩	放大、夸大、加倍、提高功效等
4	变一变	变形状、颜色、气味、位置、次序等
5	改一改	改缺点、改不便、改不足等
6	缩一缩	压缩、缩小、分割、减轻、微型化等
7	联一联	原因和结果有何联系，把某些东西联系起来
8	学一学	模仿形状、结构、方法，学习先进
9	代一代	用别的材料、方法、形态代替等
10	搬一搬	换个地区、行业、领域等
11	反一反	颠倒、翻转，把次序、步骤、层次颠倒一下
12	定一定	定个界限、标准，能提高工作效率

如果按这 12 个项目的顺序进行核对和思考，就能从中得到启发，诱发人们的创造性设想，特别是对于小发明、小创造，尤其适用。

能力训练

奥斯本检核表法训练

1. 运用奥斯本检核表法提出关于眼镜、U盘、手机、帽子的创新设计思路，将结果填入表3-4中。

表3-4　创新设计思路

序号	检核项目	引出的发明
1	能否他用	
2	能否借用	
3	能否改变	
4	能否扩大	
5	能否缩小	
6	能否替代	
7	能否调整	
8	能否颠倒	
9	能否组合	

2. 利用和田十二法，结合人工智能时代下产品智能化的发展趋势，对身边的一些产品进行“智能＋”的创新设计（见表3-5）。

表3-5　“智能＋”创新设计

序号	项目	电脑显示屏	耳机	茶杯
1	加一加			
2	减一减			
3	扩一扩			
4	变一变			
5	改一改			
6	缩一缩			
7	联一联			
8	学一学			
9	代一代			
10	搬一搬			
11	反一反			
12	定一定			

3.4 六顶思考帽法

▶能力目标

1. 认识六顶思考帽的内涵和应用场景
2. 掌握各色帽子的思维和应用
3. 学会在生活和工作中应用六顶思考帽法

导入案例

“六顶思考帽”在环保背包设计中的实践应用

小晨，户外用品公司的设计团队负责人，采用“六顶思考帽”的方法领导团队开发一款环保多功能背包。白帽阶段，团队收集关键市场数据和用户需求；红帽阶段，激发创新灵感；黑帽阶段，识别潜在风险；黄帽阶段，探索产品优势；绿帽阶段，涌现创新解决方案，如集成太阳能充电板；最终蓝帽阶段，协调整个创新过程。这款背包凭借其环保材料和实用性，成功获得市场认可。

分析：“六顶思考帽”促进团队从多角度审视问题，激发创新思维。

也许你有过这样的经历，思考解决一件事情时，思绪变得像一团乱麻一样理不清头绪，运用六顶思考帽，将会使混乱的思考变得更清晰，使团体中无意义的争论变成集思广益的创造，使每个人变得富有创造性。

一、认知六顶思考帽法

六顶思考帽法是爱德华·德·波诺开发的一种思维训练模式，或者说是一个全面思考问题的模型。**它提供了“平行思维”的工具，避免将时间浪费在互相争执上，强调的是“能够成为什么”，而非“本身是什么”，是寻求一条向前发展的路，而不是争论谁对谁错**。

该方法用六种颜色的思考帽（见图 3－10）来代表六种思考问题的角度，每一种颜色都会引起人们的一种联想（见表 3－6），不同颜色的帽子代表不同的思考规则。

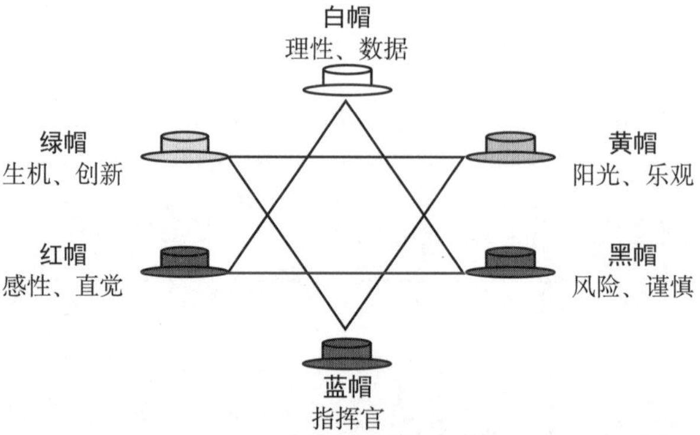

图 3－10 六顶思考帽

该方法有助于转换思考方式，为组织思维提供了框架，使思维变得更加集中，更有组织性和创造性。

表 3－6 六顶思考帽的思考角度

序号	六顶思考帽	颜色联想	思考角度
1	白色思考帽	中立而客观	代表事实和资讯，收集已知的或者需要的信息，仅仅是中立和客观的事实和数据

续表

序号	六顶思考帽	颜色联想	思考角度
2	红色思考帽	情感	代表感觉、直觉和预感，为情绪和感情的表白提供机会，这是一个直觉和预感的判断
3	黑色思考帽	冷静和严肃	代表冷静、反思或谨慎。以探索事物的真实性、适应性、合法性为焦点，运用负面的分析，帮助人们控制风险
4	黄色思考帽	乐观和希望	代表乐观、探究价值和利益，帮助人们发现机会
5	绿色思考帽	创意	代表创新和改变，寻找更多的可选方案和可能性，从而获得具有创造力的构想
6	蓝色思考帽	天空	代表理性和沉稳，思维中的思维，控制思维过程，就像是乐队中的指挥一样来组织思维

这种思考方式有以下几个好处。

（一）培养不同的思考方式

人的思维有一些障碍和误区，很多都是由习惯性思维造成的，这种思考方式能克服习惯性思维，培养不同的思考方式。六顶思考帽法就是要培养一种积极向上的、创新的思维方式，这个思考方式是培养出来的，不是天生的。

（二）引导注意力

不同的人思考的方向不同。六顶思考帽法是一种集体性的思维方法，它最大的好处是能引导注意力，使集体的思考都集中到同一个方向。

（三）便于思考

众人都朝一个方向思考，想的都是一件事情，这样既便于思考，也便于交流。因为一开始就是在同一个方向上努力，所以关键是怎样在这个方向上把问题看深、看透。

（四）计划性思考，而非反应性思考

这完全是一个主动的、按照计划所安排的思路，不是碰到一件事后的突然反应，这种思考方式更适合于为了某一个事实或事件而进行群体性、小组性或集体性的思考。

二、各色帽子的思维和应用

（一）白帽思维

白色思考帽与信息和数据直接相关，代表客观的事实和数字，当我们使用白色思考帽的时候，每个人都只能把注意力直接放在信息上。白色思考帽是一种方便的思考方式，为此我们需做到以下几点：

（1）列出我们已经掌握的信息；

（2）努力找出信息的空白处，检查已有的信息，收集我们遗漏的信息；

（3）通过倾听、阅读、提问来获取我们需要的信息。

白色思考帽明确地重视事实和信息，拒绝个人主观情感的参与，要求参与的每个人都说出一个观点，充分发挥每个人的主观能动性，发挥自己在群体思考中的作用。

（二）红帽思维

红色思考帽允许我们随意地表达我们的情感，讲述我们的直觉。直觉是一种复杂的判断，它往往基于对某个领域的了解和在类似领域取得的经验，为我们的判断增加砝码；它基于过去的经验，让经验以不同角度出现在脑海里，结果可能是迸发创意、取得重大突破。

（三）黑帽思维

黑色思考帽考虑的是事情的负面因素，它运用否定、怀疑、悲观的看法对事物的负面因素进行逻辑判断和评估，谨慎小心地指出任一观点的风险所在。

（四）黄帽思维

黄色思考帽就是将正面的、乐观的、积极的情况集中起来，饱含希望和正面思想，积极寻找事物的闪光点。它让我们追寻利益、渴望成功，这种思考模式指引我们的未来向好的方向发展。

（五）绿帽思维

绿色思考帽的思考方向是创意思考、解决方案，它能够使我们提出新的创意。排列出各种可能的选择，既包括原有的选择，也包括新产生的选择，它的价值在于：让每个人都留出专门的时间进行创意思考，培养我们的创新创造能力，这种创造力不仅包括大胆的创造力，也包括审慎的创造力。

（六）蓝帽思维

蓝色思考帽是思维中的思维，是对思维的指挥和控制，安排思考的程序和方法，并不时地进行总结。它的作用就是组织前五种思维，有机地排序并进行集体思考，同时还要经常进行总结。

蓝色思考帽的主要责任是集中思考者的思考范围，把所有人的心智集中在某个点上，尽可能地深入思考，尽可能地就某一点拓宽思路。在一个集体中，有一个人要自始至终戴蓝色帽子，指挥和安排整个思考过程的发展，并经常对思考结果加以总结。

三、六顶思考帽法的应用

六顶思考帽法基本上是集体性思考，而不是个人思考。当然一个人思考的时候也可以采用六顶思考帽法，从不同的角度去看问题，但是这种思考方法用在集体思考时最有效。这是一种慎重、严肃、用尽心智的思考，但也重在行动，有的时候为了沟通上的方便，需要用行为表达思想，即用行动外化思维，可以用行为把思维过程表达出来，作为一种更有效的沟通。每个人都往同一个方向去考虑的时候，就容易把各种各样的可能性都考虑充分，能够从不同角度认识问题、解决问题（见图 3 - 11）。

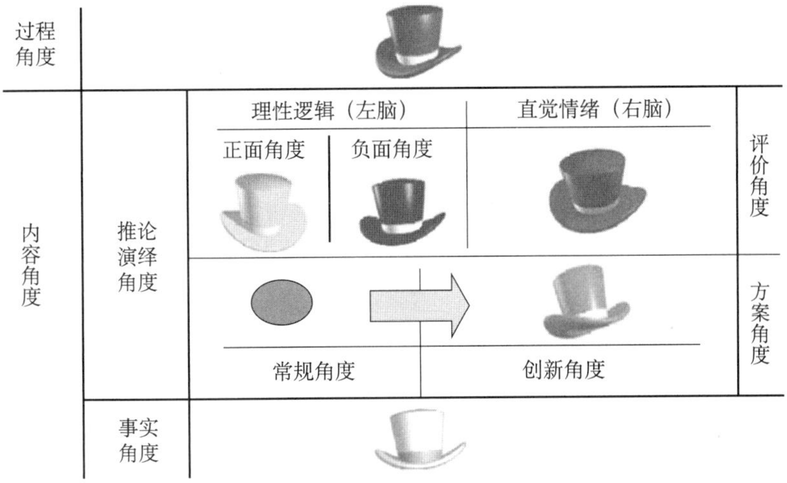

图 3-11 认识问题、解决问题的角度

知识探究

使用六项思考帽法的步骤

1. 制定初步方案

蓝帽——思维任务是什么？

白帽——我们都知道什么？

绿帽——我们能想出什么主意？

红帽——感觉怎样？

黄帽——有哪些优点？

黑帽——有哪些缺点？如何弥补？

2. 快速评价

黄帽——优点是什么？

黑帽——缺点是什么？

蓝帽——我们能总结这些优缺点吗？

3. 评估改进

黄帽——优点是什么？

黑帽——困难和危害是什么？

黑帽——缺点是什么？

绿帽——如何克服这些缺点？

4. 总结设计

白帽——对这件事我们知道什么？

蓝帽——设计任务是什么？

绿帽——可能的设计是什么？

经典分享

应用六项思考帽法进行会议沟通

应用六项思考帽法进行会议沟通时，在初始阶段、中间阶段、结尾阶段的思考模式如表 3-7 所示。

表 3-7 初始阶段、中间阶段、结尾阶段中使用的思考帽

阶段	关注点（参考）	思考帽
初始阶段	我该如何解决这个问题？ 你怎么看这个问题？ 我有什么可用的信息？ 让我们先看这个观点对我们有利的地方。	蓝帽 红帽 白帽 黄帽
中间阶段	替代方案是什么？ 让我们看看它有什么价值？ 有什么缺点？ 与我们所知道的信息是不是相符？	绿帽 黄帽 黑帽 白帽
结尾阶段	总结一下我们的思考。 这能达到预期的结果吗？ 我们该如何处理这个方案？ 我们现在觉得如何？	蓝帽 黑帽 绿帽 红帽

能力训练

六项思考帽法训练

1. 判断题。

（1）蓝帽的主要责任是集中思考者的思考范围，而不是发散。（　　）

（2）黑帽的特点是消极的、否定的，是不符合逻辑的。（　　）

（3）绿帽中的创新都是大的举动。（　　）

（4）运用六顶思考帽法，将会使混乱的思维变得更清晰，使团体中无意义的争论变成集思广益的创造，使每个人变得富有创造性。（　　）

（5）六顶思考帽法使用时，在时间设定上应该给予较长的时间，以保证充分讨论。（　　）

（6）绿帽本身并不能使人们变得更具有创造力，但是可以使思考者有时间集中精神加强创造力。（　　）

（7）黑帽意味着小心和谨慎，它指出了任一观点的风险所在。（　　）

（8）黄帽会探寻事物的价值与利益，然后努力为它们寻找合理的证明。（　　）

（9）黄帽适用于提案的产生，对提案有积极评价。（　　）

（10）绿帽要求我们从旧观念中跳出来，发现更好的想法。（　　）

2. 分析下列语句属于哪种思考帽。

（1）我认为牛奶生产过多是危险的。________思考帽

（2）我不喜欢她，我不想跟她一起工作。________思考帽

（3）这辆车能在 8 秒内加速到每小时 100 公里。________思考帽

（4）我认为提高汽油价格并不能使人们更小心地驾驶车辆。________思考帽

（5）何不采用新能源来减少污染？________思考帽

（6）我们可以用两种方案同时进行，双管齐下。________思考帽

（7）这个方案不具备可行性。________思考帽

（8）问题不是我们做什么，而是什么时候做，时间是关键，对此我们应该考虑哪些因素？________思考帽

（9）该汽车的油耗是每 10 公里 1 升。________思考帽

（10）人们普遍接受的观点是 50 年后温室效应会更加严重。________思考帽

3. 组织会议，由不同学生分别扮演六顶思考帽中的不同角色，围绕话题进行讨论。参考话题：如何让自己更优秀、大学生创新创业能力的提升。

3.5 组合创新法

▶能力目标

1. 掌握组合创新法的原理与特点
2. 掌握同类组合、异类组合、分解组合等组合方法
3. 掌握组合创新法的基本实施步骤

导入案例

坦克的发明

第一次世界大战期间，交战双方为突破由堑壕、铁丝网、机枪火力点组成的防御阵地，打破阵地战的僵局，迫切需要研制一种火力、机动、防护三者有机结合的新式武器。1915 年，英国政府采纳了 E. D. 斯文顿的建议，利用汽车、拖拉机、枪炮制造和冶金技术，试制了坦克的样车。

1916 年生产出Ⅰ型坦克，外廓呈菱形，刚性悬挂，车体两侧履带架上有突出的炮座，两条履带从顶上绕过车体，车后伸出一对转向轮。1916 年 9 月 15 日，有 49 辆Ⅰ型坦克首次投入索姆河战役。当时为了保密，英国将这种新式武器说成是为前线送水的“水箱”(tank)，结果这一名称被沿用至今，“坦克”就是这个单词的音译。

组合创新是一种很重要的创新方法。有一部分创造学研究者甚至认为，所谓创新就是将人们认为不能组合在一起的东西组合到一起。日本创造学家菊池诚博士说过：“我认为搞发明有两条路，第一条是全新的发现，第二条是把已知其原理的事实进行组合。”

一、认知组合创新法

组合创新法是将两个及两个以上的技术因素或按不同技术制成的不同物质，通过巧妙的组合或重组，获得具有统一整体功能的新产品、新材料、新工艺等的一种创造方法。

组合的现象十分普遍。小到儿童的积木，大到遨游太空的航天飞船，任何一项技术的发展和完善，特别是重大技术的改造，都离不开组合。例如，遥感技术是以微波技术和红外技术为结合点，将照相技术、扫描技术、自动控制技术和电子计算机技术等组合在一起形成的。

组合创新法的原理本质上是系统的原理，其具体表现在以下三个方面：

第一，从系统的思想来看，组合创新法就是把两个或多个系统按照一定原则进行组合生成新系统的过程，在统一的整体目标下，其中各个组成元素能够协调、有机地进行组合，并且在某些方面相互作用。

第二，产生的新系统具有新的特征或效果，系统的功能总和必须大于系统内各组成元素的单独功能之和。

第三，系统具有不同的属性或状态，这就要求在运用组合创新法进行创造活动时，创造者需要从各个不同的方面或角度进行系统地分析和评价。

如果你细心观察和思考，就可以发现你周围的许多东西都是由两种或两种以上的物体组合而成的。电水壶是由电热器与炊壶组合而成，带日历的手表、带温度计的台历架、带圆珠笔的钢笔等，都是由两种东西组合而成的一种新东西。像这样将已有的两种或多种物品或部件进行巧妙组合，构成新的更好的物品的发明方法称为组合创新法。组合创新法是人类运用已有文明成果的智慧，它往往是成本较少、收获甚丰的创造方式。

应用案例

瑞士军刀

瑞士军刀由大刀、小刀、木塞拔、开罐器、螺丝刀、开瓶器、电线剥皮器、钻孔锥、剪刀、钩子、木锯、鱼鳞刮、凿子、钳子、放大镜、圆珠笔等 31 种工具组合而成（见图 3－12）。携带一把刀等于带了一个工具箱，但整件长只有 9 厘米、重 185 克。

图 3－12　瑞士军刀

二、组合创新法的分类

人们在思考时往往会不自觉地沿着传统习惯思维进行，受到习惯性思维和陈规的束缚，思考面窄，缺乏创意。要改变这种状况，就必须自我激励，激荡思维，发掘自己的创造力，摆脱思维定势对思想的束缚。组合创新法是一种极为常见的创新方法，目前，大多数创新的成果都是通过采用这种方法取得的。组合创新法的形式可以有功能组合、意义组合、构造组合、成分组合、原理组合、材料组合等，根据参与组合的组合因子的性质和主次以及组合的方式，组合创新法大体可分为 6 类，分别为主体附加法、同类组合法、异类组合法、分解组合法、辐射组合法和坐标组合法。这里介绍前 4 种。

（一）主体附加法

主体附加法是指以某一特定的对象为主体，通过置换或插入其他技术或增加新的附件而使发明或创新诞生的方法。我们可以发现大量的商品是采用这一技法创造的，如在电风扇中添加香水盒，在摩托车的储物箱上安装电子闪烁装置，给电扇加定时器，给电冰箱加温度显示器，彩色电视机附加遥控器等。主体附加法是一种创造性较弱的组合，人们只要稍加动脑和动手就能实现，只要附加物选择得当，就可以产生巨大的效益。主体附加法的创造性很大程度上取决于附加物的选择能否使主体产生新的功能和价值，以增加其实用性。公式为：主体＋附加＝新产品。

应用案例

以笔为主体的组合创新

笔＋鹅毛＝鹅毛笔

笔＋音乐＝音乐笔

笔＋彩色＝彩色笔

笔＋照明＝照明笔

笔＋验钞＝验钞笔

笔＋玩具＝玩具笔

笔＋电脑＝电脑笔

笔＋香味＝香味笔

笔＋磁性＝磁性笔

笔＋翻译＝翻译笔

笔＋录音＝录音笔

（二）同类组合法

同类组合又叫同类自组，是指两个或两个以上相同或类似的事物的简单叠合。参与组合的对象在组合前后的基本原理和结构一般没有根本的变化，往往具有组合的对称性或一致性的趋向。这种组合要求在保持事物原有功能或原有意义的前提下，通过数量的增加来弥补功能上的不足或求取新的功能。双向拉锁、鸡尾酒、双排订书机、多缸发动机、双头燃气灶、双层文具盒、双头绣花针等都是同类组合的产物。

同类组合还可以延伸为共享组合、补代组合、概念组合等。

1. 共享组合

某一事物中具有相同功能的要素组合到一起，达到功能共享之目的。例如，吹风机、卷发器、梳子共用同一个带插销的手柄。

2. 补代组合

通过对某一事物的要素进行摒弃、补充和替代，形成一种在性能上更为先进、新颖、实用的新事物，如电话由拨号式改为键盘式、银行卡代替存折。

3. 概念组合

以概念进行的组合，如绿色食品、音乐餐厅等。

应用案例

多级火箭

早期有一部分物理学家认为，火箭的运行不可能达到第一宇宙速度，因此，不可能运用火箭成功发射卫星。但这只是说明单枚火箭不能发射卫星，并不能说明多枚火箭不能发射卫星。

一些科学家通过运用创造原理，大胆探索采用多级火箭来发送卫星，其原理是几枚火箭的同类组合，在第一级火箭达到一定速度脱落后，第二级火箭随即启动，在原有的速度基础上再加速，第二级火箭脱落后第三级火箭再启动、加速，终于使速度达到或超过第一宇宙速度，从而成功发射人造卫星（见图 3－13）。

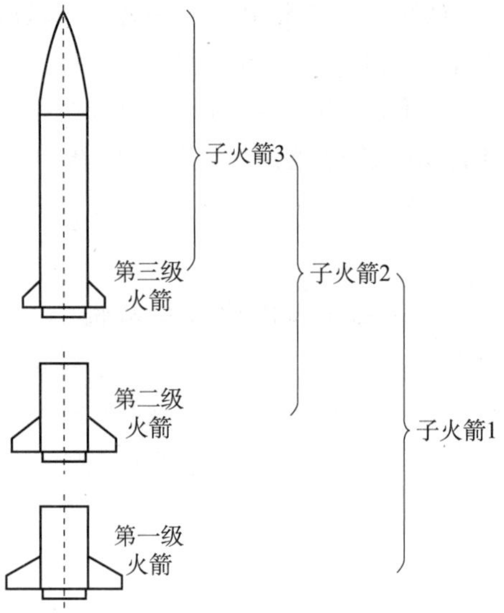

图 3－13　多级火箭

（三）异类组合法

异类组合法又称异物组合法，是将两种或两种以上的不同种类的事物组合，产生新事物的技法。这种技法是将研究对象的各个部分、各个方面和各种要素联系起来加以考虑，从而在整体上把握事物的本质和规律，体现了综合就是创造的原理。异类组合法和主体附加法在形式上很相近，但又有区别。主体附加法是一种简单要素的补充，而异类组合法是若干基本要素的有机综合。异类组合是两种或两种以上不同领域的技术思想的组合、两种或两种以上不同功能物质产品的组合。其组合对象（技术思想或产品）来自不同的方面，一般无主次关系。参与组合的对象在意义、构造、成分、功能等任一方面和多方面互相渗透，整体变化显著。异类组合是异类求同的创新，创新性很强。

异类组合法的要领如下。

1. 组成元素的确定

异类组合法中的个体元素一般并无主次之分，但思考时应该有先后主次之分，有基本点也有扩展点。

2. 组合方案的设计

确定不同物体、不同功能的组合，以建立全新的结构方案，这是个难题。所以，组合技术方案更需要体现创造的机理，需要更多灵活的创造性思维做先导。依靠联想和想象可以将许多异类组合在一起，将不同的物体“同化”为一个新的整体，而且要变成一个受市场欢迎的新产品，更需要各方面人员通力合作，进行科学的组合与协调。

应用案例

铁人三项运动

铁人三项运动（triathlon）是体育运动项目之一，属于新兴综合性运动竞赛项目。比赛由天然水域游泳、公路自行车、公路长跑三个项目按顺序组成，运动员需要一鼓作气赛完全程。2000 年铁人三项成为奥运会项目。

（四）分解组合法

分解组合法是指将整体事物进行分解后，使分解出来的部分经过改进完善，成为单独的整体，形成一个新产品或新事物。分解组合是通过改变事物内部各组成部分之间的相互位置来改变其相互关系，从而优化事物的性能，它是在同一事物上施行的，一般并不增加新的内容。例如，普通螺丝刀的刀把和刀头是固定的，遇到不同规格的螺钉就要准备不同的螺丝刀。人们通过分解，把刀把、刀头分开，改造后制成多用活动螺丝刀。

分解组合法有两种类型：一种是分解成若干部分后仍构成“一个整体”，但有了新的功能，这是一种分解而不分立的创新；另一种是从“一个整体”中分出某个组成部分或某几个组成部分，由此构成功能独立的新的“一个整体”，这是一种既分解又分立的创新。

按照分解前后的功能对比，可以将分解组合法分成两类。

1. 原功用分解

将某个整体分成若干部分或分出某一部分作为一个新整体时，其功能结构同原来整体的功能、目的一样，这样的分解组合叫作原功用分解。虽然原功用分解的功能目的、功能结构基本不变，但由于经过分解，性能、效果、表现形式、载体、寿命、意义等发生了变化，就可能产生新的价值。

2. 变功用分解

将某个整体分成若干部分或分出某一部分，作为一个新的整体和新的组合整体时，结构基本不变，而功能却不同于整体原来的功能，追求的是功能的变化。

三、典型应用：形态分析法

（一）形态分析法的概念

组合创新法中的经典方法是形态分析法，这是瑞士科学家兹维基于 1942 年提出的。它是以系统分析和综合为基础，用集合理论对研究对象相关形态要素的分解排列和重新组合，得出所有可能的总体方案，最后通过评价进行选择。

第二次世界大战期间，美国情报部门探听到德国正在研制一种新型巡航导弹，但费尽心机也难以获取有关技术情报。然而，兹维基却在自己的研究室里，轻而易举地得到了德国正在研制并严加保密的巡航导弹的信息。

兹维基博士运用形态分析法，在当时可能的技术水平上，分析了火箭的各主要组成要素及其可能具有的各种形态（见表 3-8）。

表 3-8 火箭的各主要组成要素及其可能具有的各种形态

序号	组成要素	1	2	3	4	形态个数
1	使发动机工作的媒介物	真空	空气	水	油	4
2	推进燃料的工作方式	静止	移动	振动	旋转	4
3	推进燃料的物理状态	气体	液体	固体		3
4	动力装置的类型	没有	内藏	外装		3
5	点火的类型	自动点火	外部点火			2
6	做功的连续性	持续的	断续的			2

兹维基利用排列组合的原理，在1周之内就提交了 4×4×3×3×2×2=576 种火箭设计方案，其中就包括德国保密的巡航导弹和火箭的设计方案。经过先发散后收敛的创造过程，美国很快获得了同样的先进方案，在军备竞赛中赶上了德国。

在形态分析法中，每一个事物（技术装置）都可以分解成若干子系统，直至分解成不能再分的要素。这些要素重新排列组合，就会产生很多新的功能、方法或装置。

（二）形态分析法的实施步骤

形态分析法的实施一般可以分为五步：

（1）选择和确定创造对象；

（2）要素分析；

（3）确定形态；

（4）形态组合；

（5）评价筛选、组合方案。

应用案例

某饮料包装容器的设计方案

设计对象：饮料包装容器。

要求：携带方便、外观透明、成本低廉等。

组成要素：材料、容量、形状、开启方式。

从表 3-9 可知，共有 4×5×4=80 种方案。

表 3-9 饮料包装容器组成要素

组成要素	1	2	3	4	5	形态个数
材料	纸	金属	玻璃	塑料		4
容量	125ml	250ml	500ml	1 000ml	2 000ml	5
形状	方形	圆柱形	球形	圆锥形		4

评价筛选、组合方案：考虑到携带便利、外观透明、成本低的要求，宜采用圆柱形、500ml 装的塑料容器。

如果再考虑开启方式等其他组成要素，其方案数目将达到几百种。

（三）注意事项

形态分析法在具体使用中需要注意以下几点：

（1）上述的步骤不是必须遵循的，确定要素的数量后，可直接列出形态表，并进行组合选择。

（2）在选取要素时要准确，无关紧要的可以不予考虑。为了提高工作效率，分析时最好有一个主要思想。

（3）对于复杂的技术课题，可以运用系统方法划分几个层次，逐项展开，不断深入，最后再进行整体组合。

（4）当要素和形态数目过多时，往往会形成大量的方案，会使人在选择时无从下手，影响应用效果。

经典分享

形态分析法的变形技法——格子分析法

格子分析法，又称棋盘格法，也是兹维基创立的方法。格子分析法首先在横坐标轴和纵坐标轴上列出问题的主要变量，然后对所有可能的组合进行头脑风暴法思考，并对所提出的各种提案逐一评价，最终从中选出解决方案。

例如，建筑方案选择的步骤如下：

第一步，把各种建筑材料和建筑形式列在格子的横坐标和纵坐标上；

第二步，研究所有组合，如图 3－14 中的“金属框架”，采用头脑风暴法提出与此相关的所有方案；

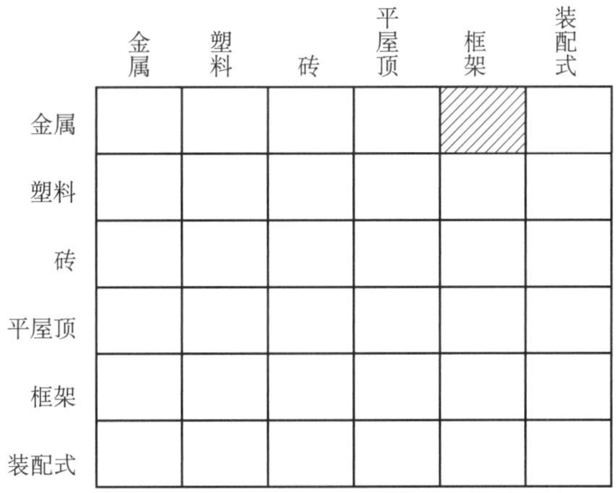

图 3－14　建筑方案的格子分析法示例

第三步，对每格都同样采用头脑风暴法提出所有方案；

第四步，对所提出的所有方案逐一进行评价，找出解决方案。

能力训练

组合创新法训练

1. 运用组合创新法，分别围绕鞋子、台灯、钢笔、自行车、电视遥控器进行设计创新。

2. 运用组合创新法，针对以下问题对雨伞进行改造：

(1) 在狂风暴雨中，压低雨伞可以遮挡风雨，但容易挡住视线，发生意外。

(2) 打雨伞的那只手，是否可以空闲出来呢？

3. 训练游戏：把办公室里的物品分成两类，写成两栏（见表3-10），每栏各有六种物品，采用随机指定的方法来确定组合方式，以激发新的设想。

（建议时间：20分钟）

表3-10 办公室物品分类

第一栏	第二栏
1. 公文柜	1. 书架
2. 桌子	2. 太阳镜
3. 咖啡杯	3. 闹钟
4. 电话	4. 电灯
5. 地毯	5. 椅子
6. 订书器	6. 电灯开关

3.6 TRIZ发明技法

▶能力目标

1. 了解TRIZ的产生、发展、内涵、特点
2. 基本掌握TRIZ的主要内容和体系结构
3. 了解TRIZ解决创新问题的流程
4. 基本掌握TRIZ的40个发明原理

导入案例

高职毕业生匠心独运

在中国制造业的激烈竞争中，高职毕业生小浩凭借匠心独运的创新思维，成功引领了一场生产线革新。他的团队利用TRIZ的矛盾矩阵，精准识别了提高生产效率与控制成本之间的矛盾点。他们深入探讨了TRIZ的40个发明原理，特别是分离原理和能量转换原理，以寻找创新的解决方案。这激发了一系列创新概念的产生，包括模块化设计和自服务机械组件，这些概念在提高生产线灵活性和减少人工依赖方面展现出巨大潜力。这一创新成果增强了公司的市场竞争力。

分析：高职毕业生应用TRIZ技法在高科技制造业中发挥关键作用，实现技术突破。

一、认知 TRIZ

（一）TRIZ 的产生和发展

前面章节讲述的创新技法更注重人的非逻辑思维能力，随着社会发展对创新需求的提升，单一的创新思维方法已经不能满足需要，于是有学者就梳理总结出系统化的创新思维方法。

如创新大师根里奇·阿奇舒勒提出的著名的“萃智”方法（简称为 TRIZ），被称为第二代创新技术。其形式上操作程序严谨，内容上着重对客观（发明物）和客观规律运用的研究，更重视逻辑思维方法的作用，因此在应用范围上专注于科技发明。

TRIZ 的形成过程经历萌芽期、发展期和完善期三个阶段，并分为经典 TRIZ 和现代 TRIZ 两大流派。现代 TRIZ 尚在发展过程中，流派众多，发展路径各异，本节主要介绍的是经典 TRIZ。

风云人物

根里奇·阿奇舒勒

根里奇·阿奇舒勒（Genrich S. Altshuler，1926—1998，见图 3-15），苏联科学家。

阿奇舒勒从 1946 年开始，经过研究成千上万的专利，发现了发明背后存在的模式，形成 TRIZ 理论的原始基础。为了验证这些理论，他相继做出了多项发明，比如排雷装置、火箭引擎、潜水艇逃生方法等，多项发明被列为国家军事机密。

阿奇舒勒在研究了 20 万项专利后，总结出 40 个发明原理，用以指导人们思维，构造出“可控的”创新方法层面。

图 3-15　根里奇·阿奇舒勒

阿奇舒勒研究发现，发明专利虽数目庞大，但有一个共同点，就是应用了数目不多的一般性原理；像社会系统一样，技术系统可以通过解决矛盾而得到发展，真正的创新是解决矛盾，妥协的解决方案最多只能算优化；技术系统的进化遵循一定的模式和规律，技术系统的发展是可预测的。

阿奇舒勒以这 3 个基本认识为出发点，根据辩证法、认识论和系统论的思想，总结出了技术系统进化法则和构建在基本原理基础上的求解发明问题的技术、方法和工具体系，创立了 TRIZ。

TRIZ 是俄文“发明问题的解决理论”各单词的首字母缩写，它运用跨学科的方法，帮助人们克服思维障碍，避免使用效率低下的盲目试错法，拒绝妥协和折中办法，直接寻求有效的问题解决方案。TRIZ 成功地揭示了创新发明的内在规律和原理，着力于解决系统中存在的矛盾，使得创新不再是随机的行为，TRIZ 理论是当前最有价值的科学思考与学习方法之一。

实践证明，运用 TRIZ 理论，可加快人们创新发明的进程，而且能得到高质量的创新产品。它能够帮助我们系统地分析问题，快速发现问题本质或者矛盾，它能够准确确定问题的探索方向，不会错过各种可能，而且它能够帮助我们突破思维障碍，打破思维定式，以新的角度分析问题，进行逻辑性和非逻辑性的系统思维，还能根据技术进化规律预测未来发展趋势，帮助我们开发富有竞争力的新产品。

TRIZ 也存在不足，它采用一整套独特的科学思想和方法，人们要经过一定的学习和培训，才能掌握 TRIZ，只适用于有经验的、针对具体问题的方案，需要人的专业知识和经验。

（二）TRIZ 理论体系

相对于传统的思考方法，TRIZ 理论揭示了创意思考和创新的内在规律与基本原理，具有鲜明的特点和优势。TRIZ 理论的出现，为人们的创意思考活动提供了直观的解决矛盾的方法和路径，被称为“超级发明术”，说明它在帮助人们挖掘和开发自身创造潜能方面所发挥的重要作用。

TRIZ 理论体系包括以下 4 个部分（见图 3－16）：

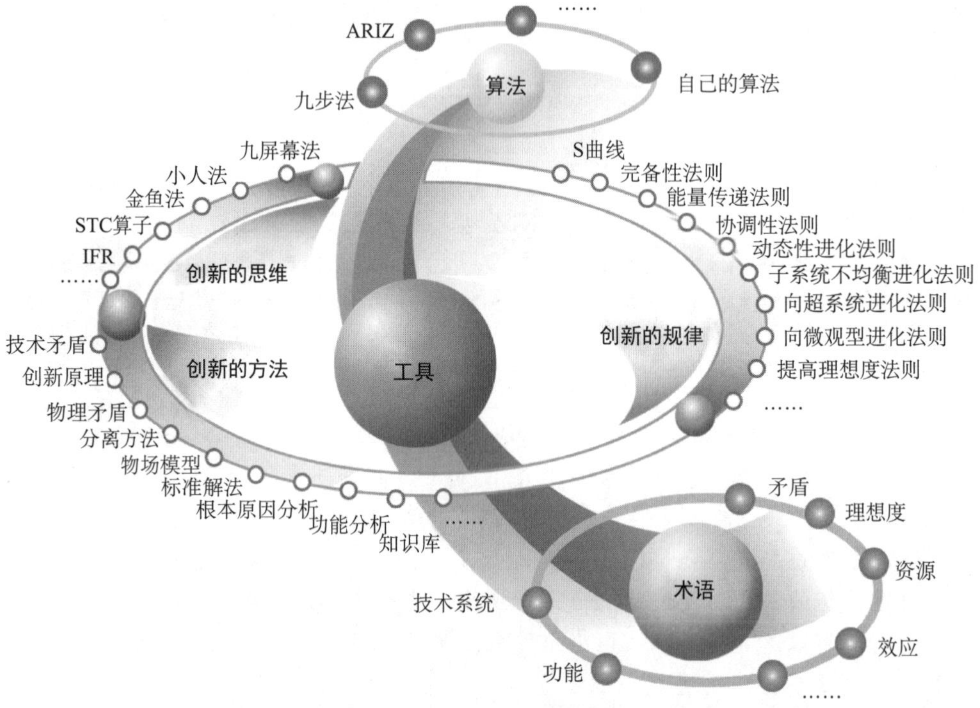

图 3－16　TRIZ 的体系结构

（1）理论基础：技术系统生命曲线（S 曲线）和进化法则；

（2）分析工具：矛盾分析、物场分析、资源分析、功能分析和创造性思维方法；

（3）解题工具：分离原理、40 个发明原理、76 个标准解法与科学效应和现象知识库；

（4）发明问题解决算法：ARIZ。

知识探究

TRIZ 基本方法和问题解决工具

TRIZ 基本方法和问题解决工具如图 3－17 所示。

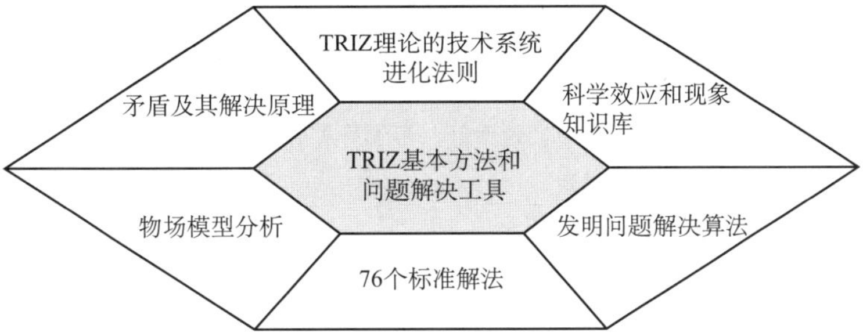

图 3-17　TRIZ 基本方法和问题解决工具

TRIZ 理论的技术系统进化法则包括：提高理想度法则、完备性法则、能量传递法则、协调性法则、子系统不均衡进化法则、向超系统进化法则、动态性进化法则等。

矛盾及其解决原理：阿奇舒勒将矛盾分为三类，即物理矛盾、技术矛盾和管理矛盾，其中管理矛盾不属于 TRIZ 理论研究的范畴。

物场模型分析：主要用于建立与已存在的系统或新技术系统的问题相联系的功能模型，是 TRIZ 理论中一种常用的分析工具。

76 个标准解法：主要用于解决技术系统进化模式的标准问题，并建议采用某一种系统变换来消除所存在的问题。

发明问题解决算法：采用一套完成的逻辑步骤将初始问题程式化，是解决发明问题的完整算法，也是 TRIZ 理论的一种主要工具。

科学效应和现象知识库：基于物理、化学、几何等工程学知识的解决问题工具，为相关领域的发明创造和技术创新提供丰富的方案来源，对发明问题的解决有着巨大作用。

二、技术系统生命曲线（S 曲线）

技术系统进化理论是 TRIZ 理论的基础，也是其核心之一，主要包括两方面的内容：一是对产品进化过程的研究，包括对产品进化过程的描述和产品技术成熟度预测；二是对技术系统进化规律和进化路线的研究。

阿奇舒勒通过大量的专利分析研究，发现产品的进化规律满足 S 曲线，其进化过程依赖设计者对新技术的引入。阿奇舒勒用如图 3-18 所示的分段线性 S 曲线更加明确地把产品进化分为婴儿期、成长期、成熟期和衰退期四个阶段（见表 3-11）。

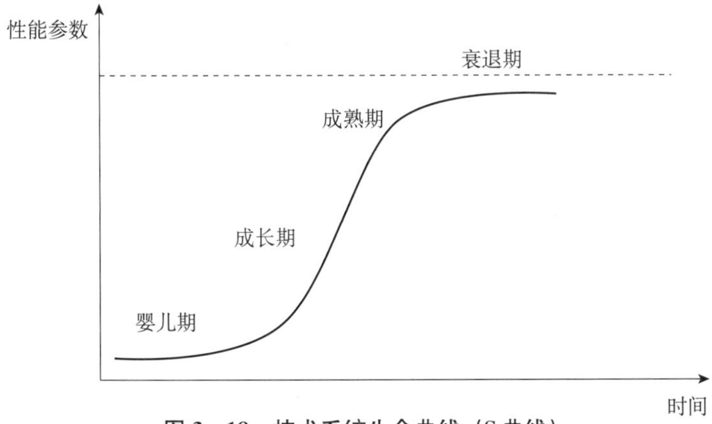

图 3-18　技术系统生命曲线（S 曲线）

表 3-11 S 曲线的各阶段特征

序号	时期	特点	技术进化法则
1	婴儿期	产品处于原理实现阶段：效率低，可靠性差，缺乏人力、物力的投入，系统发展缓慢	完备性法则 能量传递法则 协调性法则
2	成长期	产品处于性能优化和商品开发阶段：价值和潜力显现，大量的人、物、财力的投入，效率和性能得到提高，吸引更多的投资，系统高速发展	动态性进化法则 子系统不均衡进化法则
3	成熟期	产品技术趋于完善：系统日趋完善，性能水平达到最佳，利润最大并有下降趋势，研究成果水平较低	向微观型进化法则
4	衰退期	产品性能参数、盈利达到最高，并开始下降：技术达极限，很难有新突破，将被新的技术系统所替代，新的 S 曲线即将开始	向超系统进化法则

应用案例

动态性进化法则

显示器的动态性进化（见图 3-19）：(1) 新的技术系统没有足够的能力实现主要功能，需要依赖超系统提供的资源；(2) 随着系统的发展，系统将获得足够的资源，实现主要功能；(3) 系统不断完善，减少人的参与，提高系统效率。

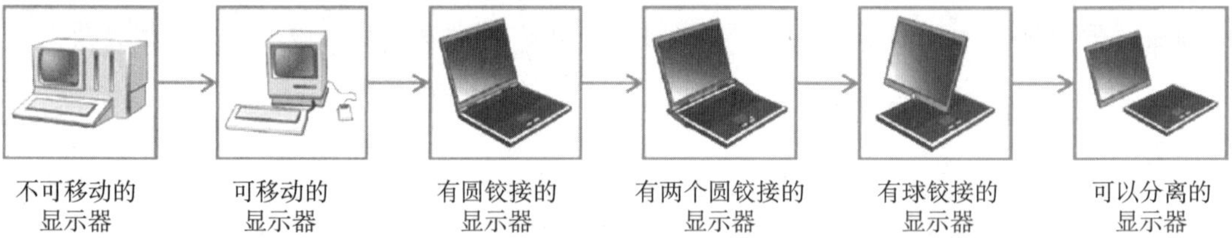

图 3-19 显示器的动态性进化

知识探究

能量传递法则

能量传递法则是技术系统实现其基本功能的必要条件：

(1) 能力能够通过能量源，经过动力装置流向系统的所有组件；

(2) 要想使组成技术系统的组件可控，必须在该组件与控制装置之间提供能量通路。

在使用能量进化法则时，要减少能量损耗，可以采取以下措施：

(1) 提高系统各部分组件的能量传导率；

(2) 减少能量转化次数；

(3) 缩短能量传递路径；

(4) 如果系统组件可替换，将不易控制的场替换为易控的场。

三、TRIZ 解决创新问题的流程

创新是反复进行的思维发散与收敛过程，无论是一个简单的产品还是复杂的技术系统，其核心技术的发展都是遵循着客观的规律发展演变的，即具有客观的进化规律和模式。各种技术难题、冲突和矛盾的不断解决是推动这种进化过程的动力。技术系统发展的理想状态是用尽量少的资源实现尽量多的功能。

在 TRIZ 理论体系中，包含着众多系统的、具有可操作性的创造性思考方法和发明问题的解决路径，而且这些方法还在不断发展和完善中，这里总结出 TRIZ 解决问题的一般流程（见图 3-20）。

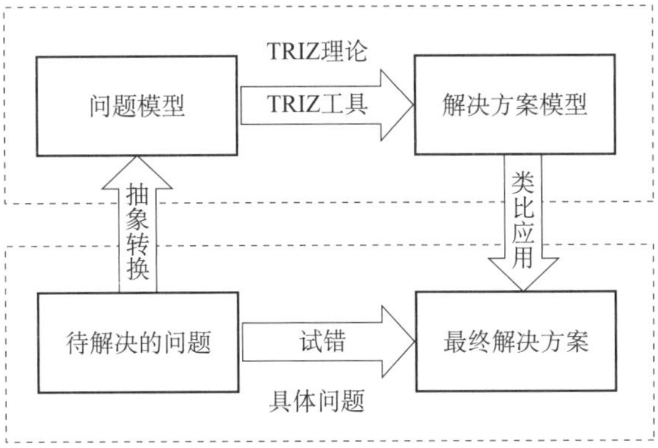

图 3-20　TRIZ 解决问题的一般流程

第一步：情景分析，构建问题模型，采用与技术及实现无关的语言对需要创新的原因进行描述，从完成功能的角度分析系统、资源消耗、利害因素、成本投入与理想度等，把需要解决的实际问题归纳为一个类似的 TRIZ 标准问题模型。

第二步：利用因果分析和功能模型分析对问题进行分析，找到突破问题瓶颈的其他路径，或者找到问题出现的根源，然后将这个问题抽象成一个一般化的问题。对于这个一般化的问题，利用 TRIZ 的工具，如标准解法、发明原理、科学效应和现象知识库、技术发展趋势等找到一般的解决方案。

第三步：把待解决的问题通过抽象/转换，搜索已有的解决方法，如果矛盾不能解决，调整或者重新构建初始问题模型。

第四步：确定最终的解决方案，将这些一般化的解决方案引入具体项目中，转化成我们自己的解决方案。

四、TRIZ 的 40 个发明原理

阿奇舒勒通过对大量发明专利的研究发现，大约只有 20%的专利能称得上是真正的创新，其他 80%的专利早已在其他的产业中出现并被应用过。技术与产品的发展，像生物体进化一样遵循着客观规律，99.7%的发明都应用已知的原理。阿奇舒勒坚信发明问题的原理是客观存在的，设计者掌握这些原理，就可以大大提高发明的效率、缩短发明的周期，而且能使发明过程更具有可预见性。为此，阿奇舒勒提炼出 TRIZ 中最重要的、具有普遍用途的 40 个发明原理。当前，40 个发明原理已经从传统的工程领域扩展到微电子、医学、

管理、文化、教育等社会的各个领域问题。

40个发明原理是阿奇舒勒对大量高水平发明专利的精心概括和总结，其内容丰富且数量太大，难以熟练掌握和应用。为了解决这个问题，2012—2014年，日本索尼公司的TRIZ专家高木德提出将40个发明原理符号化，并将这些原理分成九大类（见表3-12）。

表3-12 TRIZ的解题工具：40个发明原理

类别	发明原理	典型应用	发明原理	典型应用
第一大类 空间分离	1. 分割	组合式家具 百叶窗	2. 抽取/萃取	手机中的SIM卡 战斗机的副油箱
	3. 局部特性	工具箱 瑞士军刀	4. 不对称	操作手柄 减速箱
第二大类 时空组合	5. 组合/合并	海底潜水设备 集成电路电子芯片	6. 通用/普遍性	万能充电器 沙发床
	7. 嵌套	俄罗斯套娃 便携式音箱	8. 重量补偿	救生圈 轮船
第三大类 预先安排	9. 预先反作用	铁轨之间的缝隙 汽车的安全气囊	10. 预先作用	建筑内安置灭火器 不干胶粘贴
	11. 预先防范	应急楼梯 降落伞备用伞包	12. 等势	操作台同高传送带 巴拿马运河水闸
第四大类 稳态逆变	13. 反向作用	跑步机 自动扶梯（滚梯）	14. 曲面化	洗衣机内筒 圆珠笔球形笔尖
	15. 动态化	笔记本电脑 医疗结肠镜	16. 不足或过度	离子切割
第五大类 高效化	17. 增加维度	立体车库 垃圾自动卸载车	18. 振动	石英振动机芯 超声波清洗
	19. 周期性	呼吸机系统 警笛周期鸣叫	20. 持续性	汽车路口停车，液压系统存储能量，使发动机运转平稳
第六大类 无害化	21. 急速作用	淬火（提高硬度） 照相闪光灯	22. 变害为益	再生纸 废热发电
	23. 反馈	声控喷泉 主动噪声控制	24. 中介	化工萃取工艺 饭店上菜托盘
第七大类 省力化	25. 自服务	自动饮水机 汽车下坡时充电	26. 复制	用影子测量高度 虚拟训练飞行员系统
	27. 廉价替代	尿不湿 一次性餐具	28. 替代机械系统	物理键盘输入→语音输入 有线系统→无线系统

续表

类别	发明原理	典型应用	发明原理	典型应用
第八大类 材料改变	29. 流动性	气泡包装 气垫运动鞋	30. 轻薄柔韧性	农业薄膜 充气儿童城堡
	31. 多孔材料	泡沫塑料 多孔去污材料	32. 改变颜色	感光玻璃 交通指示灯
	33. 同质性	金刚石切割钻石 气态氧解冻固态氧	34. 复合材料	多层防弹服 合金金属
第九大类 属性改变	35. 抛弃或再生	枪射后弹壳弹出 火箭推进器分离	36. 参数变化	环保的人造橡胶 固态二氧化碳
	37. 相变	热力泵 铸造	38. 热膨胀	温度计 热敏开关
	39. 强氧化	气割 高压氧舱	40. 惰性环境	氩弧焊 霓虹灯

知识探究

九类方法的三组划分

40个发明原理的九大类还可以进一步简化为九个字——分、合、预、逆、效、益、省、材、性，并能分为时空、目标、材料三组，见表3-13。

表3-13　九大类发明原理的分组及简称

时空	简称	目标	简称	材料	简称
1. 空间分离	分	4. 稳态逆变	逆	7. 省力化	省
2. 时空组合	合	5. 高效化	效	8. 材料改变	材
3. 预先安排	预	6. 无害化	益	9. 属性改变	性

经典分享

汽车底盘设计

为了便于加速并降低油耗，汽车底盘的重量越小越好。但为了保证高速行驶时汽车的安全，底盘重量越大越好。这种要求底盘同时具有大重量和小重量的情况，对于汽车底盘的设计来说就是物理矛盾，解决该矛盾是汽车设计的关键。

分析：这个设计与汽车底盘的重量有关。汽车属于移动物体，解决此问题应该分析的特征参数是“移动物体的重量”。利用40个发明原理进行分析（见表3-14）。

表3-14　汽车底盘的发明原理应用

原理	有用的提示	方案
36. 参数变化	改变系统的物理状态	改变汽车获取重量的物理状态
28. 替代机械系统	取代场，包含：以可变的取代恒定的，以随时变化的取代固定的	原有汽车利用底盘的重量保证车的稳定性，要利用可变的重力场取代固定的重量

续表

原理	有用的提示	方案
31. 多孔材料	使物体变成多孔性的或加入具有多孔性的元素（如嵌入、覆盖等）	把某些部件变成多孔结构，以减轻汽车的重量，或利用孔增加重量
8. 重量补偿	利用外部环境的空气动力或流体力来抵消物体本身的重量	利用空气动力学原理增加汽车的重量
2. 抽取/萃取	将会“妨碍”的零件或属性从物体中抽出	适当减轻汽车底盘的重量以减少油耗
3. 局部特性	物体各部位的零件要放置于最适合它运行的地方	在适当的位置放置改变汽车重量的部件
10. 预先作用	事先放置好物体，如此便可直接从最方便的位置开始操作	提前把改变汽车重量的部件安装好

解决方案：在汽车上安装导流装置，通过该装置产生的重力场获得重量，汽车的速度越快，产生的重力场就越大，以达到最后的设计要求。

能力训练

TRIZ 发明技法训练（选做）

1. 电子电路技术的进化经历了电子管、晶体管、集成电路、超大规模集成电路几个阶段（见图 3-21），请阐述其进化的特点及遵循的法则，以及利用了 TRIZ 的 40 个发明原理中的哪些原理。

图 3-21　电子电路技术的进化

2. 查阅资料，分析几家企业是如何利用 TRIZ 进行产品研发的，例如韩国三星、通用电气、西门子等。

模块四 创新模式与成果保护

导读导学

前一模块我们学习了头脑风暴法、组合创新法、奥斯本检核表法等六种创新技法，但未深入涉及创新技法运用的主要场景。基于技术更替的创新是现有创新模式中重要的内容之一，重点掌握新型技术创新、跟进核心技术创新和解决问题导向的务实创新。基于商业模式创新来源于现有商业模式对社会发展环境的调整，能够更好地实现商业目标。无论哪种创新，都需要进行创新成果的保护。完善的研发成果保护能够进一步激发创新，本模块将详细介绍专利申请的方法和流程。

思维导图

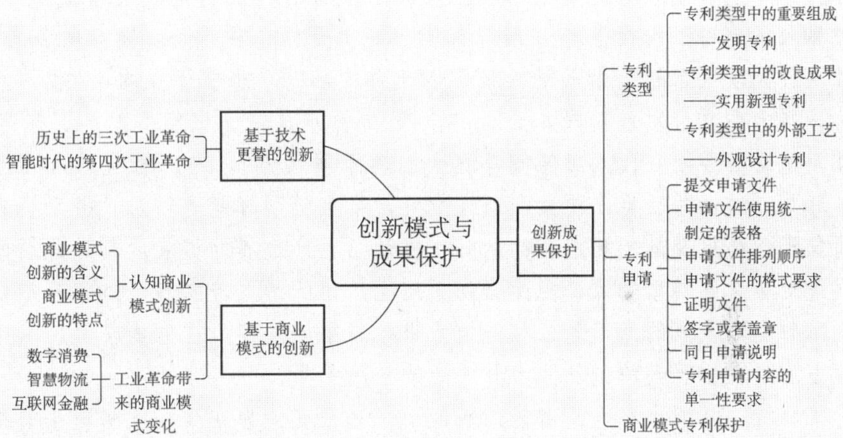

4.1 基于技术更替的创新

▶能力目标

1. 认知技术更替创新的概念、作用
2. 掌握历史上的三次工业革命
3. 学会分析智能时代的第四次工业革命对生活和商业的影响

导入案例

以人工智能赋能高质量发展

以习近平同志为核心的党中央把发展人工智能提升到战略高度，发表了一系列重要论述。作为一项能够对人类生活产生颠覆性影响的科技创新，人工智能自2017年以来多次被写入《政府工作报告》。“人工智能+”上升为一种行动，意味着我国正加强顶层设计，加快形成以人工智能为引擎的新质生产力。习近平总书记强调，“我国经济已由高速增长阶段转向高质量发展阶段，正处在转变发展方式、优化经济结构、转换增长动力的攻关期，迫切需要新一代人工智能等重大创新添薪续力”。人工智能融入各产业和社会再生产各环节，通过推动生产要素创新性配置，带来劳动者能力增进、劳动资料智能升级、劳动对象形态拓展及其优化组合的跃升，推动了生产边界的扩展，创造了新的生产空间，进而促进产业深度转型升级，由此推动新质生产力的形成与发展。近年来，以大模型和生成式人工智能为代表的通用人工智能技术进入成果爆发期，在智能交互、决策辅助、智能建模等方面展现出强大的创新能力和广泛的应用前景。

分析：高职生在人工智能的赋能下，完全有能力在高科技制造业中发挥关键作用。

创新，是技术进步的源泉，也是社会进步的催化剂。它鼓励人们不断挑战现状，探索未知，从而推动社会不断向前发展。技术创新是推动人类社会发展的重要力量。从蒸汽机的广泛应用，到电力的普及，再到信息技术的飞速发展，直至当前的智能化时代，每一次基于技术的创新都带来生产力的飞跃和社会结构的深刻变革。基于技术更替的创新不仅提高了生产效率，催生了新兴产业，极大地丰富了人们的生活方式，还促进了全球经济的繁荣。

一、历史上的三次工业革命

人类历史每一段历史的进程和发展都离不开科技发展，科技的发展促使社会不断向文明进化，从18世纪中叶以来，发生过三次重大的工业革命（见表4-1），科学技术产生了全面的根本性变革。

表 4-1　三次工业革命

项目	第一次工业革命	第二次工业革命	第三次工业革命
开始时间	18 世纪 60 年代	19 世纪中后期	20 世纪四五十年代
代表性科技成果	蒸汽机	内燃机、电力	原子能、计算机

第一次工业革命，以 18 世纪末蒸汽机的发明和应用为主要标志（见图 4-1）。这次工业革命使社会生产力发生了革命性的变革，机器生产代替手工业生产，使人类进入机器时代。

图 4-1　瓦特及其制造的蒸汽机

第二次工业革命，是在 19 世纪中后期发生的，以发电机和电动机的发明和应用为主要标志，它把社会的工业化提高到一个崭新阶段，使社会生产力进入电力时代。

第三次工业革命发生于 20 世纪中期，以原子能、电子计算机和空间技术的发展为主要标志，以计算机技术、生物工程技术、激光技术、空间技术、新能源技术和新材料技术的应用为特征，把人类社会推进到信息时代（见图 4-2）。

图 4-2　电子计算机技术

风云人物

托马斯·阿尔瓦·爱迪生

托马斯·阿尔瓦·爱迪生（Thomas Alva Edison，1847—1931，见图 4-3），美国著名发明家、企业家。

爱迪生的发明专利对世界产生深远影响。他发明了留声机、电影摄影机，完善了电灯。他一生的发明有两千多项，拥有专利一千多项。爱迪生被美国的权威期刊《大西洋月刊》评为影响美国的100位人物第9名。

图 4-3　爱迪生

二、智能时代的第四次工业革命

当前，第三次工业革命正在向纵深、更高层次发展。**第四次工业革命，又称为工业 4.0（见图 4-4）、智能革命，是以互联网产业化、工业智能化、工业一体化为代表，以人工智能、清洁能源、无人控制技术、量子信息技术为主的全新技术革命。**

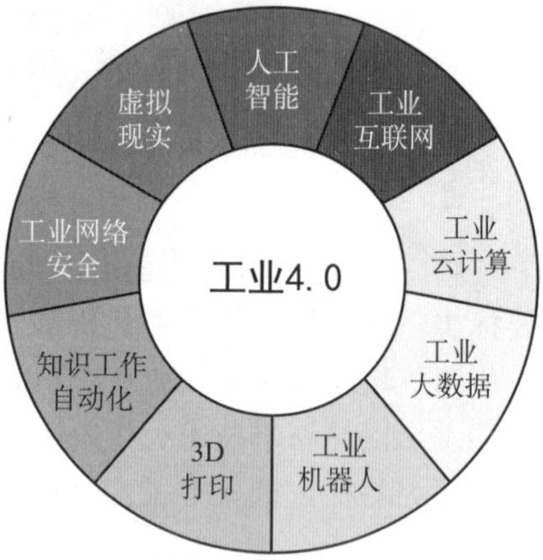

图 4-4　工业 4.0

知识探究

新时代世界科技发展的三大特征

第一，科学新发现到技术革命的周期越来越短，节奏越来越快，呈指数式进步趋势。比如说，从20世纪初爱因斯坦提出狭义相对论到第一颗原子弹爆炸相距40年。但现在，从人类基因组获取全部DNA编码到技术层面的免疫疗法问世和基因编辑只需要20年。

第二，技术革命成果推动产业进步越来越细密，无孔不入，呈现渗透式发展的趋势。例如，大数据进入电商、物流、公共管理、国家安全等各个领域，提高了效率、降低了成本、减少了失误。又如，3D打印结合航空航天、机械装备、汽车、造船等各个行业，取代了很多传统机床加工，迅速提高了生产效能。

第三，技术革命对产业经济的影响越来越显著，一项新技术问世很快就能“兴一业，亡一业”，并对社会产生深远影响，颠覆式效应越来越明显。例如，电子商务颠覆了传统零售业，同时又推动物流业进步；人工智能对很多行业已经产生影响，大量岗位被取代。

当今时代，新一轮工业革命和产业变革从蓄势待发到群体迸发，呈现加速发展态势，各项颠覆性技术多点突破、加速涌现。技术创新是以创造新技术为目的的创新或以科学技术知识及其创造的资源为基础的创新。

技术创新是企业生存发展的前提和决定性因素。企业技术创新首先是产品技术开发的创新，产品的技术性能的提升决定了产品在市场中的品牌和定位，也决定了企业对市场的依存度，围绕产品技术创新必然伴随着理论突破，加工工艺的改进和创新，新材料、新工艺的推广、使用，各种新技术的集成使用和转化，以及人才的培养，所以企业技术创新既有专项突破，同时也会带动综合能力、系统工程的发展和进步。

应用案例

世界上首个获得公民身份的机器人索菲亚

2017 年 10 月 26 日，沙特阿拉伯授予中国香港汉森机器人公司生产的机器人索菲亚公民身份（见图 4-5）。作为史上首个获得公民身份的机器人，索菲亚当天在沙特说，它希望用人工智能"帮助人类过上更美好的生活"，人类不用害怕机器人，"你们对我好，我也会对你们好"。索菲亚拥有仿生橡胶皮肤，可模拟 62 种面部表情，其"大脑"采用人工智能和谷歌语音识别技术，能识别人类面部、理解语言、记住与人类的互动。

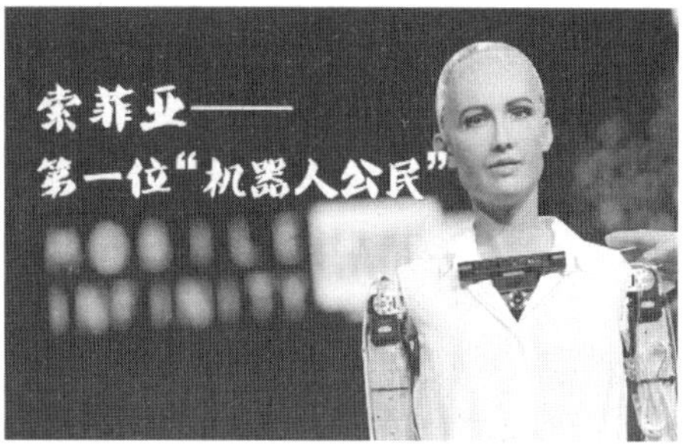

图 4-5　世界首位机器人公民索菲亚

经典分享

前沿技术彰显创新力量

1. 人工智能技术

人工智能是一门自然科学、社会科学、技术科学三向交叉学科。涉及的学科和知识包括：哲学和认知科学、数学、神经生理学、心理学、计算机科学、信息论、控制论、不定性论、仿生学、社会结构学与科学发展观。

2. 人机交互技术

人机交互技术是指通过计算机输入、输出设备，以有效的方式实现人与计算机对话的技术。未来人机交互方式的发展方向就如微软创始人比尔·盖茨所言："人类自然形成的与自然界沟通的认知习惯和形式必定是人机交互的发展方向。"

3. 无人驾驶汽车

无人驾驶汽车也称为轮式移动机器人，主要依靠车内以计算机系统为主的智能驾驶仪来实现无人驾驶的目的，通过智能系统将每台汽车的数据都收集到中央网络，通过中央网络的统一调配来合理安排交通运输。

4. 纳米技术

纳米是物质的长度单位，等于十亿分之一米。物质小到纳米尺度时，它在电子学、光学、力学等方面表现出超越大尺度物质的特点。纳米科技已被公认是最重要、发展最快的前沿领域之一。

5. 基因工程

又称基因拼接技术和 DNA 重组技术，是在分子生物学和分子遗传学综合发展的基础上，诞生的一门崭新的生物技术科学，与细胞工程、酶工程、蛋白质工程和微生物工程共同组成生物工程。

能力训练

绘制工业革命发展历程时间轴

时间轴，即依据时间顺序，把一方面或多方面的事件串联起来，形成相对完整的记录体系，再运用图文的形式呈现出来。时间轴可以运用于不同领域，最大的作用是把过去的事物系统化、完整化、精确化。根据表 4 - 2 所示内容绘制工业革命发展历程时间轴。

表 4 - 2　绘制工业革命发展历程时间轴

<table>
<tr><td>任务名称</td><td colspan="3">绘制工业革命发展历程时间轴</td></tr>
<tr><td>任务目标</td><td colspan="3">依据四次工业革命发生的历史性事件、人物、标志性产品绘制科技发展历程时间轴。</td></tr>
<tr><td>实施者</td><td></td><td>小组名称</td><td></td></tr>
<tr><td>活动工具</td><td colspan="3">常用的制作软件有 Timeline、ProcessOn 等。</td></tr>
<tr><td>活动步骤</td><td colspan="3">1. 素材采集
2. 选择工具
3. 过程绘制
4. 成果呈现</td></tr>
<tr><td>效果呈现</td><td colspan="3">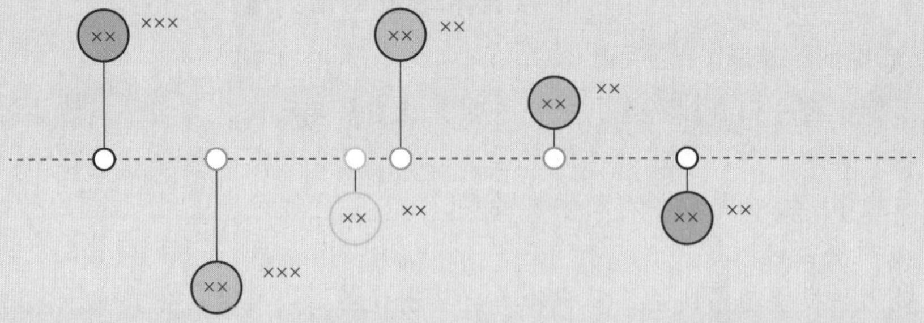</td></tr>
<tr><td>任务打分</td><td colspan="3"></td></tr>
</table>

4.2 基于商业模式的创新

▶能力目标

1. 掌握成功的商业模式创新的定义及特点
2. 了解几种新科技时代的商业模式创新及其应用
3. 培养科技与商业的融合思维能力

导入案例

"共享工具箱"服务的兴起

小晓，一位洞察市场的高职毕业生，针对城市居民对工具使用频率低却有即时需求的痛点，创立了"共享工具箱"服务。通过市场调研，她发现用户更倾向于低成本、高便捷性的工具使用方式。因此，她设计了一种基于订阅模式的租赁服务，用户可以通过移动应用程序轻松浏览、选择和租赁所需工具。这种商业模式创新满足了用户的即时工具需求，同时降低了成本，实现了良好的社会效应和经济效益，展现了基于用户需求洞察和技术创新的商业模式创新的力量。

分析：我们在商业模式创新中要注重市场洞察，在创新过程中考虑经济效益与社会责任的平衡。

商业模式创新的机会一直存在，分析和理解商业模式竞争的逻辑，对于设计一个好的商业模式，或者对不同的商业模式进行预判和选择，会有很大的帮助。一个定位准确的商业模式，会对企业的快速发展起到决定性作用。

一、认知商业模式创新

（一）商业模式创新的含义

商业模式是指把能使企业运行的内外各要素整合起来，形成一个完整的、高效率的、具有独特核心竞争力的运行系统，并通过最好的实现形式来满足客户需求，实现各方价值（包括客户、员工、合作伙伴、股东等利益相关者），同时使系统达成持续盈利目标的整体解决方案。

商业模式创新是改变企业价值创造的基本逻辑，以提升顾客价值和企业竞争力的活动，既可能包括多个商业模式构成要素的变化，也可能包括要素间关系或者动力机制的变化。

商业模式的创新是把新的商业模式引入社会的生产体系，并为客户和自身创造价值。通俗地说，商业模式的创新是指企业以新的有效方式赚钱。商业模式的创新属于企业最本源的创新。离开商业模式，其他的管理创新、技术创新都失去了可持续发展的可能和营利的基础。商业模式的创新要求不仅仅是产品和技术的创新，更是强调企业整个商业系统的创新。如果说依靠产品技术创新，是让一座大厦的某个局部比如外墙更美的话；那么，商业模式的创新，则是让整座大厦更美好。

（二）商业模式创新的特点

1. 注重客户体验

商业模式的创新更注重从客户的角度，从根本上思考和设计企业的行为，视角更为外向和开放，更多注重和涉及企业经济方面的因素。商业模式的创新的出发点，是如何从根本上为客户创造增加的价值。因此，它逻辑思考的起点是客户的需求，根据客户需求考虑如何有效满足它。

2. 顺应形势

好的商业模式都是适应形势、顺势而为的产物。在国内互联网行业，每一个崛起的互联网品牌的背后都有自己独特的商业模式支撑着，如腾讯QQ的背后是即时通信，盛大游戏的背后是游戏，百度的背后是搜索，优酷的背后是视频，阿里巴巴、淘宝、携程、当当的背后是电子商务，前程无忧的背后是招聘等，这些知名互联网品牌无不是某种互联网商业模式的代表。

3. 能提供独特价值

有时候这个独特的价值可能是新的思想，而更多的时候，它往往是产品和服务独特性的组合。这种组合要么可以向客户提供额外的价值；要么使客户能用更低的价格获得同样的利益，或者用同样的价格获得更多的利益。商业模式的创新表现得更为系统和根本，它不是单一因素的变化。它常常涉及商业模式多个要素同时的较大的变化，需要企业组织的较大战略调整，是一种集成创新。商业模式的创新往往伴随产品、工艺或者组织的创新，反之，则未必足以构成商业模式的创新。

4. 难以被竞争者模仿

从绩效表现看，商业模式的创新如果提供全新的产品或服务，那么它可能开创了一个全新的可营利产业领域，即便提供已有的产品或服务，也更能给企业带来更持久的营利能力与更大的竞争优势。传统的创新形态能带来企业局部内部效率的提高、成本降低，但它容易被其他企业在较短时期内模仿。

5. 脚踏实地

企业要做到量入为出、收支平衡。脚踏实地就是实事求是，就是把商业模式建立在对客户行为的准确理解和假定上。这个看似不言而喻的道理，要想年复一年、日复一日地做到，却并不容易。只有脚踏实地，一步一个脚印地走下去才能获得成功。

二、工业革命带来的商业模式变化

（一）数字消费

随着市场的数字化发展日渐成熟，消费者行为也发生相应变化，新兴市场在数字化发展过程中也变得更加复杂，出现了下列六大变化：

（1）社交媒体依然占据主导，其他平台的影响力也日益增强。

（2）便利性成为一大影响因素，网上商城推出的折扣活动通常会大大刺激新兴市场消费者的购买冲动。

（3）消费者愈加重视购物体验，眼光更挑剔，比如具有推荐功能或能显示自己试穿试戴效果的模拟体验的应用程序将受到消费者欢迎。

（4）支付方式数字化。在数字化发展更成熟的国家，电商交易往往不是通过现金，而是利用数字支付方式，具体形式取决于当地已有的金融基础设施。

（5）以消费者为导向的产品。让消费者参与产品设计，并量身定制解决方案。

（6）针对性强、社交性强的品牌。企业扩大规模和打响品牌，更有针对性地向特定受众投放信息并充分利用社交媒体的影响力。

（二）智慧物流

物流是物品从供应地向接收地的实体流动过程中，根据实际需要，将运输、储存、装卸搬运、包装、流通加工、配送等功能有机结合起来实现用户要求的过程。**智慧物流（intelligent logistics）是指通过智能硬件、物联网、大数据等智慧化技术与手段，提高物流系统分析决策和智能执行的能力，提升物流系统的智能化、自动化水平。**

相比于传统的物流模式，智慧物流以互联网为依托，在物流领域广泛应用物联网、大数据、云计算、人工智能等新一代信息技术与设备，将物流活动各环节及供应链上下游互联互通，是一场“流通革命”。智慧物流是物流业转型升级的必由之路，引领行业发展趋势，是降本增效的重要手段，是行业发展新的价值体现。物流企业对智慧物流的需求主要集中在物流大数据、物流云、物流模式和物流技术四大领域，物流信息化、自动化、智能化技术广泛应用（见图 4－6）。

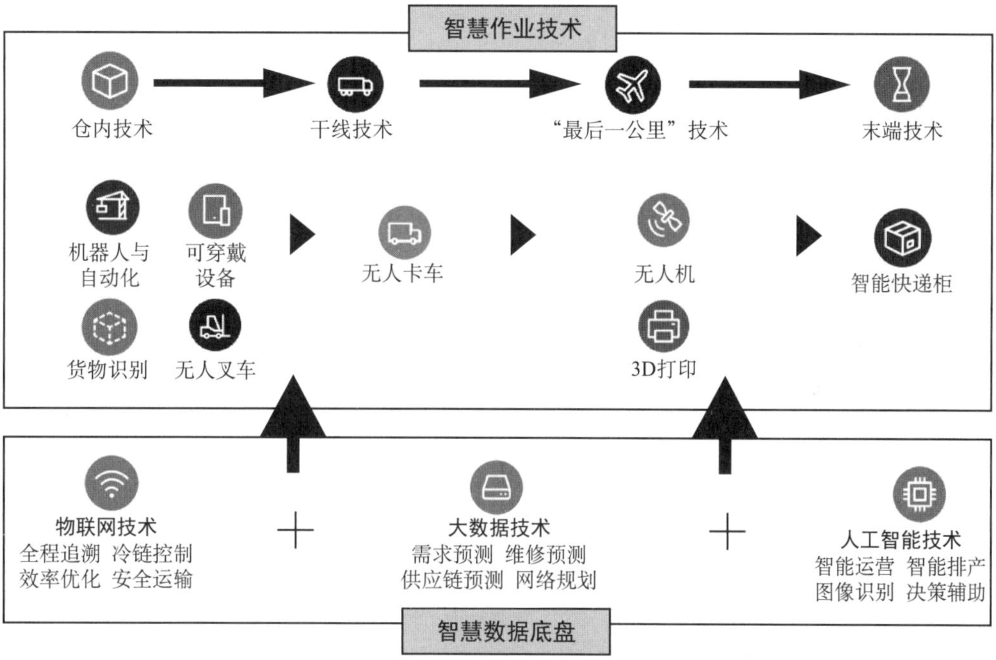

图 4－6　智慧物流技术应用

智慧物流的出现不仅大大降低了制造业、物流业等各行业的运输、管理成本，切实提高企业的利润，也让生产商、批发商、零售商等三方通过智慧物流提供的高效协同的方式实现信息共享，最大限度地控制成本。

根据中国物流与采购联合会数据，当前物流企业对智慧物流的需求主要包括物流数据、物流云、物流设备三大领域。

智慧物流数据服务市场（形成层）：处于起步阶段，其中占比较大的是电商物流大数据，随数据量积累以及物流企业对数据的逐渐重视，未来物流行业对大数据的需求前景广阔。

智慧物流云服务市场（运转层）：基于云计算应用模式的物流平台服务在云平台上，所有的物流公司、行业协会等都集中整合成资源池，各个资源相互展示和互动，按需交流，达成意向，从而降本增效。

智慧物流设备市场（执行层）：是智慧物流市场的重要细分领域，包括自动化分拣线、物流无人机、冷链车、二维码标签等各类智慧物流产品。

应用案例

智慧物流技术应用

1. 自动化技术：仓内机器人包括 AGV（自动导引运输车）、无人叉车、货架穿梭车、分拣机器人等。

2. 可穿戴设备：包括免持扫描设备、现实增强技术智能眼镜、外骨骼、喷气式背包。

3. 无人驾驶卡车：核心产品包括传感器、硬件设施和软件系统。

4. 末端技术：主要是智能快递柜，包括蜂巢、速递易等一批快递柜企业。

5. 智慧数据底盘技术：主要包括物联网、大数据及人工智能三大领域。

6. 物联网技术：受终端传感器高成本的影响，二维码成为现阶段溯源的主要载体，技术的阶段性突破将不断促进物联网的发展。

（三）互联网金融

互联网金融（ITFIN）是指传统金融机构与互联网企业利用互联网技术和信息通信技术实现资金融通、支付、投资和信息中介服务的新型金融业务模式。

1. 众筹

这是一种大众筹资或群众筹资，用团购预购的形式，向网友募集项目资金的模式。众筹的本意是利用互联网和 SNS 传播的特性，让创业企业、个人对公众展示他们的创意及项目，争取大家的关注和支持，进而获得所需要的资金援助。

2. 第三方支付

具备一定实力和信誉保障的非银行机构，借助通信、计算机和信息安全技术，采用与各大银行签约的方式，在用户与银行支付结算系统间建立连接的电子支付模式。

3. 数字货币

以比特币等数字货币为代表的互联网货币爆发，从某种意义上来说，比其他任何互联网金融形式都更具颠覆性。

4. 大数据金融

集合海量非结构化数据，通过对其进行实时分析，可以为互联网金融机构提供客户全方位信息，通过分析和挖掘客户的交易和消费信息掌握客户的消费习惯，并准确预测客户行为，使金融机构和金融服务平台在营销和风险控制方面有的放矢。

应用案例

区块链技术

区块链（blockchain）是分布式数据存储、点对点传输、共识机制、加密算法等计算机技术的新型应用模式，是比特币的一个重要概念。它本质上是一个去中心化的数据库，同时作为比特币的底层技术，是一串使用密码学方法相关联产生的数据块，每一个数据块中包含一批次比特币网络交易的信息，用于验证其信息的有效性（防伪）和生成下一个区块。

区块链技术被认为是继蒸汽机、电力、互联网之后，新一代颠覆性的核心技术。如果说蒸汽机释放了生产力，电力解决了人们基本的生活需求，互联网彻底改变了信息传递的方式，那么区块链作为构造信任的机器，将可能彻底改变整个人类社会价值传递的方式，建立区块链生态系统（见图 4－7）。

图 4－7　区块链生态系统

经典分享

商业模式创新的多维透视

商业模式创新在当今商业环境中发挥着至关重要的作用，它涉及企业如何创造、交付和获取价值的新方法。随着数字化技术的飞速发展，企业正在探索和实践多种创新商业模式，以适应市场变化和消费者需求的演进。

数字化转型已成为关键途径。企业通过电子商务平台、大数据分析和人工智能技术，实现与消费者的直接互动，提高运营效率，并更好地满足个性化需求。例如，一些制造商通过提供增值服务，如远程监控和维护，转变为服务型制造商，从而增强了与客户的关系并开辟了新的收入来源。平台化商业模式通过构建多方参与的生态系统，连接供应商、服务提供者和消费者，创造了巨大的网络价值。这种模式在在线市场、应用商店和社交媒体等领域尤为突出，它通过促进用户互动和交易，实现了快速增长和规模扩张。共享经济模式利用技术平台使资源得到更高效的利用，它通过提供临时访问权而非所有权，满足了消费者对灵活性和经济性的需求。从共享单车到短租住宿服务，共享经济正在改变传统的消费模式和市场结构。

分析：商业模式创新为企业注入持续增长的新动力，同时推动经济向更高效的方向发展。

能力训练

商业模式创新训练

1. 活动工具：商业画布。
2. 活动主题：社区社群团购。
3. 活动组织（见表 4－3）。

表 4－3　绘制社区社群团购商业画布

任务名称	绘制社区社群团购的商业画布		
任务目标	学会分析科技与商业的融合思维		
实施者		小组名称	
活动道具	白纸、表格		
活动步骤	（1）客户细分——找出你的目标用户 （2）价值定位——你所提供的产品或服务 （3）渠道通路——分销路径及商铺 （4）客户关系——你想同目标用户建立怎样的关系 （5）收入来源 （6）核心资源——资金、人才 （7）关键业务——市场推广、软件编程 （8）重要伙伴 （9）成本结构		
效果呈现	商业模式画布 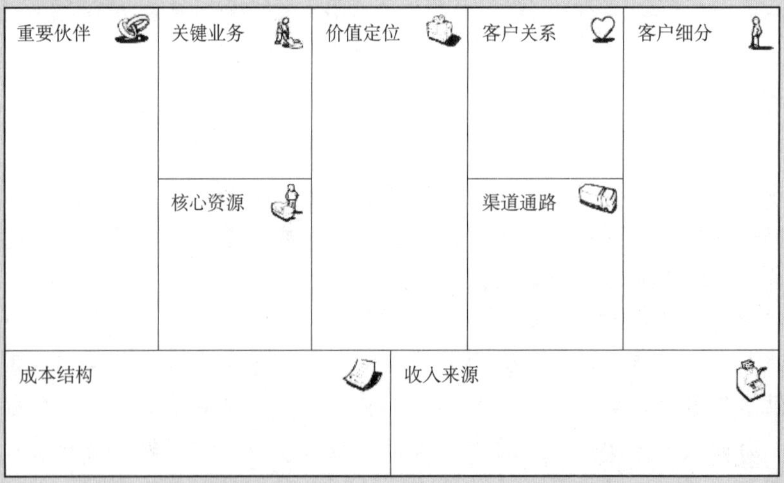 		
任务打分			

4.3 创新成果保护

▶能力目标

1. 了解专利保护的意义和三种不同形式的专利
2. 学会申请专利保护的流程
3. 了解商业模式专利保护

导入案例

加强知识产权保护是推动创新成果产业化的核心要素

习近平总书记强调，要全面加强知识产权保护工作，激发创新活力，推动构建新发展格局。代表知识创新与技术进步的知识产权，在产业创新发展中起到了重要作用，而加强对知识产权的有效保护，是推动创新成果产业化的重要保障。因此，要不断强化知识产权保护，努力营造一个保护创新成果、激发创新活力、将创新成果有效产业化的优良市场环境，让广大创新主体的创新激情与创新成果得到维护，使其充分享受到创新产业化带来的经济效益。对知识产权的深化运用，是推动创新成果产业化的重要举措。通过知识产权的深化运用加速创新成果的转化、转移，可以为创新成果产业化的良好发展势头注入源源不断的动力，加快实现产业高端化。

随着知识产权保护工作的不断深入以及新时期产业市场的快速发展，符合市场需求的创新成果基本实现了无障碍或少障碍的产业化，产业创新成果的发展也如雨后春笋般日新月异，形势喜人。创新成果产业化背后的支撑逻辑和保障途径：创新成果只有被以知识产权的形式保障了，才能形成“投入——创新——回报——再投入——创新”的良性互动发展轨道。

一、专利类型

专利是专利权的简称，或指受专利法保护的发明创造。专利权是专利权人对发明创造享有的国家授予的独占使用其发明创造的权利。

专利权是知识产权的一种，有效提升人们发明创造的热情，在我国，专利实行先申请原则。所以要把握好先机，对于自己的专利，一定要及时申请，从学校渠道进行申报，学校也会给予一定的相关费用支持，另外，对于专利申请如何撰写及优化，学校也有一定的辅导。

（一）专利类型中的重要组成——发明专利

专利法所称发明是指对产品、方法或者其改进所提出的新的技术方案，是全新的创造，是专利中的重要组成部分。其特点是：首先，发明是一项新的技术方案。其次，发明分为产品发明和方法发明两大类型。产品发明包括所有由人创造出来的物品，方法发明包括所有利用自然规律通过发明创造产生的方法。方法发明又可以分为制造方法和操作使用方法两种类型。

（二）专利类型中的改良成果——实用新型专利

《中华人民共和国专利法》（以下简称《专利法》）所称实用新型是指对产品的形状、构造或者其结合所提出的适于应用的新的技术方案。实用新型与发明的不同之处在于：第一，实用新型只限于具有一定形状的产品，不能是一种方法，也不能是没有固定形状的产品；第二，对实用新型的创造性要求不太高，而要求实用性较强。

产品的形状是指产品所具有的、可以从外部观察到的确定的空间形状。对产品形状所提出的技术方案可以是对产品的三维形态的空间外形所提出的技术方案，例如对凸轮形状、刀具形状做出的改进，也可以是对产品的二维形态所提出的技术方案，例如对型材的断面形状的改进。

（三）专利类型中的外部工艺——外观设计专利

外观设计是指工业品的外观设计，也就是工业品的式样。它与发明或实用新型完全不同，即外观设计不是技术方案。我国《专利法》规定，外观设计，是指对产品的整体或者局部的形状、图案或者其结合以及色彩与形状、图案的结合所作出的富有美感并适于工业应用的新设计。可见，外观设计专利应当符合以下要求：

（1）形状、图案、色彩或者其结合的设计；

（2）必须是对产品的外表所做的设计；

（3）必须富有美感；

（4）必须是适于工业上的应用。

二、专利申请

国家知识产权局专门受理国家专利申请，申请人应当以电子形式或者书面形式提交专利申请。

（一）提交申请文件

（1）申请发明专利的，提交申请文件应当包括：发明专利请求书、说明书摘要（必要时应当提交摘要附图）、权利要求书、说明书（必要时应当提交说明书附图）。

（2）申请实用新型专利的，提交申请文件应当包括：实用新型专利请求书、说明书摘要及其摘要附图、权利要求书、说明书、说明书附图。

（3）申请外观设计专利的，提交申请文件应当包括：外观设计专利请求书、图片或者照片（要求保护色彩的，应当提交彩色图片或者照片）以及对该外观设计的简要说明。

（二）申请文件使用统一制定的表格

申请文件应当使用统一制定的表格。这些表格可以从国家知识产权局网站下载，一张表格只能用于一件专利申请。

申请文件的纸张质量应当相当于复印机用纸的质量。纸面不得有无用的文字、记号、框、线等。各种文件一律采用 A4 尺寸（210 毫米×297 毫米）的纸张。申请文件的纸张应当单面、纵向使用。文字应当自左向右排列，纸张左边和上边应当各留 25 毫米空白，右边和下边应当各留 15 毫米空白。

（三）申请文件排列顺序

发明或者实用新型专利申请文件应当按照下列顺序排列：请求书、说明书摘要、摘要附图、权利要求书、说明书、说明书附图。

外观设计专利申请文件应当按照下列顺序排列：请求书、图片或照片、简要说明。

申请文件各部分都应当分别用阿拉伯数字编写页码。

（四）申请文件的格式要求

申请文件各部分一律使用中文。外国人名、地名和科技术语如没有统一中文译文，应当在中文译文后的括号内注明原文。申请文件字体应当用宋体、仿宋体或楷体，字迹为黑色，字高应当在 3.5～4.5 毫米，行距应当在 2.5～3.5 毫米。申请文件中有附图的，线条应当均匀清晰，不得涂改。不得使用工程蓝图作为附图。

（五）证明文件

办理专利申请相关手续要附具证明文件的，各种证明文件应当由有关主管部门出具或者由当事人签署。各种证明文件应当是原件；证明文件是复印件的，应当经公证或者由出具证明文件的主管部门加盖公章予以确认（原件在专利局备案确认的除外）。申请人提供的证明文件是外文的，应当附有中文译文。

（六）签字或者盖章

提交的专利申请文件或者其他文件，应当按照规定签字或者盖章。其中未委托专利代理机构的申请，应当由申请人（或专利权人）、其他利害关系人或者其代表人签字或者盖章，办理直接涉及共有权利的手续，应当由全体权利人签字或者盖章；委托了专利代理机构的，应当由专利代理机构盖章，必要时还应当由申请人（或专利权人）、其他利害关系人或者其代表人签字或者盖章。

（七）同日申请说明

同一申请人同日对同样的发明创造既申请实用新型专利又申请发明专利的，应当在申请时分别说明。

（八）专利申请内容的单一性要求

一件发明或者实用新型专利申请应当限于一项发明或者实用新型。属于一个总的发明构思的两项以上的发明或者实用新型，可以作为一件申请提出。一件外观设计专利申请应当限于一项外观设计。同一产品两项以上的相似外观设计，或者用于同一类别并且成套出售或者使用的产品的两项以上的外观设计，可以作为一件申请提出。

专利的申请、审查流程如图 4-8 所示。

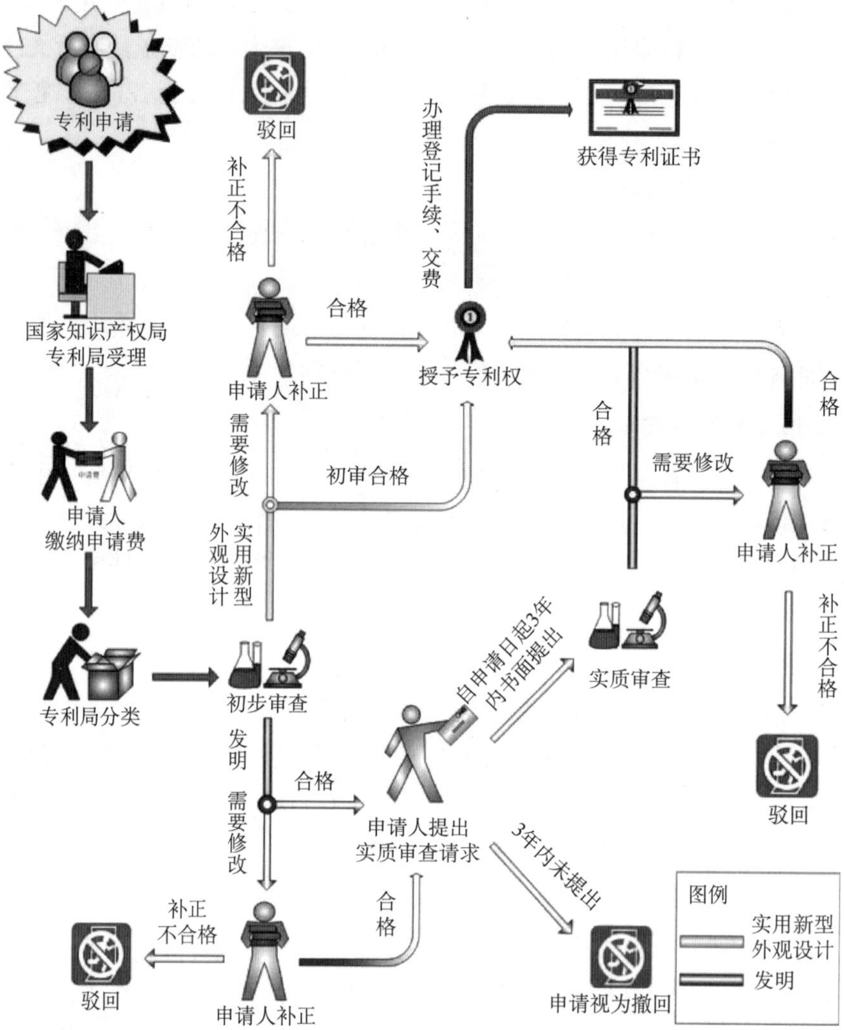

图 4-8　发明、实用新型和外观设计专利的申请、审查流程图

知识探究

申请专利需要注意哪些事项?

(1) 申请发明专利或者实用新型专利，需提交请求书、说明书及其摘要和权利要求书等文件。请求书应当写明发明或者实用新型的名称，发明人或者设计的姓名，申请人姓名或者名称、地址，以及其他事项。说明书应当对发明或者实用新型做出清楚、完整的说明，必要时，应当有附图。摘要应当简要说明发明或者实用新型的技术要点。权利要求书应当以说明书为依据，说明要求专利保护的范围。

(2) 申请外观设计专利，需提交请求书以及该外观设计的图片或照片等文件。

(3) 国务院专利行政部门收到专利申请文件之日为申请日。如果申请文件是邮寄的，以寄出的邮戳日为申请日。

(4) 国务院专利行政部门收到发明专利后，经初步审查认为符合本法要求的，自申请之日起满 18 个月，即行公布。国务院专利行政部门可以根据申请人的请求提前公布其申请。

（5）发明专利申请经实质审查没有发现驳回理由的，由国务院专利行政部门做出授予发明专利权的决定，发给发明专利证书，同时予以登记和公告。发明专利权自公告之日起生效。

（6）实用新型和外观设计专利申请经初步审查没有发现驳回理由的，由国务院专利行政部门做出授予实用新型专利权或者外观设计专利权的决定，发给相应专利证书，同时予以登记和公告，实用新型专利权和外观设计专利权自公告之日起生效。

（7）发明专利权的期限为 20 年，实用新型专利权和外观设计专利权的期限为 10 年，均自申请日起计算。

（8）专利权人应当自被授予专利权的当年开始缴纳年费。

应用案例

小刘的专利申报经验

小刘进学校时申报了 5 项专利，在校期间不断努力，又申请了 13 项专利。他的专利申请经验是：第一，要善于发现、思考和解决生活中的问题。比如他申报的火场逃生器，就是在报纸上看到大火造成的伤害之后，经过思考而发明出来的。第二，要善于找到创新标杆，有了创新的点子之后，可以去看看市场上是否有相关的产品可作为你的改良标杆。如果没有，就是从头创新；如果有了，就要思考为什么没有被广泛使用，是不是有什么问题，比如太重、不方便携带、价格太高等。第三，要学会进行技术分析，可以通过国家知识产权局的网站来了解相关的专利，学习好现有技术。第四，要善于革新，一定要抛开专业的限制，可以采用一些新的结构、新的材料、新的控制方式等对产品进行创新。第五，要组织好文本及示意图，写好技术交底书。“熟读唐诗三百首，不会吟诗也会赋”，要写好专利文本一定要多读别人的专利说明，看别人是如何做的、如何写的、如何把结构流程等讲清楚的，在这个基础上自己写。写好之后请同学阅读，看是否能读明白，经过三五次修改之后才可以提交。

三、商业模式专利保护

商业模式创新给企业带来的是价值空间和价值创造效率的提升，相比技术创新更容易吸引他人抄袭，一旦商业模式被抄袭，会使得企业的竞争优势化为乌有，尤其是对于初创企业。因此商业模式的专利保护显得尤为重要。

2017 年 4 月 1 日起施行的新修改的《专利审查指南》在第二部分第一章（不授予专利权的申请）新增以下规定：涉及商业模式的权利要求，如果既包含商业规则和方法的内容，又包含技术特征，则不应当依据《专利法》第二十五条排除其获得专利权的可能性。商业模式创新及保护越来越受到重视。

商业模式的专利保护包括技术类专利、模式类专利、支撑类专利。商业模式的专利保护不等同于商业模式专利，而是将商业模式中涉及的要素中的技术部分进行专利的申报，申报时通过方法类、系统类的描述，贯穿商业模式的其他要素。例如微信为了增加互动性，设计的“摇一摇”这个模式，“摇一摇”是用户感知的部分，在进行专利申报的时候，需要将“摇一摇”实现互动的思路进行描述，同时将技术上如何保证和选择彼此之间的互动、底层的数据交互等过程贯穿其中，那么这个商业模式就会被保护，这种模式用于统计参与用户的互动、增加广告收入等特点必将创造市场价值。

对商业模式的保护，涉及金融、保险、证券、租赁、拍卖、投资、营销、广告、经营管理等领域的任何商业模式创新，只要商业模式能够与技术特征结合，产生有益效果，比如这些新商业模式市场运行效果好、用户体验佳，提升了资源配置和流动效率，节约了社会成本，增进了社会福利，都可以纳入专利保护范畴。一个商业模式，如果能够很好融入专利保护，创业过程中就不再担心别人对商业模式的抄袭。

商业模式相关的专利保护，可以采用以下策略：

（1）将商业手段替换为计算机网络或计算机程序执行的技术手段；

（2）不仅说明要解决的商业问题，同时也说明由上述技术手段所直接解决的技术问题；

（3）技术手段带来的技术效果和新商业模式带来的商业改善都是有益的技术效果；

（4）采用功能性限定的技术特征来更加概括地保护商业模式；

（5）可以采用方法、产品（程序模块）和“存储介质+程序”三种保护主题，全方位保护商业模式。

经典分享

大疆无人机技术的专利突破

大疆创新以其在无人机领域的专利技术和创新商业模式成为全球市场的领导者，通过积极申请专利保护其核心技术，如飞行控制和高清摄像，确保了技术优势和市场独占权。公司不断推出新技术，满足专业和消费级市场的需求，并通过垂直整合供应链提高效率和控制成本。同时，公司注重用户体验，提供易于操作的控制系统和高质量影像设备，增强用户满意度和品牌忠诚度。其产品不仅在个人娱乐领域受到欢迎，也广泛应用于专业摄影、农业监测等多个行业，成为无人机技术革命的标杆。

能力训练

创新成果保护训练

1. 尝试进行一次专利检索，了解企业是如何通过专利申报来进行产品的成果保护的。

2. 寻找一个典型的有创新性的产品或技术，通过国家知识产权局网站查询已有哪些相关的专利。

3. 在互联网行业，有大量的“模仿——改造——创造”的案例，例如腾讯 QQ 模仿 ICQ，百度模仿谷歌，搜狐、新浪、网易等门户网站模仿雅虎，团购网站模仿 Groupon 等，但这些企业并非只是简单地模仿，而是对原模式进行创新或改造。请选择其中一家企业，阐述其技术和商业模式的创新。

第二部分

践行创业人生

模块五 创业与创业精神

导读导学

创新可以带动创业，创业能够促进创新。青年大学生是创新创业的主力军，创新创业不仅能够实现自我价值，更对于建设创新型国家有着重要意义。在前面的模块中，我们学习了创新思维、创新技法和创新模式。从本模块开始，我们将系统学习创业及相关内容。本模块详细介绍了创业的类型、创业者应具备的基础素质和创业意识。同学们可以自我对照检查，看看自己是否是一名合格的创业者。在了解创业与创业者的基础上，我们将深入学习什么是创业精神以及如何培养创业精神。创业精神的核心，归根到底是由创业活动的开拓性所决定的。由于创业是一种创造性的活动，它本身就是对现实的超越，就是一种创新。在创业过程中，创业团队需要激情，需要强大的执行力，需要坚持的毅力和开拓的精神等。

思维导图

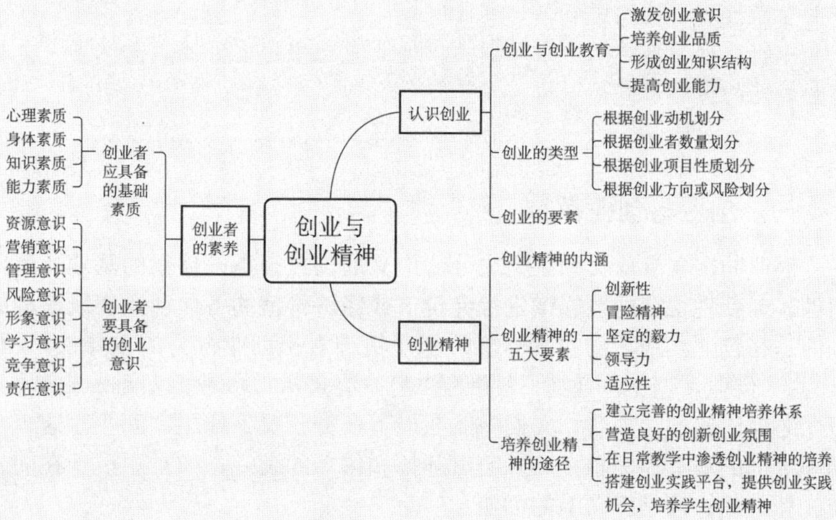

5.1 认识创业

▶能力目标

1. 了解创业的概念、要素和创业的分类
2. 掌握创业要素的分析过程
3. 能够依据创业意识进行自我剖析

导入案例

智能健身镜的兴起

小阳，一位具有体育科学和人工智能背景的年轻创业者，洞察到居家健身市场的增长潜力和用户对互动性健身体验的需求，创立了一家专注于智能健身镜的公司。通过市场调研，他了解到用户偏好，并设计了一款集成动作识别和个性化健身计划的智能健身镜。他与工程师团队合作开发了原型，并利用天使投资和众筹平台筹集资金，加速产品开发和市场推广。通过社交媒体和线上社区营销，小阳成功建立了品牌形象，并与潜在客户建立了牢固的联系，其智能健身镜产品因创新性和用户友好性迅速获得市场认可，提升了居家健身的互动性和个性化服务。

分析：本案例展示了市场洞察在创业成功中的重要性，提供了一个将创业意识转化为商业成功的实际示范。

一、创业与创业教育

创业的定义有广义和狭义之分。**广义的创业是指开创新的基业、事业，是所有具备开拓性、创新性特征的能够增进社会价值或经济价值的各项创业实践活动的总称。**其更加强调的是在创业实践活动中所体现的创业精神对于创业行为的重要性。《辞海》对创业的定义为："创业，创立基业"。这里的"基业"是指"事业的基础、根基"。从"创业"这个概念的汉语使用法来看，人们一般在以下三种状况下使用"创业"这个概念：(1) 强调开端和草创的艰辛和困难；(2) 突出开拓和创新的统一；(3) 侧重于在前人的基础上有新的成就和贡献。这是广义上的创业。

狭义的创业则特指创立新的企业，强调的是谋划、创建和运营企业的过程。

核心概念

经济学中的创业

杰弗里·蒂蒙斯在《创业学》中对创业的定义为：创业是一种思考、推理和行为方式，需要在方法上全盘考虑并拥有和谐的领导能力。

风云人物

杰弗里·蒂蒙斯

杰弗里·蒂蒙斯（Jeffry A. Timmons，1942—2008，见图5-1），富兰克林·欧林学院杰出教授，百森学院普莱兹-百森项目主任，科尔盖特大学文学士，哈佛大学商学院工商管理硕士、工商管理博士，有“创业教育之父”称号。《商业周刊》和《成功》等杂志将杰弗里·蒂蒙斯教授评选为创业管理教育领域的权威人士。杰弗里·蒂蒙斯的《创业学》一直是美国乃至世界创业教育的框架和标准，是创业管理领域公认的权威教科书，美国哈佛大学、斯坦福大学、杜克大学等近千所高校和培训机构将该书作为创业学课程的核心教材，多年来在同类书中一直占有绝对领先的市场份额。

图5-1 杰弗里·蒂蒙斯

具体而言，高校的创业教育包含以下几个方面。

（一）激发创业意识

创业意识，是指在创业实践活动中对人起动力作用的个性心理倾向，包括创业需要、创业动机、创业兴趣、创业信仰和创业世界观等心理因素。创业意识支配着创业者的创业态度和行为，规定其态度和行为的方向和力度，是创业素质的重要组成部分。

（二）培养创业品质

创业是艰难的，也是成败并存的，是对人的身体和心理的综合素质的考验，尤其是对人心理品质的考验。从创业的准备、初始阶段，到创业的坚持阶段，直到创业最后成功，都必须有良好的心理品质。所谓良好的创业品质，最早提出创业教育的柯林·博尔这样描述，“对变化持有积极、灵活和适应的态度，视变化为正常、为机会；具有来自自信的安全感，处理危险、冒险、难题和未知从容自如；具有提出创造性思想，发展这些思想，并坚定不移地使之付诸实施的能力；有能力并勇于负责，善于交流、谈判、施加影响、规划和组织；有信心、有主见而不总是依赖他人”。

（三）形成创业知识结构

扎实深厚的专业知识和宽泛广博的人文社会科学知识是大学生顺利进行创业的基础。因此，创业教育的主要任务之一就是拓宽学生的视野和知识面，讲授相关创业知识，帮助学生形成创业所需的知识结构。创业知识既包括专业知识，企业建立、经营与管理知识，也包括人文社会科学知识。对创业知识的传授，重点是形成合理有序的知识结构，而非灌输大量系统全面的知识要点。通过建立创业知识结构，引导学生形成善于发现问题、整合资源的能力。

（四）提高创业能力

创业活动是创业者在识别创业商机的基础上，整合多种创业资源实现创业目标的过程。创业是一项复杂的系统工程，它要求创业者能够解决创业过程中的技术、资金和社会关系等种种问题。因此，一个成功的创业者，不仅要具备创业意识、创业知识和创业品质，更要具备解决创业问题的本领，这种本领就是创业能力。因此，将创业意识、创业品质、创业知识等内在资源提升为创业能力，是创业教育追求的理想结果。

二、创业的类型

创业从不同的角度、根据不同的标准，可以做不同的分类。

（一）根据创业动机划分

根据创业动机划分，可分为机会型创业与就业型创业。

1. 机会型创业

机会型创业是指创业的出发点并非谋生，而是为了抓住、利用市场机遇。它以市场机会为目标，能创造出新的需要，或满足潜在的需求，因而会带动新的产业发展。

2. 就业型创业

就业型创业是指为了谋生而走上创业之路。这类创业是在现有的市场上寻找创业机会，并没有创造新需求，大多属于尾随型和模仿型，往往小富即安，极难做大做强。

创业动机与主观选择相关，而创业者所处的环境及其所具备的能力对于创业动机类型的选择有决定性作用。因此，通过教育和培训来提高创业能力，就可增加机会型创业的数量，不断增加新的市场，减少低水平竞争。

（二）根据创业者数量划分

根据创业者数量划分，可分为独立创业与合伙创业。

1. 独立创业

独立创业是指创业者独立创办自己的企业。其特点在于产权是创业者个人独有的，企业由创业者自由掌控，决策迅速。但它需要创业者独自承担风险，创业资源准备也比较困难，还受个人才能的限制。

2. 合伙创业

合伙创业是指与他人共同创办企业。其优劣势与独立创业相反，优势在于资源准备相对容易，风险均摊，决策制衡，可以发挥集体智慧。但缺点在于权力多头，决策层级多，响应速度慢。

（三）根据创业项目性质划分

根据创业项目性质划分，可分为传统技能型创业、高新技术型创业和知识服务型创业。

1. 传统技能型创业

传统技能型创业是指使用传统技术、工艺的创业项目，它具有永恒的生命力。尤其是酿酒、饮料、中药、工艺美术品、服装与食品加工、修理等与人们日常生活紧密相关的行业中，独特的传统技能项目表现出了经久不衰的竞争力，许多现代技术都无法与之竞争。国内外均是如此。

2. 高新技术型创业

高新技术型创业是指知识密集度高，带有前沿性研究开发性质的新技术、新产品项目。

3. 知识服务型创业

知识服务型创业是指为人们提供知识、信息的创业项目。当今社会，信息量越来越大，知识更新越来越快，各类知识性咨询服务的机构将会不断细化和增加，如律师事务所、会计师事务所、管理咨询公司、广告公司等。这类项目投资少、见效快。

（四）根据创业方向或风险划分

根据创业方向或风险划分，可分为依附型创业、尾随型创业、独创型创业和对抗型创业。

1. 依附型创业

依附型创业可分为两种情况：一是依附于大企业或产业链而生存，为大企业提供配套服务。如专门为某个或某类企业生产零配件，或生产、印刷包装材料。二是特许经营权的使用。如利用麦当劳、肯德基等企业的品牌效应和成熟的经营管理模式，减少经营风险。

2. 尾随型创业

即模仿他人创业，一是短期内只求能维持下去，随着学习的成熟，再逐步进入强者行列；二是在市场上拾遗补缺，不求独家承揽全部业务，只求在市场上分得一杯羹。

3. 独创型创业

独创型创业指提供的产品或服务能够填补市场空白。大到商品独创性，小到商品的某种技术的独创性。但其也有一定的风险性，因为消费者对新事物有一个接受的过程。独创型创业也可以是旧内容新形式，比如，产品销售送货上门，经营的商品并无变化，但在服务方式上扩大了，从而更具竞争力。

4. 对抗型创业

对抗型创业是指进入其他企业已形成垄断地位的某个市场，与之对抗较量。这类创业风险最高，必须在知己知彼、科学决策的前提下，抓住市场机遇，乘势而上，把自己的优势发挥得淋漓尽致。

知识探究

多种多样的创业

依据创业主体，可将创业分为大学生创业、失业者创业和兼职者创业；根据创业的融资形式，可分为独资创业、合资创业、引进各类（风险）投资基金创业等；根据创业者与事业的关系，可分为个人创业、家族创业、合伙创业、参与创业等；根据创业机遇的选择，可分为先学习后创业、先就业后创业、边学习边创业、休学创业等；根据创业的行业领域，又可以分为餐饮、娱乐、批发零售、广告艺术设计、装饰装潢、信息咨询、法律服务、电子信息技术、金融衍生服务等各行业领域的创业。

三、创业的要素

研究表明，创业成功是一系列创业要素科学组合的结果，创业者可以通过改善这些创业要素的组合来提高其创业成功的可能性。创业者创业能力的高低取决于其能有效控制的创业要素的数量、质量、种类以及这些要素间的相互匹配程度。各种创业要素通过相互作用推动新企业的演化过程，任何创业要素性质的变化、不同要素间结构的变化，都会影响创业活动的绩效，并最终导致所创事业面临飞跃式成长或创业失败两种截然不同结果的出现。

杰弗里·蒂蒙斯在其著名的蒂蒙斯创业过程模型（见图5-2）中明确指出，商机、资源和团队是创业过程中最重要的三个要素，创业本质上是创业团队、机会和资源相互作用、互相匹配，以创造价值的一个高度动态的过程。创业商机是推动创业的核心要素，解决的是创什么业的问题；创业团队是推动创业的主体要素，解决的是谁来创业的问题；创业资源是推动创业的物质要素，解决的是用什么创业的问题。

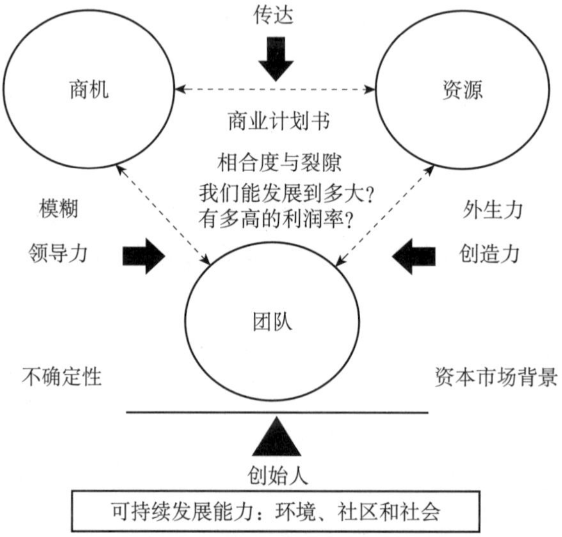

图5-2　蒂蒙斯创业过程模型

创业过程依赖于这三大要素的匹配和均衡，它们的存在和成长决定了创业过程向什么方向发展。创业过程的起点是商机，而不是资金、战略、关系网络、工作团队和商业计划。商机的形式、大小和深度决定了资源与团队所需的形式、大小与深度。创始人和创业团队的作用是利用其创造力在模糊、不确定的环境中发现商机，并利用资本市场等外界资源，组织并领导企业实现商机的价值。在不确定性资本市场环境中，这个过程是资源与商机“适应→差距→再适应”的动态过程。三个核心要素构成一个倒三角形，创业团队位于三角形的底部。在创业初期，商业机会较大而资源较为缺乏，三角形将向左边倾斜；随着企业的发展，企业拥有较多资源，但这时原有的商业机会可能变得相对有限，这就导致三角形向右倾斜，造成另一种不均衡。创业者及团队需要不断寻求更大的商机，进行资源的合理运用，使企业发展保持合适的平衡。

三个要素不断调整，最终实现企业发展的动态平衡，这就是新创企业发展的实际过程，体现了三要素之间的动态性、连续性和互动性。

经典分享

个性化运动鞋底的创业之路

小凯，一名职业技术大学的学生，凭借对运动鞋个性化需求的敏锐洞察，开启了他的创业之旅。在校园内，他积极参与创新创业教育活动，逐渐形成了自己的创业构想。作为一名运动爱好者，他发现运动鞋的统一模具生产无法满足不同脚型的需求，这不仅限制了穿着的舒适度，还可能引起运动伤害。他意识到，开发一种能够适应不同脚型的智能鞋底，将是一个巨大的市场机遇。他充分利用学校提供的创新创业资源，包括参与专题讲座、实践课程和项目路演，以及通过学校网络走访企业和参加展会。他认识到个人能力的局限，开始向经验丰富的学长学姐学习，并与老师积极沟通，逐渐组建了一个多元化的团队，团队成员各司其职，共同推进项目发展。他结合所学专业知识，研究4D打印技术，探索鞋底个性化适配的可能性。通过深入市场调研，他发现专业运动鞋市场庞大，但相关技术和设备多被国外垄断，这激发了他自主研发的决心。在创业过程中，他意识到自己在商业运营、市场分析等方面的不足，开始主动学习并提升自己的综合能力。他的创业项目在校园内获得了认可，并逐步吸引了外界的注意。他的创新思维和脚踏实地的实践精神，使他成为校园创业的典范。

分析：高职学生通过识别市场商机、有效利用校园资源、积极构建团队以及不断学习和提升个人能力来实现创业目标。

能力训练

绘制思维导图

1. 活动场地：教室。

2. 活动内容：以“我的终身学习规划/创业要素和创业者特质”为主题，绘制思维导图。

任务一：

（1）明晰为什么需要终身学习；

（2）认知终身学习的几个重要领域。

任务要求：

一级节点：终身学习的支柱；

二级节点：终身学习的领域；

三级节点：终身学习的路径。

任务二：

（1）明晰创业要素；

（2）总结创业者的特质。

任务要求：

一级节点：创业成功的几个特质；

二级节点：典型创业者的特质；

三级节点：实现成功的关键因素。

5.2 创业者的素养

▶**能力目标**

1. 了解创业者应具备的基础素质
2. 掌握创业者要具备的创业意识

导入案例

绿色农业创业故事

小芳，一位农业职业技术学院的毕业生，通过其对绿色农业的热情和对环境保护的承诺，成功创立了一家专注于有机农产品的公司。实践步骤包括市场调研、技术研发、资源整合、品牌建设和客户关系维护。小芳深入研究了水培和垂直农业技术，这些技术能够在有限的空间内高效生产作物，同时减少水分和肥料的使用。针对不同客户的特殊需求，她开发了个性化的种植方案。例如，为了满足对特定营养成分有要求的消费者，她调整了水培营养液的配方，以生产高营养价值的作物。她推出了一系列有机认证的农产品，这些产品以其高品质和环保特性在市场上获得了消费者的青睐。

分析：创业者素养在实现创业目标中非常重要。创新思维在解决实际问题、创造商业价值和推动社会进步中发挥了巨大作用。

一、创业者应具备的基础素质

（一）心理素质

所谓**心理素质是指创业者的心理条件，包括自我意识、性格、气质、情感等心理构成要素**。作为创业者，他的自我意识特征应为自信和自主；他的性格应刚强、坚持、果断和开朗；他的情感应更富有理性色彩。成功的创业者大多是不以物喜、不以己悲。

（二）身体素质

所谓身体素质是指身体健康、体力充沛、精力旺盛、思路敏捷。现代小企业的创业与经营是艰苦而复杂的，创业者工作繁忙、时间长、压力大，如果身体不好，必然力不从心，难以承受创业重任。

（三）知识素质

创业者的知识素质对创业起着举足轻重的作用。创业者要进行创造性思维，要做出正确决策，必须掌握广博知识，具有一专多能的知识结构。具体来说，创业者应该具有几方面的知识：做到用足、用活政策，依法行事，用法律维护自己的合法权益；了解科学的经营管理知识和方法，提高管理水平；掌握与本行业、本企业相关的科学技术知识，依靠科技进步增强竞争能力；具备市场经济方面的知识，如财务会计、市场营销、国际贸易、国际金融等。

（四）能力素质

创业者至少应具有如下能力：创新能力、分析决策能力、预见能力、应变能力、管理能力、组织协调能力、社交能力、激励能力。当然，这并不是要求创业者必须完全具备这些素质才能去创业，但创业者本人要有不断提高自身素质的自觉性和实际行动。

应用案例

定制健康的个性化营养饮品

小欣，一位生物技术专业的高职毕业生，洞察到市场对个性化营养健康饮品的迫切需求，创立了一家提供定制化健康饮品的初创公司。她运用市场调研确定公司定位，专注于中高端市场，满足年轻消费者对健康生活的追求。在产品开发上，她选择推出一系列基于天然成分的饮品，如植物蛋白奶昔和功能性果汁，确保产品的新鲜度和质量。她与本地农场建立合作，打造快速而透明的供应链，同时通过社交媒体营销和品牌合作，传递健康理念，建立品牌形象。她还通过众筹和风险投资成功筹集资金，支持公司的快速成长。在团队构建上，组建了一支由营养师、营销专家和供应链管理人才组成的团队，确保公司全面发展。她的个性化健康饮品迅速获得市场认可，公司销售业绩稳步增长，逐渐扩展到新的市场。

分析：这体现了创业者在市场定位、产品开发和团队构建等方面的关键决策能力。她的成功在于通过创新决策引导公司发展。

二、创业者要具备的创业意识

（一）资源意识

创业需要具备方方面面的资源，包括信息资源、人力资源、财力资源、物力资源等，这些都是构成企业所不可或缺的基石。创业者在创业过程中，需要将有限的资源进行整合，这样才能确保企业不断向前走。

（二）营销意识

盈利是创业最基本也是最重要的目的之一，对于从事企业经营的创业者，非常重要的事情是把自己的产品卖出去，因此，市场营销对其事业的成功是非常重要的。在企业发展的不同阶段，需要配合以相应的营销策略，以产品营销带动企业的良性发展。

（三）管理意识

企业的创始人往往会成为企业的拥有者和管理者，而企业要想有序运作下去，仅凭一两个人的力量是难以做到的。所以，创业者必须学习一定的管理知识，并将这些知识运用到日常的管理实践中去，无论在宏观上还是细节上，能够自觉运用科学管理的思想方法和原理原则去认识、分析和解决管理问题，以便成为优秀的管理者。

（四）风险意识

创业是一种冒险，是一种风险很大的社会实践活动。不少创业者一开始并没有做好创业的心理准备，贸然踏上这条艰险之路，结果遇到一点危机，立马就半途而废了。正如比尔·盖茨经常对员工所说，微软的寿命永远只有18个月。其实，他是用这种方式告诫自己的团队：任何时候都不要忘记危机，任何时候都不要忘记进取和创新。

（五）形象意识

创业是一个长期的过程，也是一个由小到大、由弱到强的过程，所以，为了确保企业能够得到长足的发展，在经济利益得到满足的情况下，尽可能地创造社会利益，这就需要企业具备一定的形象意识，注重树立良好的企业形象。这不仅是一种营销方式，而且更重要的是，能为企业带来经济和社会的双重收益。

（六）学习意识

任何事业，仅有激情是不够的，还要有不断学习新知识、新经验、新技能，弥补自己不足、提高自身水平的强烈意识。对凡是有益于自己事业的东西，都能如饥似渴地学习，不懂技术学技术、不懂管理学管理、不懂营销学营销，不懂财务学财务，不断地完善自己，永无止境。

（七）竞争意识

天地万物无不生存在竞争之中，是竞争促进了生物的进化，是残酷的竞争孕育了现代社会的文明。人类正是在生存竞争之中学会了制造工具、使用工具，不断丰富发展了自己的大脑。没有竞争就没有发展，没有竞争就没有进步，没有竞争就没有优胜劣汰。

（八）责任意识

没有责任感的员工不是优秀的员工。创业者要将责任根植于内心，让它成为脑海中一种强烈的意识。在日常行为和工作中，这种责任意识会使创业者表现得更加卓越。责任感是一种自觉主动地做好分内分外一切有益事情的精神状态。人只有有了责任感，才能具有驱动自己一生都勇往直前的不竭动力。创业者要立下决心，勇于承担责任。

经典分享

关于创业者的“神话”

神话1：创业者无法塑造，而是天生的。

现实情况：即使创业者天生就具备特定的才智、创造力和充沛的精力，这些品质本身也只不过是未被塑形的泥巴和未经涂抹的画布。创业者是通过多年积累的相关技术技能、精力和关系网才被塑造出来的，这当中包含着许多自我发展的历程，具有多年的商业经验，才能识别各种商业行为，并获得创造性的预见能力和捕捉商机的能力。

神话2：创业者喜欢单枪匹马。

现实情况：想要完全拥有整个公司的所有权和控制权，只会限制企业的成长，单个创业者通常只能维持企业的生存，想单枪匹马地发展一家高潜力的企业是极其困难的。高潜力的创业者会组建自己的团队、自己的组织，然后是自己的公司，所以，与其抢一块大一点的蛋糕，不如大家协力把整个蛋糕做得大一些。

神话3：创业者是他们自己的老板，他们完全独立。

现实情况：创业者离完全独立很远，他们需要为很多人服务，其中包括合伙人、投资者、客户、供应商、债权人、雇员以及其他社会和社区义务的相关方。要单枪匹马地获得足以支撑整个公司运转的销售额是极其困难的，可以说是几乎不可能的。

神话 4：创业者必须年轻并且精力充沛。

现实情况：这些特征虽然会对成功有帮助，但年龄绝不是障碍。创立高潜力企业的创业者其平均年龄是 35 岁，60 多岁开始创业的创业者也有很多，关键是掌握相关的技术、经验和关系网，它们非常有利于识别和捕捉商机。

资料来源：[美] 杰弗里·蒂蒙斯，小斯蒂芬·斯皮内利．创业学．周伟民，吕长春，译．北京：人民邮电出版社，2005.

能力训练

"你具备创业素质吗"问卷调查

请回答下列问题，以便更深入地了解自己是否具备一名创业者应该具备的素质，选出你认为符合自身实际情况的选项：

1. 在一个聚会上，你的朋友告诉你，那个衣着奢华的人最近投资了另一个朋友的企业。你会怎么做？

a. 快速走向他，向他介绍自己，告诉他关于你的商业构想的所有细节，同时询问他是否对你的构想感兴趣并准备投资。

b. 请你的朋友把你介绍给他，你给潜在的投资者递上你的名片，并且礼貌地询问能否在某个时间给他打电话并向他展示你的创业计划。

c. 你认为在聚会上打扰这个人可能不是一个好办法，毕竟，他来这里是休闲的，你可能在其他地方还会遇到他。

2. 你的老板决定由你负责寻找办公用品的供应商，并选择一家你认为最好的企业作为公司的供应商，你有什么反应？

a. 你觉得自己终于有机会向老板展示你的能力了，此外，你还可以让少数供应商为自己的公司服务。

b. 你感到恐惧，这对你而言责任太重。你担心万一因自己的失误而让公司受到损失，你不希望表现得不好。

c. 你很兴奋，这是给老板留下好印象的一个好机会，而且你可以学会怎么比较供应商以及与供应商谈判（这都是你自己开公司时所需要的）。

3. 当你得到一份兼职工作时，你已经开始在学校上学了，这个兼职工作与你毕业后准备创立的企业正好属于同一个行业。你会怎么做？

a. 在与老师讨论如何更好地平衡学习和工作之后，选择工作。因为你相信你即将获得的经验和人脉在你创业时是无价的。

b. 选择工作，可以在学习之外赚取一些外快，即使少睡点觉也没有什么关系。

c. 放弃工作，因为你不希望你的成绩太糟糕，工作和学习很难兼顾。

4. 你获得了一个市场营销公司调查员的工作，这份工作的薪水很高，但是，需要你与很多人谈话。你会怎么做？

a. 选择工作，因为你喜欢与人交往，而且这份工作是训练你了解消费者需求的一个很好的机会。

b. 放弃工作，因为你只要一想到与陌生人接触就不自在。

c. 选择工作，因为这样你可以借机针对你的创业想法进行一些市场调查。

5. 你将获得的一份工作薪水很高，也很有趣，但是你需要投入更多时间，有时周末也不能休息。你有什么反应?

a. 你毫无怨言地投入更多的时间，因为你觉得获得的回报值得这样做。

b. 你近乎狂热地工作并让自己精疲力竭，因为慢节奏并不适合你。

c. 你放弃了，因为你喜欢朝九晚五的工作，工作不是你生活的全部。

6. 你是一个出色的吉他弹奏者，你的朋友总是要求付费请你上课。你有什么反应?

a. 你花了一些钱在本地报纸上登了 6 周的广告，宣布：你现在开办吉他培训班，费用与本地教师的价格一样。

b. 你开始教少数朋友，你询问他们准备如何付费、他们希望学些什么。

c. 你教了少数朋友一些课程，但是拒绝收费。

7. 你最好的朋友创建了一家网站设计公司。他需要帮助，因为公司在不断成长。他承诺你可以成为公司的合作伙伴，尽管你对电脑一窍不通。你有什么反应?

a. 你立即加入了公司，你认为可以很快学会相应的知识。

b. 你让朋友为你保留合作伙伴的位置，但是要求首先为你推荐一个可以让你提高自身技能以符合公司发展要求的课程。

c. 你同意了，但是你对公司一无所知，你并不知道如何开展工作。

每题答案分值：

1. a=2，b=1，c=0；

2. a=2，b=0，c=1；

3. a=1，b=2，c=0；

4. a=1，b=0，c=2；

5. a=1，b=2，c=0；

6. a=2，b=1，c=0；

7. a=2，b=1，c=0；

问卷分析：

12 分及以上：你是一位天生的风险承担者，而且可以承受巨大的压力。

6～12 分：你在风险承担与仔细评价之间取得了出色的平衡。

6 分及以下：你对成为一名创业者过于谨慎，但是在你了解更多企业经营知识后，可能会有所改变。

5.3 创业精神

▶能力目标

1. 了解创业精神的特征和要素
2. 掌握创业精神的培养途径
3. 能够在创新创业实践中培养自身创新精神

导入案例

个性化服装品牌创业

陈逸飞，一位设计专业的高职毕业生，凭借对时尚的敏锐洞察力和独特见解，创立了自己的服装品牌，旨在提供个性化与实用性相结合的产品。他的创业精神体现在多个方面：创新设计，将传统工艺与现代审美相结合，迅速吸引了市场关注；市场定位精准，深入调研后满足了年轻消费者的需求；勇于创业，在资金和资源有限的情况下，通过社交媒体和线上平台推广品牌；持续学习，不断充实市场营销、品牌管理和财务规划等知识；坚韧不拔，面对初期困难不轻言放弃，调整策略优化设计；注重社会责任，采用环保材料，推广绿色时尚理念。陈逸飞的品牌逐渐赢得市场和业界认可。

分析：这个案例展示了高职生在创业中展现的创新思维、市场洞察、勇于行动、持续学习、坚韧不拔和社会责任感。

一、创业精神的内涵

创业精神是创业的动力和支柱。没有创业精神就不会有创业行动，创业成功也就无从谈起。从理论上来说，**创业精神是指在创业者的主观世界中，那些具有开创性的思想、观念、个性、意志、作风和品质等。**创业精神是由多种精神特质综合作用而成的，创新精神、进取精神、拼搏精神、冒险精神、合作精神等都是形成创业精神的特质，具体表现在勇于创新、敢冒风险、团结合作、坚持不懈等方面。一般来说，创业精神包含三大主题：

第一个主题是对机会的追求，创业精神是追求环境的趋势和变化，而且往往是尚未被人们注意的趋势和变化。

第二个重要的主题是创新。创业精神包含变革、革新、转换和引入新方法，即新产品、新服务或者是做生意的新方式。

第三个主题是增长。创业者追求增长，他们不满足于停留在小规模或现有的规模上，创业者希望他的企业能够尽可能地增长，员工能够拼命工作。因为他们在不断寻找新趋势和机会，不断地创新，不断地推出新产品和新的经营方式。

创业精神对创业实践有重要意义，它是创业理想产生的原动力，是创业成功的重要保证。

应用案例

马化腾：想卖QQ没人要

1998年，QQ还叫OICQ，马化腾每天一睁眼，脑子里全是怎么才能筹到资金的焦虑。为了筹钱，马化腾独自在办公室里一坐就是一整夜。为了“养”这只“企鹅”，马化腾使尽浑身解数拉用户量。

2000年，那场互联网泡沫化寒潮袭来时，腾讯进入最为困难的时期。账上余额不多，又被催着还欠款，股份还没人看得上，连做的产品也不被市场看好。“养不起就卖掉吧。”结果就连卖QQ也波折频生，买方要么想独家买断，要么开价太低，甚至有人觉得这是小孩玩的东西。马化腾回想起当时的情形感到庆幸："我们曾险些把开发出的OICQ软件以60万元的价格卖给别人，现在有点庆幸当初没有贸然行事。要在互联网上掘金就不能只看到眼前利益，许多很有才华的网络人才往往没有注意这一点而失去了长远机会。"

二、创业精神的五大要素

（一）创新性

长期从事创业研究的美国学者加特纳曾调查了36位学者和8位商业领袖，归纳出90个创业属性，最终发现对创业活动影响最大的属性是创新，诸如新事业的创造、新企业的创建与发展、新事业附加价值的创造、通过整合资源和机会的产品或服务创新、为了把握机会的资源筹集创新等。很多创业者依靠创新的产品或服务而创业，并努力将创新产品或服务推向市场，创造财富，造福社会。从这一点来看，创业实际上是不断挑战自我的创新过程，正如彼得·德鲁克所说：创业精神是一个创新过程，在这个过程中，新产品或服务机会被确认、被创造，最后开发出来并创造新的财富。

（二）冒险精神

冒险精神是创业者的一项特质，敢于冒险的人更适合创业。创业本身就是一项高风险的活动，它要求创业者具备冒险精神，抗压能力也要强，能够承担失败带来的风险。中外无数创业者虽然生长环境、成长背景和创业机缘各不相同，但无一例外都是在条件极不成熟和外部环境极不明晰的情况下，敢为人先，勇做"第一个吃螃蟹"的人。

在比尔·盖茨看来，成功的首要因素就是冒险。在任何事业中，把所有的冒险都消除掉的话，自然也就把所有成功的机会都消除掉了。他在经营事业中最持续一贯的特性就是冒险精神。他甚至认为，如果一个机会没有伴随着风险，这个机会通常就不值得花心力去尝试。他坚定不移地认为，有冒险才有机会，正是有风险才使得事业更加充满跌宕起伏的趣味。

（三）坚定的毅力

事业的发展都是充满曲折与坎坷的，能坚持到最后的创业者，往往就是成功者。创业成功不但需要素质与能力，更需要战胜艰难的决心和毅力。没有能力可以逐渐培养，而没有毅力可能永远是一个在终点线前跌倒的失败者。每个创业者在创业的时候，都有一个美好的设想，而现实却并不会那么美好，所以每个创业者都要让自己明白，面对一时的失败千万不要气馁，应该照着自己的理想一路走下去。成功是由很多因素促成的，努力并不一定会成功，但如果不努力，就一定会失败。

（四）领导力

领导力不是职务地位，也不是少数人具有的特权，而是一种积极互动的、目的明确的动力，主要包括：制定目标的能力，包含企业的战略目标的制定和决策；实现目标的能力，涉及战略实施中的执行，以目标为导向的组织变革和组织创新；团队成员的管理能力，涉及团队中员工的人际关系、沟通、冲突管理以及团队建设和维持等。不同的领导者有不同的领导力风格，但一般而言，都会具有很强的个人魅力和感召力，有道德感，有在组织里树立诚信原则的意愿。

（五）适应性

适应能力是创业者应具备的最重要的特质之一。每个成功的企业主都乐于不断改进、提升自身产品或服务以适应市场需求的变化，以及按照客户的意愿提供定制服务，以持续满足客户所需。

应用案例

勇攀户外探险装备店之巅

小晋，户外运动专业的高职毕业生，凭借对户外运动的热爱和对市场的敏锐洞察，决定冒险进入户外探险装备领域。他开设了一家结合装备销售与技能培训的户外探险装备店，填补了市场的空白。他的冒险精神体现在对小众领域的选择、个人积蓄的投入、创新的产品和服务模式以及面对风险时的积极管理。他的店铺迅速赢得了户外运动爱好者的青睐，并成为当地的知名户外运动中心。他不满足于现状，持续探索新产品和培训方法，同时注重户外环保教育，展现了企业的社会责任。

分析：他体现了创业者在风险与机遇评估方面的素养，最终实现了创业目标。

三、培养创业精神的途径

创新意识和创业精神已成为目前我国素质教育的焦点，也成为高等院校培养学生核心竞争力的重要内容之一。具有创新精神和创业能力的创新型人才既是社会对大学生的要求，也是高素质复合型人才的基本要求，更是民族创新能力提高的重要保证。

（一）建立完善的创业精神培养体系

要切实提高大学生的创业精神，高校需将创新创业型人才培养与研究型、应用型人才培养放在同等重要的地位，不仅要注重专门的创业教育，还要在日常教学中渗透创业精神培养，帮助大学生树立必要的创业意识。学校可以将大学生创业精神培养贯穿到整个在校学习的过程当中，比如对于低年级的学生要注重创业意识的培养，充分发掘其时代特征和创新精神，培养大学生积极向上的创业价值观；还可以将创业知识教育作为第二课堂来深化学生对创业精神的理解。对于高年级的学生要锻炼其创业意志，包括较强的责任意识、抗压能力等，从而使学生在创业过程中能够用平和的心态面对和处理可能面临的各种挫折和困难，使其具备当代大学生开展创业实践活动的素质和能力，提高创业的成功率。

（二）营造良好的创新创业氛围

首先，高校要加大宣传力度，为学生营造良好的创新创业氛围，搭建学生创新创业交流的平台，挖掘身边创新创业的成功案例和典型事迹，发挥典型示范的带头作用，定期开展交流活动，可组织开展创业者校友联谊会、创业者协会等活动，为有创业意向的学生提供更多与成功者交流的机会，增加学生创新创业的勇气与信心。

其次，鼓励表现优秀的学生，支持学生参加校内外学术会议，为学生创新创业提供交流经验、展示成果、共享资源的机会。学校还要定期组织项目指导教师之间的交流，增强教师的责任感，并组织学生参加各种创业类比赛，在全校范围内营造良好氛围。

（三）在日常教学中渗透创业精神的培养

为了提高大学生创业精神培养的实效性，学校有必要建设与培养学生创业精神相关的课程体系。结合高校专业设置特点以及学生的实际情况，教师可以将创业理念渗透到专业课程教学中，比如在思想政治课程中培养学生创业所必需的意志品质和创业意识，在市场营销课程中培养领导能力、团队合作能力，在专业技能课程教学中锻炼学生对知识技能的运用能力等，这对培养大学生的创业精神、强化学生的创业综合能力都是必不可少的环节。另外，学校还可以邀请创业成功人士兼职创业指导教师，为学生开设创业指导讲座，让学生学习成功的创业实践经验，同时也帮助学生树立成功创业的信心，使创业精神得到进一步强化。

（四）搭建创业实践平台，提供创业实践机会，培养学生创业精神

创业精神的培养需要必要的实践活动作为载体才能取得实效，因此高校要努力为大学生营造创业实践所需的环境和平台，鼓励大学生参与创业实践活动，使学生在创业实践过程中锻炼创业所必需的能力和素质，进而使创业精神得到强化。比如，高校可以依托大学科技园，建立大学生创业实践和孵化基地。大学科技园中一般拥有许多创新型企业，可以为大学生实施创业提供科技支持，高校要充分利用大学科技园的这一优势，鼓励或推荐学生到创新型企业中实践，学习创业的先进经验，培养大学生的创业理念和创业意志。此外，高校还要注重校企合作，为大学建立创业实践基地，辅助创业教育。组织学生到企业参观考察，进行岗位体验，充分发挥大学生的主观能动性，使学生在实践中体味创业的艰苦，养成创业所必需的坚强意志，深化创业精神，为成功创业打下坚实的基础。

经典分享

智能家居创业传奇

小张是电子信息工程专业的高职生，凭借对智能家居技术的热爱和专业知识，创立了一家专注于智能家居解决方案的科技公司。该技术以其高稳定性和低成本电热转换性能，为多个行业提供智慧制热解决方案，填补了国内外的技术空白。他提倡创业者应分阶段实现目标。初期，应专注于生存和现金流，确保企业能够稳定发展。随后，通过不断的产品迭代和技术升级，逐步满足社会的深层次需求。他的这一理念体现了一种务实和循序渐进的创业方法，也为其他创业者提供了宝贵的参考。他勇于在资源有限的情况下创业，也激励了更多学生发挥专业优势追求自己的创业梦想。

分析：这为学生提供了如何在创业旅程中发挥和培养创业精神的生动示范。

能力训练

企业家精神大搜索

1. 小组成员每人介绍一名自己最喜欢的企业家，梳理其创业历程，分析其能够成功的原因。

2. 小组成员交流讨论，总结优秀企业家的特点，分析企业家精神。

模块六 创业机会捕捉

导读导学

创业是慎重的决定。在决定创业之前，需要进行宏观环境和微观环境的分析，对创业机会和创业项目进行评估，分析其市场前景，避免不必要的损失；在决定创业后，要综合分析创业模式，选择最适合的创业模式，并及时规避风险。本模块介绍了如何认识和评估创业机会，利用创业机会集合、吸引力地图、敏捷聚焦标靶进行创业机会的导航和确定，以及运用商业模式画布这一实施创业项目的工具。

思维导图

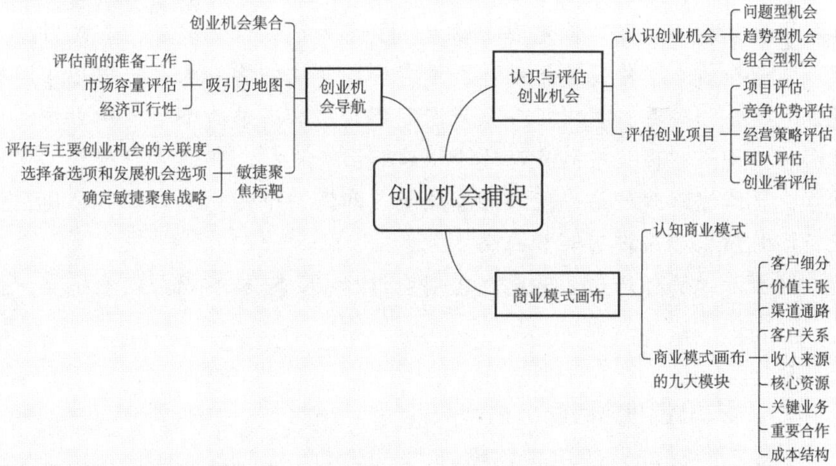

6.1 认识与评估创业机会

▶**能力目标**

1. 了解创业机会的类型
2. 了解创业机会评估准则
3. 掌握创业机会评估的方法

导入案例

别具一格的创业

林浩，一位旅游管理专业的高职毕业生，通过深入的市场调研，洞察到年轻旅客对个性化旅游体验的需求。他发现市场上缺少专为这一群体服务的旅游机构，从而看到了一个明确的创业机会。他迅速行动，利用在校期间建立的人脉，与本地旅游服务机构和独立导游建立了合作关系，推出了一系列满足年轻旅客需求的个性化旅游产品。他还通过社交媒体和旅游论坛积极推广服务，逐步构建起品牌声誉。在创业过程中，他通过小规模试运营和客户反馈驱动的产品迭代来管理风险。林浩的个性化旅游服务公司很快在市场上获得了认可，并吸引了一批忠实客户。

分析：他的经历启示学生，在创业过程中，应准确识别创业机会。

一、认识创业机会

创业机会是指在创业活动中能给企业和创业者带来营利性的客观存在的市场需求，是一种能够创造价值和利润的合法机遇。大量事实证明，要想成为一名成功的创业者，其关键就在于是否重视挖掘商机，是否善于透过事物的现象看本质，只有善择良机并当机立断，才能准确抓住拓展事业的绝好机会。面对机会，不同的人有不同的感受，只有正确认识创业机会的特征，才有助于对创业机会的识别和捕捉（见图 6－1）。

按创业机会的来源划分，创业机会可以分为问题型机会、趋势型机会和组合型机会。

（一）问题型机会

问题型机会是指由现实中存在的未被解决的问题所产生的创业机会。问题型机会在人们的日常生活和企业实践中大量存在。例如，顾客的抱怨、大量的退货、无法买到称心如意的商品、服务质量差等，在这些问题的解决中，会存在价值或大或小的创业机会，需要用心发掘。

（二）趋势型机会

趋势型机会是指在变化中看到未来的发展方向，预测到将来的潜力和机会。这种机会

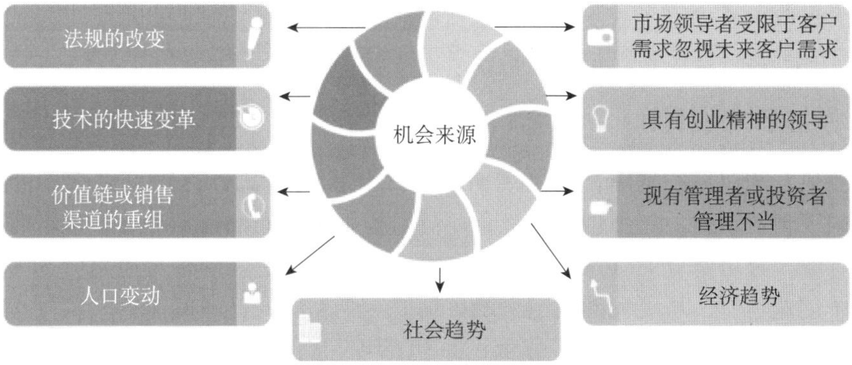

图 6-1　创业机会的识别

一般容易产生在时代变迁或重要领域改革的时期。在这种环境下，各种新的变革不断出现。能够及早地发现并把握这种机会的人，就有可能成为未来趋势的先行者和领导者。

（三）组合型机会

组合型机会是指将现有的两项以上的技术、产品、服务等因素组合起来，实现新的用途和价值而获得的创业机会。这种机会好比“嫁接”，对已经存在的多种因素进行重新组合，往往能实现与过去功能大不相同或倍增效果。

知识探究

创业项目的价值评估

我们知道九成以上的创业梦想最后都失败了。失败的原因，除了不可控的各种因素外，还有一些原因是创业者在开始的时候，未能对创业机会进行评估就贸然实施。当然创业本身是一种“做中学”的高风险行为，而且失败也可能是奠定下一次创业成功的基础。

那些先天体质不良、市场进入时机不对，或者具有致命缺陷的创业构想，如果创业者在开始创业前能先以比较客观的方式进行评估，判断出所面对的创业机会是否具有创业价值，那么创业成功的概率会大幅提升。

对于创业项目的价值评估，可以通过以下指数进行量化。指数指标共三项，其中每项指标分值从 1 到 10，三项指标相加，分值越高，该项目价值越高，成功的可能性越高。

1. 独特性指数——独特、新颖，难以模仿

创业的本质是创新，创意的新颖性可以是新的发明、新的技术，可以是新的解决方案，可以是差异化的解决办法，也可以是更好的措施。另外，新颖性还意味着一定程度的领先性。不少创业者在选择创业机会时，会关注国家政策优先支持的领域，不具有新颖性的想法不仅将来不会吸引投资者和消费者，对创业者本人都不会有激励作用。新颖性还可以加大被模仿的难度。

2. 客观性指数——客观、真实，可以操作

有价值的创意绝对不会是空想，而要有现实意义，具有实用价值。简单的判断标准是能够开发出相应的产品或服务，而且市场上存在对产品或服务的真实需求，或可以找到让潜在消费者接受产品或服务的方法。同时，市场对这些产品和服务的需求量也要足够大。

3. 有用性指数——对用户的价值与对创业者的价值

有潜力的创意还必须具备对用户的价值与对创业者的价值。创意的价值特征是根本，好的创意要能给消费者带来真正的价值。创意的价值要靠市场检验。同时，好的创意必须给创业者带来价值，这是创业动机产生的前提。

二、评估创业项目

对创业机会加以系统构思，明确了商业模式和盈利模式，达到可以实施和操作的阶段，就形成了创业项目。一个创业的机会，可以构思出不同的创业项目。创业项目分类很广，按照行业来分可以分为餐饮、服务、零售等门类，按照性质来分可以分为互联网创业项目和实体创业项目。从更大的范围来说，加盟一个品牌、开一间小店，实际上也算是一个创业项目。创业项目的评估是多方面的，包括项目评估、竞争优势评估、经营策略评估，也包括对团队评估、创业者评估等。

（一）项目评估

对于创业项目的评估，可以从市场与财务两方面进行。这方面的研究专家提出了一套准则，可以作为创业者评估创业机会及项目投入的决策参考。

1. 市场效益

（1）市场定位。

市场定位问题包括市场定位是否明确、顾客需求分析是否清晰、顾客接触通道是否流畅及产品线是否可以持续衍生等。

（2）市场结构。

市场结构问题包括进入障碍、上游供应商、顾客、销售商、替代性竞争产品及市场内部竞争的激烈程度。

（3）市场规模与成长速度。

市场规模大的行业，虽然进入相对容易，但是需要的资金较多，竞争的激烈程度相对较低，如传统制造业；如果进入一个十分成熟的市场，市场规模虽大，但是利润空间很小，如个人计算机市场；而正在成长中的市场，通常是一个充满商机的市场，如公关行业和消费娱乐业。

（4）市场渗透力。

聪明的创业者知道选择适当的时间进入市场，既不成为哺育市场的先驱，也不成为最后赴宴的人，而要做那个一入市就能接到订单的人。

（5）市场占有率。

要成为市场的领导者，最少需要拥有20%的市场占有率。如果市场占有率低于5%，创业的成功率不会太高，尤其在高科技产业，新企业必须拥有能够成为市场前几名的能力，或者是与众不同的地方。

（6）计算产品的成本。

比如，物料与人工成本所占比重的高低、可变成本与固定成本的比重、经济规模与产量，都可以用于判断自己的利润空间与附加价值。

应用案例

智慧餐厅

随着消费升级、信息化、大数据、人工智能等新科技新理念的发展，“跨界”和“智能”成为当前餐饮业的关键词。2018年10月28日，海底捞斥资1.5亿元打造的全球首家“智慧餐厅”在北京正式营业。所谓“智慧餐厅”，是指从等位点餐，到厨房配菜、调制锅底和送菜，都融入一系列“黑科技”，高度实现了“无人化”。海底捞的“智慧餐厅”包括“智能大脑”“智能定制”“智能出菜”“智能体验”四个部分，给消费者带来全新的就餐体验。

海底捞的“智慧餐厅”为国内智能餐饮打造了“样板间”，事实上，不止海底捞，多方巨头均不约而同瞄准了“智慧餐厅”。例如，德克士要开2 300家“未来店”、碧桂园要开1 000家“机器人餐厅”等。餐饮行业的迭代正在驶入“快车道”，智能餐厅具有“人力成本低、出品水平稳定、大数据加持”等竞争优势，“餐饮智能化”成为行业趋势，将逐渐取代传统餐厅。

2. 财务效益

（1）合理的税后净利。

一般而言，具有吸引力的创业机会，至少需要创造15%的税后净利。如果创业公司预期的净利润在15%以下，那么这并不是一个好的投资机会。

（2）达到损益平衡所需的时间。

合理的损益平衡时间应该能在2年内达到，如果3年后还达不到，恐怕就不是一个值得投入的创业机会。不过，有的创业机会确实需要经过比较长的耕耘时间，此时可以将前期投入视为一种投资，以容忍较长的损益平衡时间。

（3）投资回报率。

考虑创业可能面临的各项风险，合理的投资回报率应该在25%以上。一般而言，15%以下的投资回报率是不值得考虑的创业机会。

（4）资本需求。

创业资本是创业者的一个拦路虎，但在创业开始的时候，不要募集太多资金。而且，比较低的资本额，也有利于提高每股盈余。

（5）毛利率。

毛利率高的创业机会，相对风险较低，也比较容易达到损益平衡。反之，风险较高，就容易遭受损失。一般而言，理想的毛利率是40%。当毛利率低于20%的时候，这个创业机会就不值得考虑。

（6）策略性价值。

一般而言，策略性价值与产业网络规模、利益机制、竞争程度密切相关，而新创业机会的策略性价值，与所采取的经营策略和经营模式密切相关。

（7）资本市场活力。

当新创业处于一个具有高度活力的资本市场，它的获利回收机会相对也会比较高。不过资本市场的变化幅度极大，因此在市场高点时投入，资金成本较低，筹资相对容易。但在资本市场低点时，投资新创业开发的诱因较低，好的新创业机会也相对较少。不过对投资者而言，市场低点的取得成本较低，有的时候反而投资报酬会更高。一般而言，新创企业在活跃的资本市场比较容易创造增值效果，因此资本市场活力也是一项可以被用来评价新创业机会的外部环境指标。

(8) 退出机制与策略。

所有投资的目的都在于回收，因此退出机制与策略就成为一项评估新创业机会的重要指标。企业的价值一般要由具有客观鉴定能力的交易市场来决定，而这种交易机制的完善程度也会影响新创业退出机制的弹性。由于退出的困难度普遍要高于进入的困难度，所以一个具有吸引力的新创业机会，应该为所有投资者考虑退出机制以及退出的策略规划。

(二) 竞争优势评估

1. 成本竞争力

一个好的新创业开发案，通常都具有可以经由持续降低成本来创造竞争优势的能力。除了以发挥经济规模来降低成本之外，良好的品质管理、高效率的生产管理、优越的采购能力、快速的产品设计、比较高的自制率等，也是有助于降低成本的有效手段。因此一项具有吸引力的新创业机会，应该能够对于物料成本、制造成本、营销成本等拥有掌控与持续降低成本的能力。总之，新创业机会所呈现的成本竞争力，将是评价这项创业最后能否获得成功的重要指标。

2. 市场控制力

对于市场的产品价格、客户、渠道、零件价格的控制力，关系企业的竞争优势，因此市场领导厂商通常都具有比较高的市场控制力。因此，一个缺乏市场控制力的新创业机会，它的投资吸引力也一定会比较低。如果一个新创业项目对于关键零件来源与价格缺乏控制力，对于经销渠道与经销商也缺乏控制力，同时订单几乎完全依赖少数一两个客户，那么这个创业项目面临的经营风险一定很高，要想持续获利也会非常困难。如果新创业机会具有持续推进产品创新的能力，那么就能摆脱这种为他人所控制的市场困局。

3. 进入障碍

高进入障碍的市场，对于新创业开发相对不具有吸引力。同样的，新创业机会如果无法制造进入障碍，也不是一个好的投资机会。制造进入障碍的方式包括专利、核心能力、规模经济、商誉、高品质低成本、掌握稀缺资源、掌握渠道、快速创新缩短市场生命周期等。在一个处处存在障碍的市场中，通常比较难以发掘好的创业机会。不过缺乏进入障碍的新市场，却往往容易吸引大量的竞争者，而使毛利快速下降。因此所谓具有吸引力的新创业机会，进入的应该是一个障碍还不太高的新市场，但进去以后就需要具备制造进入障碍的能力，以用来保护自身的市场利益。

(三) 经营策略评估

1. 服务品质

由于服务品质关系企业的市场竞争力，因此新创业的经营模式是否能在服务品质方面具有差异化特色，并且能够创造明显的竞争优势，是新创业机会评价时的重要考量因素。

2. 定价策略

一个好的定价策略是采取略低于市场领导厂商产品的价格，而不是以过低的价格进行市场竞争。以低价位、低毛利抢占市场，通常不是一种可取的竞争策略。因此在进行新创业机会评估时，也需要评估定价策略是否能够创造市场竞争优势。

3. 策略弹性

成熟大型企业的最大弱点就是决策缓慢，尤其在需要调整策略方向的时候，往往要经过长期的过程。反之，新创企业组织的包袱较少，决策速度相对较快、弹性较强，因此策略弹性成为新创业企业发展的竞争优势。对于一项新创业机会的评估，要看它在面临经营环境变化之际，其经营决策方面能做出怎样快速弹性的应对。

4. 技术优势

新创业机会拥有的技术领先程度、技术专利、技术授权、技术联盟关系等，都可能成为可以创造竞争优势的资源。

5. 进入时机

能掌握市场机会窗口打开的时机，采取适当的进入策略，这项新创业成功的概率自然也会大幅提升。因此新创业机会对于市场进入时机的判断水准，也是一项重要的评估因素。

6. 销售渠道

渠道经常是一个被忽略的议题，但渠道却可能对新创业项目发展产生关键性影响。技术背景创业者通常会有一种错误的认知，他们以为只要产品精良，顾客自然就会上门。但实际上，许多优秀的产品从来没有接触消费者的机会，而原因就是它们缺乏适当的销售渠道。所以是否在销售渠道规划方面具有一定程度的创新优势与策略特色，也是评估新创业机会不可忽视的重点。

风云人物

牛根生

牛根生，中国乳业的杰出代表和蒙牛乳业集团的创始人（见图6-2）。他从一名养牛工人起步，直至创立蒙牛乳业，并在短短几年内将其发展成全球液态奶的领军企业。蒙牛通过创新的营销策略和事件营销，迅速提升了品牌知名度和市场占有率。在事业达到高峰后，牛根生逐渐将工作重心转向慈善事业，成为中国企业家精神的象征。

图6-2 牛根生

（四）团队评估

1. 最佳团队组合

由声誉卓著的创业者领军，结合一群各具专业背景成员所组成的创业团队，再加上紧密的组织内聚力与共同的价值观分享，这种所谓最佳团队组合可以被视为新创业成功的最佳保证。当然，对于大学生创业项目，不能要求团队成员的知名度，更多需要评价的是成员的知识背景、创业动机、个人规划等。评价新创业机会，创业团队组合的成分以及团队整体的功能是不可忽视的。

2. 产业经验与专业背景

创业者与他的团队成员对于所要投入产业的相关经验的多寡，也会影响新创业获得成功的概率。一般可以经由产业内专家对于创业团队成员的背景经验与专业能力的评价，来获得这项信息。再好的新创业机会，如果创业团队不具备相关产业经验或专业背景，则对于投资者恐怕就不会具有任何吸引力。

3. 诚信正直的人格

创业者的人格特质也是一个会影响新创业成败的关键因素，尤其是创业者的人品与道德观。在业界具有良好声誉，重视诚信、正直、无私、公平等基本做人处事原则的创业者，对于评价新创业机会通常都具有显著加分的效果。许多绝佳的创业机会，最后都是因为内部争权夺利而导致功败垂成，这也凸显了领导者人格特质对于创业成功的重要性。

（五）创业者评估

1. 与个人目标契合程度

创业过程中遭遇的困难与风险极大，因此有必要了解创业者的创业动机，以利于判断他愿意为创业活动付出代价的程度。一般认为，新创业机会与个人目标的契合程度越高，则创业者投入意愿与风险承受意愿自然也会越大，新创业目标最后获得实现的概率也相对较高。因此，一个具有吸引力的新创业机会，一定是一个能充分与创业者个人目标相契合的创业计划。

2. 机会成本

一个人一生的黄金岁月大约只有 30 年光景，其间可分为学习、发展与收获等不同阶段，而为了这个创业机会，你将需要放弃什么？可以从中获得什么？得失的评价如何？在决定进行创业之前，所有参与创业的成员都需要仔细思考创业所要付出的机会成本。必须经过对机会成本的客观判断，才可以得知新创业机会是否真的对于个人生涯发展具有吸引力。

3. 对于失败的底线

古人说："留得青山在，不怕没柴烧。"创业必然需要面对可能失败的风险，但创业者也不宜将个人声誉与全部资源都压在一次创业活动上。理性的创业者必须设定失败的底线，以便保留下次可以东山再起的机会。因此在评估新创业机会的时候，也需要了解有关创业团队对于失败底线的看法。"铤而走险"与"成王败寇"的创业构想通常都不会被投资者视为一个好的新创业机会。

4. 个人偏好

评估新创业机会的时候，也需要考虑新创业的内容与方式是否符合创业者个人的偏好，包括工作地点、生活习惯、个人嗜好等。

5. 风险承受度

由于每个人的风险承受度都不一样，因此这也成为影响新创业机会评估的重要因素。

一般而言，风险承受度太高或太低均不利于新创业的发展。风险承受度太低的创业者，由于决策过于保守，相对拥有的创新机会也会比较少。但风险承受度太高的创业者，也会因为孤注一掷的举动，而使企业陷入险境。一个能以理性分析面对风险的人，才是比较理想的创业者，由他来执行的新创业机会相对比较具有吸引力。

6. 负荷承受度

创业团队的负荷承受度也是评估新创业机会的一项重要指标。负荷承受度与创业团队成员愿意为新创业项目投入工作量的多寡，以及愿意忍受的辛苦程度密切相关。一般来说，由负荷承受度较低的创业团队所提出的创业构想，成功的概率会比较低。

能力训练

创业机会识别与评估

1. 活动场地：教室。

2. 活动内容：

从以下创业主题中选择 2～3 个热点进行创业机会分析，如果有其他创业主题，也可以自拟主题：中国高铁、杂交水稻、小米手机、iPad、iPhone、百度、如家、QQ、微信、人人车、5G、物联网、云计算、大数据。

3. 活动组织：

将全班按照 6～8 人一组进行分组，运用头脑风暴法讨论上述主题中有哪些创业机会，并投票决定选择哪个创业机会，分析这个机会可能带来什么样的创新，用表 6－1进行打分评估。

表 6－1 创业项目评估表

评估框架	评估因素	评估结果（5 分制） 1—2—3—4—5
行业与市场	1. 市场容易识别，可以带来持续收入	
	2. 顾客可以接受产品或服务，愿意为此付费	
	3. 产品的附加价值高	
	4. 产品对市场的影响力强	
	5. 将要开发的产品生命长久	
	6. 项目所在的行业是新兴行业，竞争不激烈	
	7. 市场规模大，销售潜力达到 1 000 万～10 亿元	
	8. 市场成长率在 30%～50%，甚至更高	
	9. 现有厂商的生产能力几乎完全饱和	
	10. 在 5 年内能占据市场的领导地位，市场份额达到 20%以上	
	11. 拥有低成本的供货商，具有成本优势	

续表

评估框架	评估因素	评估结果（5 分制） 1—2—3—4—5
经济因素	1. 达到盈亏平衡点所需要的时间在 1 年半～2 年	
	2. 盈亏平衡点不会逐渐提高	
	3. 投资回报率在 25%以上	
	4. 项目对资金的要求不是很高，能够获得融资	
	5. 销售额的年增长率高于 15%	
	6. 有良好的现金流量，能占到销售额的 20%～30%，甚至更高	
	7. 能获得持久的毛利，毛利率达到 40%以上	
	8. 能获得持久的税后利润，税后利润率超过 10%	
	9. 资产集中程度低	
	10. 运营资金不多，需求量是逐渐增加的	
	11. 研究开发工作对资金的要求不高	
收获条件	1. 项目带来的附加价值具有较高的战略意义	
	2. 存在现有的或可预料的退出方式	
	3. 资本市场环境有利，可以实现资本的流动	
竞争优势	1. 固定成本和可变成本低	
	2. 对成本、价格和销售的控制较强	
	3. 已经获得或可以获得对专利所有权的保护	
	4. 竞争对手尚未觉醒，竞争力较弱	
	5. 拥有专利或具有某种独占性	
	6. 拥有发展良好的网络关系	
	7. 拥有杰出的关键人员和管理团队	
管理团队	1. 创业者团队是一个优秀管理者的组合	
	2. 行业和技术经验达到了本行业内的最高水平	
	3. 管理团队的正直廉洁程度能达到最高水平	
	4. 管理团队知道自己缺乏哪方面的知识	
致命缺陷	是否存在任何致命缺陷	
创业者的个人标准	1. 创业者的个人目标与创业活动目标相符合	
	2. 创业者可以做到在有限的风险下实现成功	
	3. 创业者能接受薪水减少等损失	
	4. 创业者将创业视为生活方式，而不只是为了赚钱	
	5. 创业者可以承受适当的风险	
	6. 创业者在压力下状态依然良好	

续表

评估框架	评估因素	评估结果（5分制） 1—2—3—4—5
理想与现实的战略性差异	1. 理想与现实情况相吻合	
	2. 管理团队是最好的	
	3. 在客户服务管理方面有很好的服务理念	
	4. 所创办的事业顺应时代潮流	
	5. 所采取的技术具有突破性，不存在许多替代品或竞争对手	
	6. 具备灵活的适应能力，能快速地进行取舍	
	7. 始终在寻找新的机会	
	8. 定价与市场领先者几乎持平	
	9. 能够获得销售渠道，或已经拥有现成的网络	
	10. 能够允许失败	
评估结果汇总		

6.2 创业机会导航

▶能力目标

1. 了解创业机会集合的含义
2. 掌握吸引力地图的评估方法
3. 学会制定敏捷聚焦战略

导入案例

绿色出行的革新者

王晓峰，一位市场营销专业的高职毕业生，洞察到城市交通拥堵和环境问题背后的共享单车商机。通过市场调研，他发现市民对便捷短途交通工具的需求，同时移动支付和智能锁技术的成熟也为他提供了技术支撑。在政策的支持和资本的关注下，王晓峰设计了共享单车的商业模式，并组建技术团队开发智能锁和用户 App。经过在大学校园和商业区的试点运营，他逐步扩大服务范围，并借助社交媒体和线下活动建立品牌形象。共享单车项目不仅迅速占领市场，还推广了绿色出行的理念。

分析：在创业过程中应敏锐洞察市场需求，利用技术进步，响应政策号召，实现个人价值和社会价值的双重提升。

创业是否能够成功，方向性的选择至关重要，如果方向错误，那么即使努力奋斗，结果也只是徒劳。个人创业要善于抓住好机会，把握住了每个稍纵即逝的投资创业机会，就等于成功了一半。有的创业者认为他们有很好的想法和点子，这固然重要，但这距离成功的创业甚远，许多创业者因为仅仅凭想法去创业而失败了。

本节将重点讲授创业机会导航的三个工具，帮助提升自我，广泛搜索创业机会，深入评估最具吸引力的创业机会，有针对性地制定战略。

一、创业机会集合

创业机会集合是指利用创业者的核心资源，把潜在的创业机会放在集合中，如图 6－3 所示。可以用便笺纸把你当前想到的创业机会写下来。

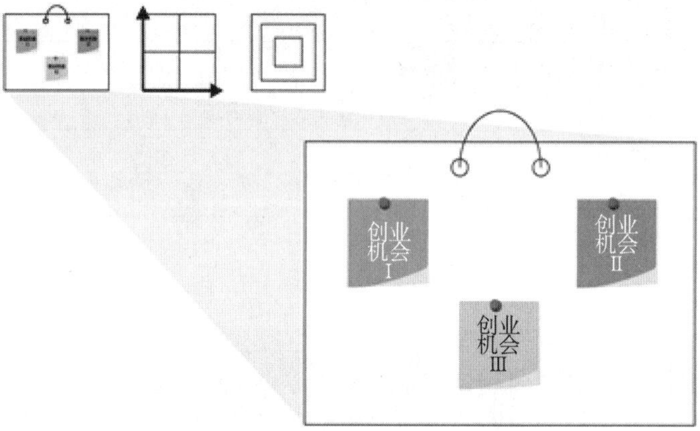

图 6－3　创业机会合集工具

然后按照企业具备的核心技能或技术要素，列出能够实现的主要功能和特征，可以用不同的途径组合这些功能，然后细分目标用户群，以便识别更多的机会，如图 6－4 所示。

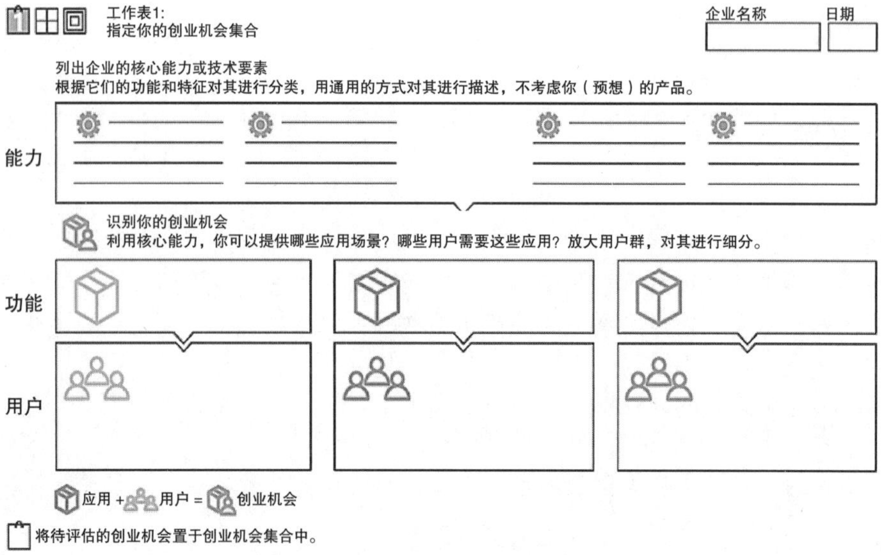

图 6－4　创业机会集合的要素

指定创业机会集合：

（1）思考企业应具备的核心能力或技术要素。

（2）找出这些技术要素能够实现的不同功能。

核心能力或技术要素，可以是你或你的企业所掌握的重要专门技术、一种你已经具备的稀缺资源或一项特殊技能。

二、吸引力地图

不同的创业机会具有不同的吸引力，利用吸引力地图，可以直观描述不同创业机会的评估结果，见图 6－5。

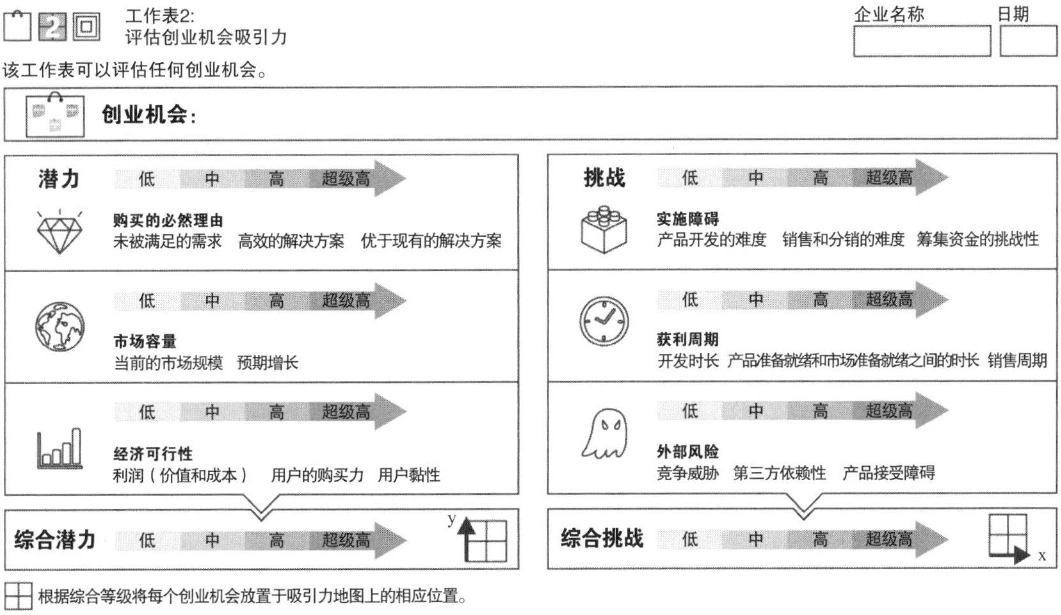

图 6－5 评估创业机会吸引力

评估包括以下两个维度：

（1）潜力：评估是否值得全力去坚持，因为一旦选择创业，那么意味着未来数年的资金、人力、精力都会投入其中，好的机会是应该创造价值。

（2）挑战：创业会经历无数挑战和风险，评估是否具备资源和能力去应对这些挑战，同时也需要知己知彼。

（一）评估前的准备工作

目标用户：你可以给用户带来的价值主张是什么？你需要解决用户的哪些困扰？你的解决方案为什么会优于现有的方案？用户价值会给他们带来哪些影响？哪些重要趋势会对他们产生影响？

市场环境：你适合哪类市场？谁会成为你的阻碍？谁有与你合作的动机？在这个市场中你的竞争者能够提供什么，他们会做如何反应？与他们相比你是否具有较强的竞争优势？

执行过程中的重要事件：你具备什么资源和能力如核心技术、人力资源、知识产权、盟友、合伙人、资金等？

（二）市场容量评估

市场容量就是“产品销售的范围”和“产品潜在价值”，从以下几个方面进行评估：

当前市场规模：有多少用户需要你的解决方案？有多少用户实际使用或购买你的解决方案？这些用户每年会购买多少产品？每位用户的年收入是多少？用户每年会支付多少钱用于解决这样的问题？

预期增长：市场是处于成熟阶段还是发展变化阶段？近两年是否有所增长？接下来2～5年内，你预计用户需求或数量会增长多少？

（三）经济可行性

经济可行性反映了这个创业机会是否可以创造经济效益，是影响创业机会经济价值的基本因素，可从以下几个方面进行评估：

利润率（价值与成本）：用户愿意支付的预估价格是多少？产品/服务的预估成本是多少？获得每位用户的预估成本是多少？预估利润是多少（也就是每位用户的经济潜力）？它们会随时间发生变化吗（由于规模经济、组件有效性的提高等）？

用户的购买力：用户是否具有较强的经济能力？对于你所提供产品/服务解决的问题领域，用户是否有预算？是否有人在经济上对预算负责？

用户黏性：用户会多么频繁地使用或重复购买你所提供的解决方案？用户使用替代解决方案的难度有多大？

应用案例

人工智能技术在出行领域的创业机会

汽车出行产业是人工智能技术落地的重要领域之一，产业在资本助力下快速发展，百花齐放。随着早期商业模式逐渐进入落地期，人工智能技术在新出行领域的应用已初见规模。

基于人工智能技术，可以驱动出行服务企业实现智能供需预测、智能规划、智能调度、智能派单等全业态全链路智慧运营，能实现运力的最佳匹配与最大效能，让用户在需要用车的时候就有车可用，提升运营和出行效率，减少社会资源的浪费。此外，通过蓝牙道钉、Argus智能视觉交互系统等智能硬件，还能实现智能规范车辆停放和管理，并且运用技术化手段实现政府和企业对交通出行管理的降本增效。通过以哈啰出行、滴滴出行为代表的出行服务企业汇聚的出行大数据，还可以为城市智慧交通规划和建设提供数据参考。

除了无人驾驶、智能网联，人工智能技术在辅助驾驶、路线规划、智慧交通等多个方面都在发挥着更加积极的作用。人工智能产品除了在汽车上的应用之外，还可以为用户规划更加合理的交通工具和出行时间，人工智能产品结合大数据分析结果能够给用户更好的出行体验。未来人工智能、大数据、物联网等相关技术在车联网领域的应用将逐渐落地，也会释放出大量的创业机会。

三、敏捷聚焦标靶

创业机会战略的制定需要聚焦最有吸引力的创业机会，同时保持聚焦、敏捷和开放态度，见图6-6。

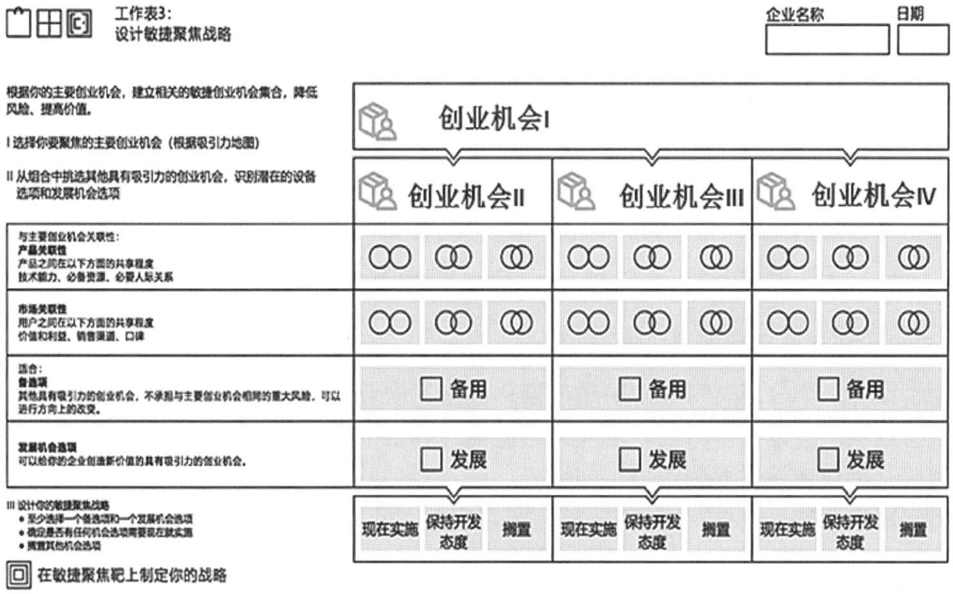

图 6-6　设计敏捷聚焦战略

可以根据以下三种类型的机会选项，设计敏捷聚焦战略：

主要创业机会：是创业者需要聚焦的、全力以赴的创业机会选项。

备选项：有了备选项，创业者可以及时调整方向。它帮助创业者回答：如果没有成功，接下来该怎么做？

发展机会选项：有了发展机会选项，创业者可以创造新的价值。它帮助创业者回答：如果成功了，接下来该做什么？

（一）评估与主要创业机会的关联度

1. 产品关联度

产品关联度是指开发两种产品所需的资源和能力的相似程度。产品关联度要素如图 6-7 所示。

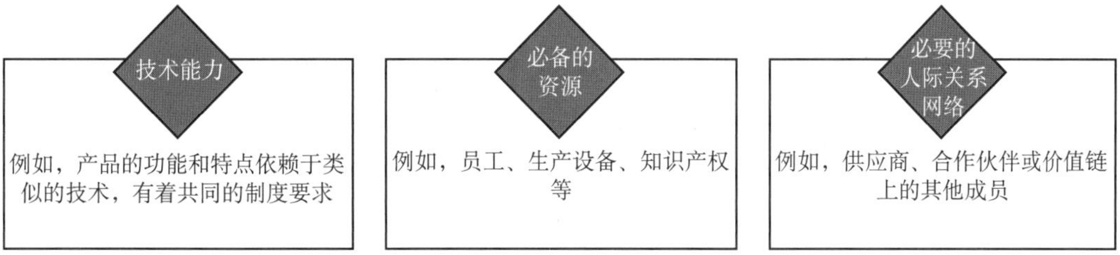

图 6-7　产品关联度要素

2. 市场关联度

市场关联度是指两种产品的营销和分销所需的资源和能力的相似程度。市场关联度要素如图 6-8 所示。

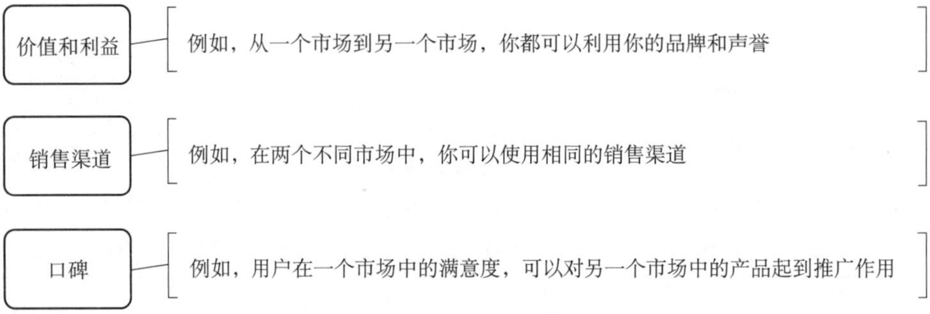

图 6-8　市场关联度要素

（二）选择备选项和发展机会选项

为了设计一个权威又有潜力的敏捷聚焦战略，创业者需要选择至少一个备选项和一个发展机会选项。但是很多时候，创业者可能同时有多个机会适合作为发展机会选项或备选项。因此，创业者就需要确定以下问题：

（1）对哪些发展机会选项/备选项保持开放态度？

（2）将哪些发展机会选项/备选项搁置起来？

（3）对哪些发展机会选项/备选项“并行”？

（三）确定敏捷聚焦战略

到这一步时，已经选出了主要创业机会，现在需要做决策：你计划在这些机会选项中投入多少精力？做出以上决策后，你就能够确定哪个备选项/发展机会选项适合，见图 6-9。

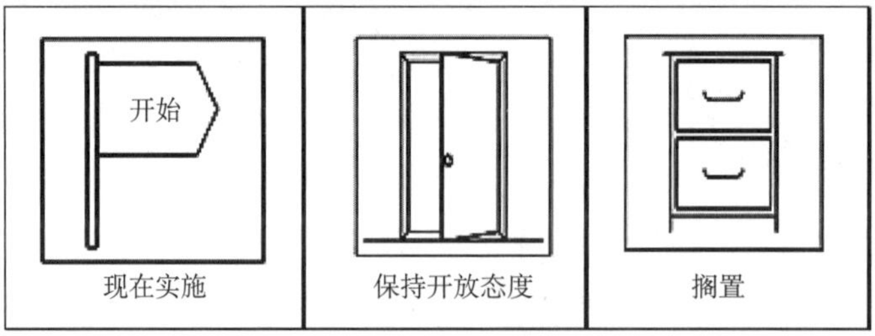

图 6-9　确定敏捷聚焦战略

敏捷聚焦战略包括以下方面：

（1）现在实施：当这个机会与你目前的创业计划关联度高、可行性强、可有效提升企业业绩时，那么现在就实施吧。

（2）保持开放态度：保持对某一机会的开放态度，投入 5%～10%的时间和注意力，可以投入一些资源。

（3）搁置：搁置一个创业机会意味着对其不采取任何行动，这些机会目前和市场发展有一定距离，挑战和风险过大，当时机成熟时再实施。

能力训练

创业机会导航训练

1. 活动场地：教室。

2. 活动背景：

在经过从外挖掘和从内探索后，你现在应该有了大概的创业方向，接下来的活动就是帮助你进一步确定你的创业方向，并以此确定你的创业团队。请从以下类型中选择你的创业项目：

（1）餐饮类；

（2）旅游、运动、娱乐类；

（3）医疗、健康、美容类；

（4）文创、电子、游戏等产品研发、销售；

（5）活动、品牌策划、文化传播；

（6）互联网营销及信息服务；

（7）教育培训类。

3. 活动内容：

（1）根据所选创业项目类型进行学生分组；

（2）头脑风暴：组内想出可行的项目，将关键字写在便笺上（5 分钟时间，想法越多越好）；

（3）组内投票："你觉得最受市场欢迎的点子是哪个？""你觉得最具创新性的点子是哪个？"由此确定创业项目。

（4）实施创业机会导航训练：

1）创业机会集合（20 分钟），完成指定创业机会集合的要素表格；

2）吸引力地图（课后拓展），完成评估创业机会吸引力表格；

3）敏捷聚焦标靶（课后拓展），完成设计敏捷聚焦战略表格。

6.3 商业模式画布

▶能力目标

1. 理解什么是商业模式
2. 理解商业模式的三要素
3. 掌握商业模式画布的九大模块

导入案例

个性化打印服务的商业模式革新

小刘，一位职业技术学院印刷与包装专业毕业的高职生，凭借对市场的敏锐洞察，创立了一家专注于个性化打印服务的公司。通过商业模式画布工具，他明确了目标客户群体，包括小型企业、创业团队和个人消费者，提供从设计到成品的一站式定制服务。价值主张在于个性化设计、快速打样和高质量印刷，通过线上平台和社交媒体接触客户，并建立客户关系管理系统以提升服务质量。他的公司采用线上下单系统，与设计软件供应商、原材料供应商及物流公司建立合作伙伴关系，有效控制了成本结构。创业实践最终在市场中快速获得了认可。

分析：在创业过程中应不断学习市场动态，利用有效工具设计商业模式，并保持创新和灵活适应市场变化的能力。

商业模式的思考主要围绕“在做这件事的过程中，我们是怎么赚钱的”。只有知道你的企业的钱从哪里来、到哪里去，才能在运营上思考如何降低成本，如何提高收益，如何找到业务切入点以及如何形成业务闭环。

一、认知商业模式

企业与企业之间、企业的部门之间乃至与顾客之间、与渠道之间都存在各种各样的交易关系和连接方式，可称之为商业模式。

商业模式是关系企业生死存亡、兴衰成败的大事。企业要想获得成功，就必须从制定成功的商业模式开始，成熟的企业是这样，新的企业是这样，发展期的企业更是如此，商业模式是企业竞争制胜的关键，是商业的本质。管理大师德鲁克曾说过：当今企业间的竞争，不是产品之间的竞争，而是商业模式之间的竞争。

商业模式是指为实现各方价值最大化，把能使企业运行的内外各要素整合起来，形成一个完整的、高效率的、具有独特核心竞争力的运行系统，并通过最好的实现形式来满足客户需求、实现各方价值（各方包括客户、员工、合作伙伴、股东等利益相关者），同时使系统达成持续盈利目标的整体解决方案。

商业模式最核心的三个组成部分：创造价值、传递价值、获取价值，是三个环环相扣的闭环，三者缺一不可，少了任何一个，都不能形成完整的商业模式（见图 6－10）。一个成熟的商业模式背后都会蕴含着一定的商业要素，必须使这些要素相匹配才能够确保创业项目的成功。

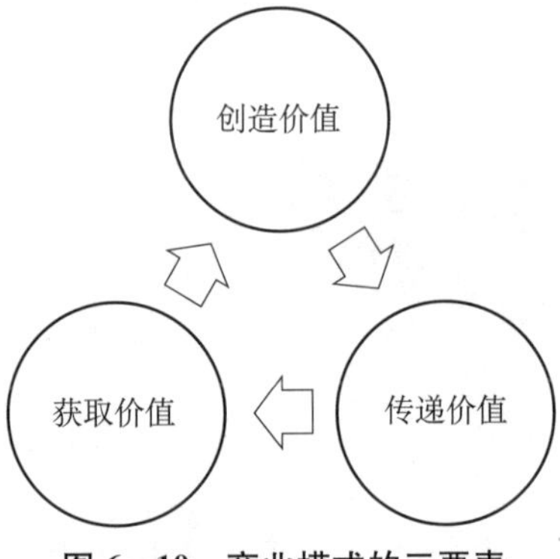

图 6－10　商业模式的三要素

二、商业模式画布的九大模块

《商业模式新生代》的作者亚历山大·奥斯特瓦特提出一套叫“商业模式画布”的工具（见图 6－11），使设计和表达商业模式变得简单、高效。

一个商业模式，描述的是一个组织创造、传递以及获得价值的基本原理。要描述一个商业模式，可以通过构建它所需的九大模块来完成，这九大模块可以展示一家公司寻求利润的逻辑过程，涵盖四个主要部分：客户、产品或服务、基础设施以及金融能力。商业模式画布包括以下九大模块。

图 6－11　商业模式画布

（一）客户细分

客户细分所要解决的问题是：我们正在为谁创造价值？谁是我们最重要的客户？

（二）价值主张

价值主张要解决：我们该向客户传递什么样的价值？我们正在帮助客户解决哪些难题？我们正在满足哪些客户需求？

（三）渠道通路

公司沟通、接触其细分的客户传递其价值主张是通过渠道通路实现的。渠道通路主要解决：我们的渠道如何整合？哪些渠道最有效？哪些渠道成本效益最好？如何把我们的渠道与客户的例行程序进行整合？

（四）客户关系

客户关系用来描述公司与特定客户细分群体建立的关系类型，主要包括：每个客户细分群体希望我们与之建立和保持何种关系？这些关系成本如何？如何把它们与商业模式的其余部分进行整合？

（五）收入来源

如果客户是商业模式的心脏，那么收入来源就是动脉。收入来源主要解决：什么样的价值能让客户愿意付费？他们更愿意如何支付费用？每种收入来源占总收入的比例是多少？

（六）核心资源

每个商业模式都需要核心资源，这些资源使得企业组织能够创造和提供价值主张、接触市场、与客户细分群体建立关系并赚取收入。核心资源可以是实体资产、金融资产、知识资产或人力资源。

（七）关键业务

和核心资源一样，关键业务也是创造和提供价值主张、接触市场、维系客户关系并获取收入的基础。关键业务可以分为制造产品、问题解决、平台/网络等几类。

（八）重要合作

商业模式的优化和规模经济的运用、风险和不确定性的降低、特定资源和业务的获取等三种动机有助于创建合作关系。很多公司创建联盟来优化其商业模式、降低风险或获取资源。

（九）成本结构

成本结构用来描绘运营一个商业模式所引发的所有成本。成本结构分为成本驱动和价值驱动两种类型，而很多商业模式的成本结构介于这两种极端类型之间。

以上九个模块是相互作用、相互关联的。

应用案例

在线健康餐配送的创业革新

小晨，电子商务专业的高职毕业生，洞察到城市居民对便捷健康餐食的强烈需求，决定运用商业模式画布工具创立一个在线健康餐配送平台。

客户细分：目标客户为健康意识强的年轻职场人、健身爱好者和对食品品质有要求的消费者。

价值主张：提供营养均衡、新鲜制作、快速配送的健康餐食，以及个性化饮食计划和营养咨询服务。

渠道：通过自建网站、移动应用程序和社交媒体进行市场推广和用户互动。

客户关系：通过会员制度、定期用户反馈和定制化服务增强客户忠诚度。

收入来源：主要通过餐食销售、会员服务费和企业团餐合同。

关键资源：包括专业厨师团队、营养师顾问、食品供应链和高效配送系统。

关键活动：餐食研发、在线订单处理、食品制作和物流配送。

关键合作伙伴：与食材供应商、配送服务公司、健身房和办公园区建立合作。

成本结构：包括食品原料成本、人力资源成本、技术开发和市场推广费用。

在线健康餐配送平台因其便捷性、食品健康性迅速获得市场认可，为追求健康生活的消费者提供了理想的餐饮解决方案。

分析：小晨通过商业模式画布明确了业务的各个关键要素，并以此为基础构建了成功的商业模式。

知识探究

制约大学生创业模式选择的因素

我国大学生创业起步较晚，在选择创业模式时会受到诸多因素的影响。制约我国大学生创业模式选择的因素主要体现在以下几方面。

1. 创业模式的选择受自身思维和眼界的制约

创业是既复杂又灵活的。创业模式的选择是一个需要有创新思维和行业预见能力的活动，大学生作为一个特殊的创业群体，虽然有着较高的文化和专业素养，充满活力，富有挑战性，有着较强的创新意识，但由于缺乏社会经验，行业预见能力较差，往往会制约大学生创业模式的选择。

2. 创业模式的选择受到资金的制约

创业不是仅凭热情、知识、能力就能完成的社会实践活动，它还需要有一定的物质基础作为支撑。大学生筹集创业资金的渠道较为有限，以个人积蓄、小额贷款为主。而刚跨出校门的大学生几乎没有资金积累，又很难申请到小额贷款，资金因素在一定程度上限制着大学生创业模式的选择。

3. 创业模式的选择受个人教育背景的制约

大学生在创业和就业的时候，都会受到学校背景、专业背景的影响。一些省市的重点高校，由于学术研究能力强、实力强、有创业园区，为大学生创业提供了良好的创业环境，尤其是理工科专业的学生，在创业过程中会得到学校在技术和人力方面的支持。这些学生在创业过程中，能够正确选择适合自己的创业模式。而普通院校的学生，由于学校对创业教育不够重视，很难从学校层面得到援助，从而导致创业举步维艰，选择的创业模式也比较僵化。

4. 创业模式的选择受到区域的制约

我国地域广阔，各地区的经济发展水平不平衡、差异较大，这也在一定程度上影响了不同区域大学生创业模式的选择。我国地区发展呈现多层次性，东中西部地区在教育发展、商业氛围、融资渠道、开放程度、政策支持方面存在差异，东部地区的条件优于中西部地区，大学生创业模式有更大的选择余地。

能力训练

分析互联网企业盈利方式

1. 活动目标：让学生通过活动学会分析互联网企业盈利方式。

2. 活动内容：

（1）学生分组，每组从以下问题中选择一个进行回答：

1）为什么1991年发布的Windows系统是收费的，而2008年发布的安卓系统是免费的?

2）为什么“逻辑思维”在开始是免费的，而“樊登读书会”从一开始就收费?

3）为什么“滴滴”和“趣头条”不仅免费还给用户补贴?

4）“从付费到免费”和“从免费到补贴”两次变迁的逻辑是一样的吗?

（2）从上述问题中选取一家企业，为其绘制商业模式画布。

模块七 创业资源整合

导读导学

本模块学习创业资源的种类和整合。创业资源是创业初期及成长过程中所拥有的各种生产要素和支撑条件，是企业创立和顺利经营运转的保障条件。企业创建、经营及生产的各环节都需要资源的融入，没有资源，企业将寸步难行。本模块介绍创业资源的种类、获取渠道和方法，着重介绍创业资金的估算方法和筹措途径。团队始终是创业中的核心因素。小成功靠个人，大成功靠团队。集体的智慧、能力、资源、经验会比单个成员强大得多，团队成员间能力和资源要互相补充、互相合作，弥补创业过程中出现的短板。

思维导图

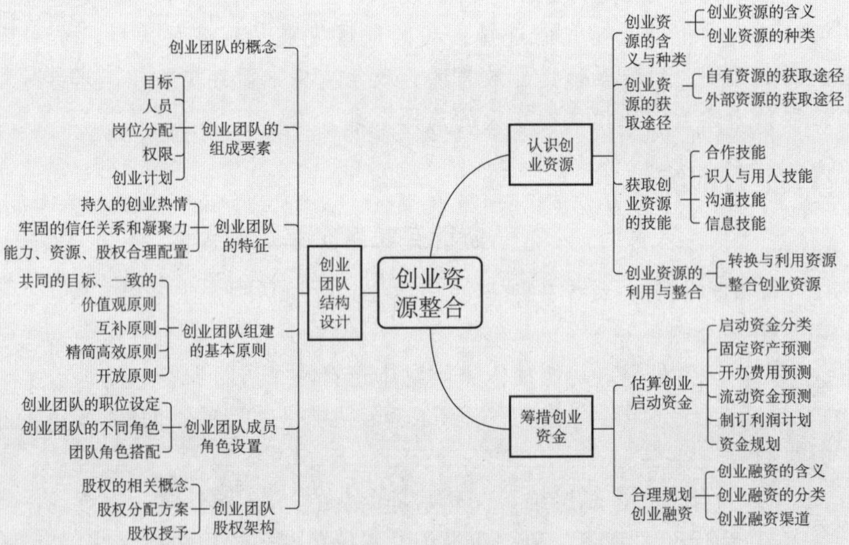

7.1 认识创业资源

▶能力目标

1. 了解创业资源的含义及种类
2. 了解创业资源的获取途径
3. 参加创业实践，提升获取创业资源的能力

导入案例

大学生通过整合资源，收获第一桶金

小王是一名大三学生，他看上了学校新建食堂四楼的一个闲置的大厅。这个大厅旁边是一个隶属于学校的高档餐厅，其生意一直不好。

小王想利用这块场地创业。身为学校英语俱乐部部长的小王接受指导老师的建议，开始整合资源：一是与后勤负责人协商，组织学生到食堂四楼来吃饭，保证每个月给学校带来2万元的营业额，条件是免费使用这块闲置的场地。二是将场地用于晨读。三是与英语培训机构合作，培训机构为晨读免费提供资料，俱乐部负责招生。四是动用俱乐部的力量招晨读学生，俱乐部成员可以免费参加，每人只需交纳2.5元的早餐费。

于是，一个多方借力、多方获利的创业案例产生了。一是小王通过英语俱乐部招到学生400人左右，定价为每个学生每天6元（含2.5元早餐费），按月收取费用，每个学生毛利3.5元，一个月毛收入为400人×3.5元×30天=42 000元。二是英语俱乐部免费获得了活动场所，提升了形象。三是后勤集团每个月多收入2.5元×400人×30天=30 000元，也带动了四楼的餐厅生意。四是培训机构在一个月内招到46名学生，一个学期招了近200名学生。等于培训机构免费拥有了一个学生试听试读的场所，不需要花力量宣传组织学生来听。通过一年时间的运营，小王赚了10多万元。

作为大学生的小王敏锐发现商机，借助自身作为英语俱乐部部长的优势，巧妙整合资源，盘活了学校闲置资源，服务了师生，也带动了校内多个部门和产业，赚取了人生第一桶金。

资源可以是阳光、空气、水、土地、森林、草原、动物、矿藏等自然资源，也可以是人力、信息及经劳动创造的各种物质财富等社会资源。资源整合是系统论的思维方式，是通过组织协调，把创业所需的资源整合成一个有机整体。创业需要资源。创业路上的艰辛，正是资源整合的艰辛。要成功创办企业，就必须整合资源。什么是创业资源呢？

一、创业资源的含义与种类

（一）创业资源的含义

创业资源是企业创业初期及成长过程中所拥有的各种生产要素和支撑条件，是企业创立和顺利经营运转的保障条件。企业创建、经营及生产的各环节都需要资源的融入，没有资源，企业将寸步难行。

（二）创业资源的种类

创业资源多种多样，按资源的存在形态可以将创业资源划分为有形资源和无形资源两大类别。

1. 有形资源

有形资源一般是指具有物质形态的、价值能用货币衡量的资源，也即可量化的资产，如创业者的物质资源、资金资源和人力资源都属于有形资源。

（1）物质资源，一般指企业有形的资产，包括建筑物、机器设备、办公设备、运输工具等，是企业开展生产和运营的基础和保障。

（2）资金资源，指企业经营过程中所需要的资金，包括存款、借贷款、融资和风投基金等。资金是新办企业的关键资源，对大学生创业者来说，获取资金资源尤为重要。

（3）人力资源，对于初创企业来说，人力资源既包括创业者和创业团队及雇员，同时也包括上述人员的人脉。人力资源是企业的核心资源，也是企业可持续顺利经营的关键资源。大学生在创业过程中需要对人力资源进行恰当整合、科学利用，最大限度地实现“人尽其才，才尽其用”。

2. 无形资源

无形资源是具有非物质形态特征，其价值很难用货币做精确衡量的资源。无形资源对企业非常重要，能产生和创造的价值也不可估量。一般来说，无形资源包括政策、技术、社会、管理、信息、品牌、文化等。

（1）政策资源，主要指为实现一定时期内社会经济发展战略目标，由政府制定的指导资源开发、利用、管理、保护等活动的策略。政策资源是公共资源，所有同质的企业都可以享受，但新创企业更应该重视政策资源。为激发全民族的创新精神和创业热情，我国制定了很多政策，其中针对大学生创业有特殊的税收优惠与减免、行业准入、创业扶持、保障创业者利益等方面政策。

（2）技术资源，指与解决企业经营或生产中实际问题、软硬件设备等有关的知识。技术是企业的核心竞争力，在企业创办初期，拥有竞争力强的技术产品或服务是企业立足的关键。因此，大力开展技术研发，积极引进有商业价值的科技成果，或加强与高校科研院所的产学研合作是企业发展的关键。

（3）社会资源，指企业或企业员工所拥有的各种社会关系，包括整个创业团队及雇员的社会关系。大学生的社会关系网络一般较弱，社会资源相对较少，主要依靠父母、亲戚、朋友、学校的支持。

（4）管理资源，是指企业运行机制、管理制度以及创业者或管理者所拥有的管理经验、管理知识及管理能力等。一般来说，大学生具有较强的专业知识基础，但在企业管理方面较为欠缺，初创企业容易因为管理不善而失去竞争力。当然，在企业缺乏这一资源时，专业的管理咨询策划将有助于提高新创企业的生产和运作效率。

（5）信息资源，是指企业生产和经营活动过程中所需要或所产生的各种信息。信息资源对企业发展非常重要，高效搜集、分析、综合利用信息是企业发展的重要条件。初创企业与成熟企业相比，信息的搜集和利用能力相对较弱，可以利用专业机构做专项信息的搜集、处理和传递，为创业者制定研发、采购、生产和销售的决策提供指导和参考。

（6）品牌资源，品牌代表消费者对产品的认识和认知程度。品牌是极具经济价值的无形资产，品牌资源是围绕品牌开展创建、传播、培育、维护、创新等可利用的一切资源。创业者要善于利用品牌资源，建立新创企业的品牌形象，以增强社会影响力。

（7）文化资源，企业文化是企业的灵魂，文化资源指汇聚和积淀企业文化的各项要素。文化资源是企业发展中重要的一环，对于新创企业来说，文化资源尤为珍贵。能够充分整合各项文化资源，是凝聚企业核心价值、形成深厚的企业文化的重要途径。

二、创业资源的获取途径

创业资源根据来源不同可分为自有资源和外部资源，其获取途径如下。

（一）自有资源的获取途径

自有资源是创业者自身所拥有的可用于创业的资源，来自创业者的内部积累，如自有资金、自有技术、自有信息、自有物质资源或自有管理才能等。自有资源的获取途径包括：一是创业者在组建团队之初对有形资源进行整合。二是充分开发企业内部资源，例如，通过充分挖掘与利用无形资源、定期培训员工或开展企业内部的学习提升等方式来获得新的自有资源。

（二）外部资源的获取途径

外部资源包括范围很广，如亲朋好友、合作伙伴或其他投资者的资金；借到或租到的场地、设备或其他原材料；通过提供未来服务、机会等换取到的资源；社会团体或政府的资助。外部资源的获取途径主要依靠对创业资源的整合与运用，为充分获取外部资源，创业团队可采用多管齐下的方式来进行，如通过社会网络关系获得物资资源，通过核心技术获得外部资金资源，通过购买获得技术资源。

三、获取创业资源的技能

（一）合作技能

创业者获得资源的主要方式是“合作”。按照获得资源的步骤或层次来看，第一步是要找到资源提供者，第二步是找到利益相关者。其中，资源提供者可以分为两种类型：一是政府、银行及运营良好的公司，这些资源提供者本身就拥有丰富资源；二是潜在的资源提供者。

要想获取创业资源，创业者首先要掌握合作技能，能与创业资源提供者顺利开展合作，谋求共同利益。企业的经营强调的是获得利益，创业者在与资源提供者合作前，要仔细研究对方的利益关注点，找到双方的共同利益点，能有效促进双方的合作。为了使创业活动范围更加广泛，合作可以突破空间、制度等方面的限制。为了获取更多、更广、更丰富的创业资源，创业者必须掌握合作的技能，运用创新的思维，最大限度地满足资源提供者的利益需求，通过各种合作关系达到共赢或者多赢。

（二）识人与用人技能

人才是关键，任何企业的创立和经营都离不开人才，因此，创业者要善于识人和敢于用人，这是创业者成功的重要因素。创业者要知人善用，将有能力的人放在对应的岗位上，打破各种条条框框的束缚，唯才、唯业绩和贡献是举，充分发挥每个人的能力。善于识人和用人，能帮助企业获得更多的创业资源，例如，企业通过聘用理财能手，可以获得更多的融资渠道和更丰富资金资源；通过聘用市场营销能手，有利于开拓产品和服务市场；通过聘用各方面的专业人才，有利于企业在制定发展规划、创业选址、原材料采购、设备购置和产品质量把关等方面获得事半功倍的效果，也更有利于企业研发新技术、新产品。

（三）沟通技能

沟通凝聚资源。沟通技能对企业获取创业资源是关键的一环。若创业者沟通能力弱会直接影响创业者的领导力，降低员工的执行力，导致企业生产效率低下等问题。据统计，为了更好地获得创业资源，创业者在书面和语言沟通上花费了70%以上的时间，如撰写创业计划书、拟订合同、谈判、开会、商议、走访客户和拜访投资者等。

创业企业获取资源的渠道主要是与企业内外部进行沟通交流，如在企业内部，创业者通过有效的沟通交流，合理有效分配不同岗位的工作任务，协调创业团队和成员间的配合，有效降低内部冲突，提升整个企业的生产效率。在企业外部，创业者通过与政府、银行、媒体、投资者、客户、供应商等进行有效的沟通，建立联系并达成合作共识，使企业的社会网络关系得到强化，以获得更多信息和资金支持，实现互利共赢。

（四）信息技能

资源来源于信息。信息需求识别及表述、信息检索及获取、信息评价及处理、信息整合及学习、信息利用与开发等都属于创业者的信息技能。掌握并善用信息技能，对于创业者来说十分重要，通过对信息的收集分析处理等，能把握商机，获取创业资源，做出决策，推进创业企业成长。

四、创业资源的利用与整合

资源是创业者创立企业与企业运营的必要条件，而这些资源存在于不同企业和个体之中。创业资源的共同作用是形成创业产品和创业市场，并决定新创企业的利润水平以及创业资本的积累能力，最终影响创业企业的成长发展。所有创业企业最期待的条件就是能拥有所有的创业资源，但国内外创业实际情况显示，许多创业者早期所能获取与利用的资源都相当匮乏，但是优秀的创业者在创业过程中所体现出的卓越创业技能之一，就是创造性地整合、转换和利用资源，尤其是那种能够创造竞争优势且带来持续竞争优势的战略资源，可以借此成功地开发出机会，进而推动创业活动向前发展。因此资源的利用和整合成为创业者必须面对的重要问题。

（一）转换与利用资源

创业者获取创业资源的最终目的是组织创业资源，追逐并实现创业机会，提高创业绩效和获得创业的成功。无论是要素资源还是环境资源，无论它们是否直接参与企业的生产，它们的存在都会对创业绩效产生积极的影响，以直接促进新创企业的成长。

1. 依靠自有资源

很多创业故事告诉我们，充裕的启动资金绝对会帮助我们在创业的道路上少走一些弯路。总的来说，成功企业家的创业资金大部分来自自己的积蓄。从萌生创业想法到最终付诸实践，其间总会有机会让你攒下积蓄。“先打工赚钱，再出来创业”也成了许多创业者的路径规划。大部分创业者因为受到有限资源的约束，被迫根据现有资源去建立企业，并推动企业发展。对自身的创业资源进行评估，关键在于客观分析资产的存量和流量。资产的存量是指创业者目前所拥有的资产，这个资产包括创业者拥有的资金、房产、有价证券及其他有价值的资产，种类很多。这类资产都可以转化为创业资本。资产的流动性不同，有的流动性比较强，如现金；有的流动性比较差，如房产。在市场经济完善的国家，各类资产的转换和交易是相当容易的，如房产，创业者既可以做抵押贷款，也可以直接变卖换取现金。资产也可以分期转换，如创业者可以出租房产以换取租金，就是一种分期转换。

2. 资源要素组合

绝大多数创业者都是在资源有限的情况下开始创业的，创业者在一穷二白的情况下，用身边仅有的资源打破通常情况下定义、惯例、标准的约束，创造出独一无二的产品与服务。他们身边的资源可能对于普通人来说是没有价值的，但是优秀的创业者凭借自己的创意与技巧整合其他资源，最终达成一些原本看似不可实现的目标。我们把这种创造性利用资源的行为称为“拼凑”。研究者认为，独创性的拼凑有以下三个要素：

（1）身边有可用的资源。

一般来说，擅长拼凑的人身边长期存在着一些固定资源，这些资源可以是知识、技能、经验，甚至是一种想法。这些资源在别人眼中可能是毫无利用价值的，但是创业者会有意无意地收集这些资源，在恰当的时候将这些资源转化为所需要的资源。

（2）整合资源实现新的目标。

拼凑的特征之一是整合身边资源，目的是实现企业的新目标。当前市场状况瞬息万变，只有在这个环境中快速识别机会，调整企业的资源结构，提供当前环境下消费者需要的产品与服务，企业才能获得发展机会。这就要求创业者有能力识别新机会、发现新问题，利用身边已有的资源实现目标。

（3）发挥资源的杠杆效应。

杠杆效应是指以最少的付出谋取最多的收获。创业者应善于在创业过程中发现未被充分利用的资源，并进一步发掘这种资源，使其能够用于创业实践中，说服那些资源所有人让渡使用权，这个过程意味着创业者没有被当前拥有的资源所限制，能够使用独创性的方式，以最小资源成本获取最大收益。杠杆效应体现在以下方面：利用一种资源换取其他资源；创造性地利用别人认为无用的资源；能够比别人有更长时间占用资源；借用他人或其他公司的资源来达成创业者自身的目的；用一种富裕资源弥补一种稀缺资源，产生更高的附加值。

（二）整合创业资源

资源整合是指新企业对资源进行重组以构造或改变新企业能力的过程。新企业的创建大多数是通过机会与资源的整合来实现的。对处于创业阶段的企业来说，对资源的开发与运用决定了企业的战略导向。在企业进入成长与成熟期后，资源结构会影响企业的市场地位与长期的发展模式。因此，企业需将资源的开发与整合置于发展的、动态的市场环境中进行系统分析。只有有效整合和管理创业资源，大学生创业才有可能取得成功。

1. 资源整合的原则

任何一个创业者既不可能把创业中所涉及的问题都解决好，也不可能把一切创业资源都备足。这里关键的一点在于要学会进行资源整合。因此，资源整合的原则不仅是创业设计中的一个重要原则，也是在创业中借势发展、巧用资源、优势互补、实现双赢的重要方法。创业者能否做到资源的真正整合，是决定企业生存还是灭亡的关键。因此，创业者在整合资源的过程中，可以参照以下资源整合的原则：

（1）尽最大可能去搜寻和圈定可以被整合的资源提供者。

创业者想要整合资源，首先必须找到可以被整合的资源提供者，并将其作为目标对象。创业者可以通过以下两种途径去寻找：一是找到拥有大量资源的个别的潜在资源供给者，如各级政府、知名大公司等；二是尽可能多地搜寻潜在的资源供应方。

（2）寻找和思考与潜在资源提供者之间的共同利益。

商业世界中所有的活动都是围绕着利益进行的，所以想要整合各方资源，需要创业者仔细分析潜在资源供给者真正关注的利益所在。尽管从表面上看，不同企业、不同机构各自的目的不同，利益诉求也不同，但是从内部分析，其实各个机构之间的利益有着紧密的联系，创业者需要做的是发掘其共同利益诉求，与各个资源供给者建立紧密的利益关系，将他们纳入创业者的利益网络中，成为利益相关者。

（3）构建共赢的利益机制。

资源通常与利益相关，创业者之所以能够从家庭成员那里获得支持，就是因为家庭成员不仅是利益相关者，更是利益整体。既然资源与利益相关，创业者在整合资源时，就一定要设计好有助于资源整合的共赢利益机制，借助共赢利益机制把潜在的和非直接的资源供给者整合起来，借力发展。

（4）建立顺畅的沟通机制。

在整合资源的过程中，与各方沟通是必不可少的。因此，创业者必须与各方建立顺畅的沟通机制，派出具有一定沟通能力的团队成员负责与各方沟通，这将成为整合资源成功与否的关键因素。企业之间商业交往的成功与否在很大程度上跟创业者沟通能力的优劣有关，无论是人与人之间还是企业与企业之间的良好感情的建立，都是双方持续不断地顺畅沟通的结果。创业企业整合资源的过程就是与企业内部和外部的资源供给者充分沟通的过程。在企业外部，创业者需要与外部的投资者、银行、各级政府机关、媒体、同行业者、消费者、供应商等通过建立联系来获得信任，消除利益分歧，争取对方的扶持与帮助，取得共赢的结果；在企业内部，创业者需要通过顺畅的沟通来鼓舞员工士气，争取员工团结，消除员工不满，提升企业运营效率与业绩。

2. 创业资源整合的方法

资源整合就是资源的重组与优化。要优化资源配置，理智筛选、取舍、管理，从而获得部分乃至整体的资源优化。在创业中，大学生要根据不同的创业过程和环节，运用不同的方法进行资源整合。

（1）向外寻找式。

大学生创业之初，创业所需资源主要依靠自身的努力和个人关系网来获取，如此少的创业资源难以维持企业的发展。为了使企业继续顺利发展，就必须从外界寻找创业资源。创业者要结合自身创业团队的资源情况，分析企业资源储备的情况，找出企业资源存在的优缺点，进而找出整合和利用外界资源的方法。这种资源整合方法要求创业者必须准确地把握行业的发展热点和竞争焦点，才能获取有价值的创业资源，进而进行合理有效的整合。

（2）对内累积式。

创业发展中期，企业已经积累了一些赖以生存发展的创业资源。这个时期是企业发展的关键期，创业资源需要不断累积和增加，此时需要创业者掌握累积式的资源整合方法。创业者只有更深入地了解创业资源的特征，分析归类自身的资源积累情况，才能更好地整合利用，使已获得的创业资源发挥其最大的效能。只有对已有的资源进行准确的分析定位，才能发挥资源的最大效能，不断提高企业的核心竞争力。

（3）开拓式。

开拓式创业资源整合的应用一般是在企业取得发展之后，创业者要想使企业继续快速持续发展所采用的一种整合方式。这种资源整合方法要求创业者具有创新能力，能用创新的思维和视角去探寻具有创新点的创业资源。特别是继续寻找企业新的增长点或新的发展方向，进而再充分开拓和整合利用资源。

经典分享

牛根生创业整合资源

牛根生刚开始只是伊利的一名员工，凭着自己的勤奋和才智做到生产部门的总经理。后来牛根生从伊利辞职，他邀请原来伊利的几个同事一起出来创业。人有了，但是现在面对的问题是没有奶源、没有工厂、没有品牌，每一项都是致命的。

牛根生开始整合资源。他通过人脉关系找到哈尔滨一家乳制品公司。这家公司设备都是新的，但是生产的乳制品质量有问题，同时营销渠道没有打通，所以产品一直滞销。牛根生马上找到这家公司的老板说："你来帮我们生产，我们这边都是伊利技术高层，负责技术把关，牛奶的销售铺货我们也承包了。"这位老板一听，马上答应下来。工厂的问题解决了。

没有品牌怎么办？在乳制品这个行业，没有品牌很难销售，因为品牌代表着安全可靠。牛根生巧用借势，打出口号："蒙牛甘居第二，向老大哥伊利学习"，口号一出，一个不知名的品牌马上挤进全国前列。牛根生不只是盯着伊利，还把自己和内蒙古的几个知名品牌联系起来："伊利、鄂尔多斯、宁城老窖，蒙牛为内蒙古喝彩！"因为前三个都是内蒙古的驰名商标，把蒙牛放在最后，给人感觉就是蒙牛是内蒙古的第四大品牌。牛根生整合品牌资源，迅速让蒙牛成为知名的品牌。

没有奶源怎么解决？自己买牛来养，成本太高，而且没有足够的饲养员。蒙牛整合了三方面的资源：一是农户，二是农村信用社，三是奶站。信用社借钱给奶农养牛，蒙牛做担保并承诺包销，生产出来的奶由奶站接收。蒙牛定时把信用社的钱还了，把利润给了奶农，趁机喊出一个口号："一年养10头牛，过的日子比蒙牛的老板还牛。"

能力训练

创业资源"是"与"否"

1. 活动目标：

(1) 估算创业项目所需资源种类与数量；

(2) 掌握创业资源获取的途径与方法。

2. 活动过程与规则：

(1) 活动时间：20～30分钟。

(2) 活动资料：A1纸、彩色水笔、胶带、电脑、待选项目列表（老师根据班级学生客观情况，拟定待选项目方向）。

(3) 活动步骤：

1) 将学生随机分为5～7人的小组，以随机方式确定小组项目方向；

2) 小组在A1纸上列出该项目需要的所有资源种类与数量；

3) 经过讨论，确认小组内各渠道资源后，在具备的资源后填写"是"，在不具备的资源后填写"否"；

4) 对于填"否"的资源继续进行讨论，确定资源获得的渠道；

5) 通过对项目资源"是"与"否"的判断，对项目可行性做出最终评估；

6) 第一轮进行后，小组可以互换项目，继续进行第二轮讨论；

7) 小组对第一轮项目和第二轮项目资源确认情形进行比较分析。

(4) 总结评价：各组派代表对本组和其他组资源获取情况进行评价和分析，让学生明白自己的创业项目是否具备足够的创业资源。

7.2 筹措创业资金

▶能力目标

1. 了解估算创业启动资金的方法
2. 了解创业融资的主要渠道
3. 了解创业融资的分类

导入案例

资金链断裂的警示

小童，一位充满激情的高职生，在校期间就对创业充满了向往。毕业后，他凭借一款创新的智能家电产品，成功吸引了投资者的注意，并获得了一笔不小的启动资金。然而，由于缺乏实际的商业运营经验，在产品开发和市场推广上的投入超出了预算，资金链迅速紧张。随着时间的推移，公司在没有足够现金流支持的情况下，开始出现拖欠员工工资、无法及时支付供应商货款等问题。尽管他努力寻求新的投资者和贷款，但由于公司财务状况不佳，加之市场对智能家居产品的需求没有预期中的旺盛，他的努力最终未能扭转局面。公司最终因为资金链断裂而宣告破产。

分析：创业者拥有充足的启动资金固然重要，但资金的合理规划和管理更是企业能否持续发展的关键。

一、估算创业启动资金

启动资金是指创办企业及运营企业所需准备的资金。通常来看，创办企业必须购买设备、租用场地、聘请人员等，这些是创业者要进行创业时的前期投入。作为资本的重要形态，资金具有稀缺性，获取资金难度较大。

某投资人曾经罗列出初创公司 CEO 需要做三个关键工作：第一，为公司设定总体规划和战略，然后和全体股东交流确认；第二，招聘，给公司找到最好的人才；第三，确保公司的银行账户里始终有足够的现金。另一位投资人谈到了资金风险对初创公司的重要性，提出一定要在银行账户里留有足够公司运营 18 个月的资金。创业计划的启动和发展必须靠足够的资金来实现。如果一个企业没有资金或者资金不足，再好的计划和项目都是空想，再好的投资活动都有可能中途搁浅。充足的资金是企业经营活动顺利进行的重要保障之一，起着根本性作用。企业之所以在运转，是因为资金在不停地流动。

（一）启动资金分类

一般来说，**在每个创业经营循环中，都要完成从供到产、从产到销三个环节的工作，而每个环节都需要人力、财力、物力的支持，建立这些环节需要支付的总费用就叫启动资金。**总的来说，启动资金可以归为以下三类。

1. 固定资产

固定资产是指企业购买的价值较高、使用寿命长的物品。有的企业用很少投资就能开办，而有的却需要大量的投资才能启动。明智的做法是把必要的投资降到最低限度，让企业少担些风险。每个企业开办时总会有一些固定资产投资。

2. 开办费用

开办费用是指企业在筹建期间所发生的各种费用。

3. 流动资金

流动资金是指企业日常运转所需要支出的资金，也称营运资金。

例如，开办一家服装厂，其启动资金分成几部分：固定资产，包括厂房租金、机器设备、货车等；开办费用，包括企业注册费，广告费，布料、辅料采购费，招聘费等；流动资金，包括日常运转所需资金。

（二）固定资产预测

固定资金一般是指用于投资到固定资产的资金及因开办企业所必须投资的基金。首先，固定资产投资主要包括为了生产产品、提供劳务、出租或者经营管理等必须购置的固定资产，如房屋、建筑物、机器、机械、运输工具以及其他与生产经营活动有关的设备、器具、工具等。固定资产是企业的劳动手段，也是企业赖以生产经营的主要资产。此外，开办某些企业还必须在特许经营权、土地使用权、商誉、专利权、商标权等方面进行投入，企业的创建和经营才能受到认可和保护。在开办企业之前，有必要测算一下企业到底需要多少固定资产，对固定资产所需要投入的资金进行预测。固定资产预测表如表 7－1 所示。

表 7－1　固定资产预测表

项目	价值/元
生产工具和设备	
交通工具	
办公家具和设备	
店铺	
厂房	
土地	

对新创企业而言，固定资产一般可以分为两类：一是企业用地和建筑；二是设备设施。

1. 企业用地和建筑

开办企业或开公司，一般都需要有适用的场地和建筑，要么自己建，要么买，要么租。作为初创企业，资金有限，一般租房是个不错的选择，租房比建房或买房所需的启动资金要少，而且这样做也更灵活，当需要改变企业地点时，也容易得多。

除了租房，对于大学生来说，在家创业也是一种比较好的方式。在创业之初，在家创业是起步的好办法，等业务稳定了，积累了一定的资本后，再租房或买房也不晚。

2. 设备设施

设备设施，是指创办企业需要的所有机器、工具、工作设施、车辆、办公家具等。对于制造商和一些服务行业，最大的需要往往是设备。一些企业需要在设备上大量投资，因此了解清楚需要什么设备，以及选择正确的设备类型就显得非常重要。

（三）开办费用预测

在企业筹建时，除了固定资产的投入，开办费用也是一笔不小的投入。开办费是企业在筹建期间发生的费用，包括筹建期市场调查费、培训费、资料费、注册登记费、购买无形资产费用等。筹建期是指企业被批准筹建之日起至开始生产、经营（包括试生产、试营业）之日的期间。开办费用预测表如表 7-2 所示。

表 7-2　开办费用预测表

项目	费用/元	用途
市场调查费、培训费、资料费		
购买无形资产费用		
支付连锁加盟等费用		
注册、税务登记费		
各种许可证审批费用		
开业前的其他费用		

（四）流动资金预测

创立企业，除了考虑固定资产以及开办费用，还需要考虑企业在营运期间所需的流动资金。需要流动资金用于支付以下开销：购买并储存原材料和成品、营销、工资、保险、租金以及其他费用（水电费、办公用品费、交通费等）等。流动资金预测表如表 7-3 所示。

表 7-3　流动资金预测表

项目	费用/元	用途
原材料和成品储存		
营销		
员工工资		
租金		
促销		
其他费用		

不同类型的企业所需要的流动资金也不尽相同，有的企业需要足够的流动资金来支付 6 个月的全部费用，也有的企业只需要准备 3 个月的各项费用，创业者必须正确预测。

（五）制订利润计划

计算好创业初期需要的资金后，要关注企业怎样挣钱的问题，这对企业的成败至关重要。这一环节需要对下列主要问题做出决策：

（1）预测销售收入：能从前 12 个月的销售中挣到多少钱；

（2）制订销售和成本计划：看看是挣钱还是赔钱；

（3）制订现金流量计划：是否有足够的资金保证企业正常运转。

1. 预测销售收入

在计划新企业时，预测一定量的销售能带来多少收入，即销售收入预测（见表 7-4）。为了预测销售收入，一般采取以下步骤：

（1）列出企业推出的所有产品或产品系列，或所有服务项目。

（2）列出第一年里每个月期望销售的每项产品数量，它主要来自与同类企业比较、实地测试（试销）、售前书面调查或实地调查等。

（3）为计划销售的每项产品制定价格。

（4）用销售价格乘以月销售量来计算每项产品的月销售额。

表 7-4 销售收入预测表

项目	月份											
	1月	2月	3月	4月	5月	6月	7月	8月	9月	10月	11月	12月
销售数量/件												
产品单价/元												
含税销售收入/元												

预测销售收入是准备创业计划中最重要和最困难的部分。大多数人都会过高估计自己的销售收入，因此，在预测销售收入时不要太乐观，通常在开办企业的头几个月里，销售收入不会太高。

2. 制订销售和成本计划

仅仅知道自己的销售收入是不够的。为了掌握企业实际运转的情况，一定要计算企业是否有利润。只有这样，才能准确知道企业是否在挣钱。利润为销售收入减去企业经营成本。

当计划开办一家新企业时，应该预测第一年中每个月的利润。具体计算方法如下：

（1）了解成本构成。

对于一个新企业来说，预测成本绝对不是一件容易的事。最好的方法是参照一家同类企业，了解一下该企业有哪些成本。在预测企业启动资金时，已经对这些成本有所了解，表 7-5 所列是企业常见的成本项目。

表 7-5 企业初创时常见的成本项目

材料费	工资和职工福利
办公文具和邮费	广告费
租金	律师和会计事务
水、电、气费	燃料费
维修费	折旧费
银行收费	电话费
保险费	营业执照费

所有企业都有两种成本：一种成本是固定成本；另一种成本随着生产或销售的起伏而变化，如材料成本，这些成本是变动成本。预测成本时，必须认真区分变动成本和固定成本。

（2）计算固定资产折旧。

折旧是由于固定资产不断贬值而产生的一种成本，例如设备、工具和车辆等。它虽然不是企业的现金支出，但仍然是一种成本。由于折旧是针对固定资产而做的。因此，需要计算固定资产（有较高价值和较长使用寿命的资产）的折旧价值。

根据我国相关规定，固定资产计算折旧的最低年限如表 7-6 所示。

表 7-6 折旧年限

固定资产类型	最低年限
工具和设备	10 年
机动车辆	4 年
办公家具	5 年
建筑物	20 年
电子设备	3 年

(3) 计算出单位产品的成本价格。

3. 制订现金流量计划

现金流是创业者的生命线，是使企业这台发动机运转的燃料，有些初创企业由于缺乏管理现金流量的能力，导致企业经营中途抛锚。发达国家的统计资料表明，将近 80%的破产企业是获利企业，它们倒闭并不是因为亏损，而是现金不足。现金流的大小直接反映企业的赚钱能力，是企业在创业阶段和成长阶段管理的重点。

在大多数企业中，每天都要收取和支付现金，成功的企业大多制订了现金流量计划。当然，制定现金流量计划绝非易事，需要计算 12 个月内每个月的现金流入和现金流出，这样便可以确定净现金流量。现金流量表如表 7-7 所示。

表 7-7 现金流量表

		1 月	2 月	3 月	4 月	5 月	6 月	7 月	8 月	9 月	10 月	11 月	12 月	总计
月初现金														
现金流入	现金销售收入													
	应收款收入													
	股东投入现金													
	借贷收入													
	其他现金收入													
现金流入小计														
现金流出	生产/采购													
	销售提成													
	销售推广													
	税金													
	场地租金													
	员工薪酬													
	办公用品及耗材													
	水、电、交通费													
	固定资产购置													
	开办手续费													
	借贷还款支出													
	其他现金支出													
现金流出小计														
净现金流量														
月末现金余额														

通过制订现金流量计划，创业者可时常确定自己的流动资金需求。现金流量计划有助于确保企业不会发生无现金经营的窘境。

（六）资金规划

对启动资金、销售收入、利润及现金流量进行预测后，就可以估算创业前期的资金缺口大概是多少了。

总的来说，分为以下几个步骤进行估算：

（1）预测启动资金；

（2）预测未来 12 个月的预测销售收入、利润及现金流量；

（3）自有资金估算；

（4）确定资金缺口。

二、合理规划创业融资

开创新的企业，最大的困难之一就是怎样获得资金。“巧妇难为无米之炊”，在创业路途上，有热情、有决心、有冲劲、有勇气，固然都是大学生的优势，但若不能切实地解决资金问题，再好的主意和创意也只是空中楼阁。所谓“万事开头难”，在创业融资这条路上更是如此。因此，大学生创业，寻找适当的融资渠道成为重要的课题。

（一）创业融资的含义

融资，可以简单地理解为资金的融通。**从狭义上来讲，融资就是企业筹集生产经营和发展所需资金的行为与过程，也就是企业根据自身发展需要，结合生产经营和拥有资金的现状，通过科学的分析和决策，借助企业内部或外部的资金来源渠道和方式，筹集资金、组织资金，以保证企业正常生产需要、经营管理活动需要的过程。**从广义上来讲，融资也称为金融，即货币资金的融通，当事人通过各种方式到金融市场上筹措资金的行为。创业融资是指创业者根据将来新开办企业的生产经营与发展规划，通过融资渠道和资金市场，运用融资方式，经济、有效地筹措创业启动所需资金的一种经济行为。

（二）创业融资的分类

1. 内部融资和外部融资

按资金来源的范围不同，创业融资可以分为内部融资和外部融资两种类型。

内部融资是指创业者通过原始积累形成的资本来源，内部融资主要来源于父母或亲戚朋友的支持，或者自己的积累，主要是在创业者个人、家庭或亲戚朋友内部形成的，因此不需要花费融资费用。

外部融资是相对于内部融资而言的，指向父母或亲戚朋友之外的人融资而形成的资金来源。对于发展潜力大的创业项目来讲，内部融资一般很难满足需要。因此，开展外部融资对创业者而言就显得非常必要。但是外部融资一般需要花费融资费用，初创者应该在充分利用内部融资之后，再考虑外部融资问题。

2. 直接融资和间接融资

按是否以金融机构为媒介，创业融资可以分为直接融资和间接融资两种类型。

直接融资就是创业者直接与资本供应者协商借贷，或直接发行股票、债券等筹集资本的活动，不经过银行等金融机构。在直接融资过程中，资本供求双方借助于融资手段直接实现资本的转移，不需要以银行等金融机构为中介。

间接融资就是创业者通过借助银行等金融机构进行的融资活动。间接融资需要银行等金融机构发挥中介作用，预先将资本聚集到银行，然后再通过银行提供给融资企业，属于传统的融资形式。向银行贷款是间接融资的基本方式，此外还有向非银行金融机构借款、融资租赁等。

3. 长期融资和短期融资

按期限不同，创业融资可以分为长期融资和短期融资两种类型。

各种股权资本和长期借款、应付债券等债权融资都属于长期融资，融资期限一般都在一年以上。

短期融资是指创业需用期限在一年以内的融资，短期借款、应付账款和应付票据等都属于短期融资。这些融资一般采用银行贷款、商业信用等筹集方式完成，融资期限一般在一年以内。

4. 债权融资和股权融资

按属性不同，创业融资可以分为债权融资和股权融资两种类型。

债权融资是指企业通过举债的方式进行融资，这种融资方法需要企业支付利息和偿还本金。

股权融资是指企业通过出让部分企业所有权，这种融资方法不需要企业还本付息，主要通过企业增资的方式引进新的股东，新股东将与老股东同样分享企业的盈利。

（三）创业融资渠道

1. 自有资金

一般来说，利用自己的积蓄作为启动资金开展创业是普遍做法。调查显示，成功企业家当初的创业资金有30%来自个人积蓄，而从萌生创业想法到最终付诸实践，其间总会有机会积蓄资金。用自有资金创业是最为简单的方法，但通常一个人难以攒下全部的创业启动资金，资金不足时必须考虑其他筹资渠道。

2. 私人借贷

大部分新开办的企业有很多的不确定性、规模小、没有知名度等特点，往往缺乏正规融资的抵押资产，缺乏社会筹资的信誉和业绩，很难吸引投资者和银行的资金。所以私人借贷也会成为创业的资金来源渠道。所谓私人借贷也称民间借贷，指公民之间、公民与法人之间、公民与其他组织之间的资金借贷。借贷投资，只要是自愿、互利、公平、合法的双方当事人意见表示真实，就可认定有效。私人借贷是一种直接的融资渠道，但缺乏规范性，有一定的风险。向亲戚朋友借款是常见的私人借贷，因为身边的亲戚朋友对创业者的个人信息比较了解，诚实守信和个人能力比较强的创业者更有可能获得借款。因此，亲戚朋友的资金就成了创业融资的重要来源。但如果创业失败，会给亲戚朋友带来一定的经济压力，因此，创业者要如实说明借款原因、投资额度、经营项目、经营情况、预计收入、借款利息、预期收益、风险管理等，以避免引起不必要的经济纠纷。

应用案例

亲戚朋友齐帮忙，实现人生创业梦

北京东方爱婴中心是一个向亲朋好友借资创业的典型案例。东方爱婴的老板贾军，曾在一家著名的风险投资机构任职，一个偶然的机会使她受到启发：可以像超市那样，把婴幼儿服务项目打包组合供家庭选择。在当时，中国0～3岁婴幼儿教育高档消费市场是一片空白，贾军认为这是一个前途无限的市场，于是创办了这家公司。为了筹集启动资金，家人、朋友都成了她的融资对象。她先后筹资70万元投入这项事业中，终于创立了今天的东方爱婴。

3. 银行贷款

银行贷款是指银行根据国家政策以一定的利率将资金贷放给资金需要者，并按约定期限归还的一种经济行为。银行贷款一般要求提供担保、房屋抵押或者收入证明，个人信用记录良好才可以申请。向银行申请贷款是常见的创业融资方式，创业者也可以通过银行贷款来补充经营过程中的资金不足。我国现在许多银行都提供创业贷款，各家银行的创业贷款都拥有各自不同的特点，贷款条件和要求也有所不同，选择适合的银行，能在贷款的时候为自己省下不少时间。

4. 合伙融资

合伙融资，是指按照“共同投资、共同经营、共担风险、共享利润”的原则，直接吸收单位或个人投资、合伙创业的一种筹资途径和方法。筹集得到的资金以权益资金的方式注入，投资方获得企业的股东地位，享有相应的权益和特权。

5. 天使投资

公司初创、起步期，还没有成熟的商业计划、团队、经营模式，很多事情都在摸索，所以，很多天使投资都来自熟人、朋友，基于对创业者的信任而投资。熟人、朋友做天使投资人，其作用往往只是帮助创业者获得启动资金；而成熟的天使投资人或者天使投资机构，除了上面的作用外，还会帮助创业者寻找方向、提供指导（包括管理、市场、产品各个方面）、提供资源和渠道。

6. 风险投资（VC）

公司在发展中期，有了比较成熟的商业计划、经营模式，已经初见盈利的端倪。VC在这个时候进入非常关键，可以起到为公司提升价值的作用，包括能帮助其获得资本市场的认可，为后续融资奠定基础，使公司获得资金进一步开拓市场。

7. 政府创业扶持基金

国家颁布实施了一系列扶持创业的政策，尤其是对创新创业早期和对传统企业转型进行大力扶持。对公司注册流程和费用减免、税务的补贴、高级人才的补贴、高新技术的奖励和支持、校企合作的扶持、科研成果转化的支持等都有不同程度的奖励、补贴或政策支持。

8. 私募股权投资（PE）

公司在发展成熟期，已经有了上市的基础，达到了PE要求的收入或者盈利。PE通常提供必要的资金和经验，帮助完成IPO所需要的架构重组，提供上市融资前所需要的资金，按照上市公司的要求帮助公司梳理治理结构、盈利模式、募集项目，使公司在1～3年内上市。但是选择PE需要谨慎，应尽量选择能提供大量资金、满足上市前的资金需求的PE。

核心概念

众筹平台

作为互联网金融领域的大热风口之一，互联网众筹平台发展迅猛，涌现出解决创意实现、产品上市、店面扩张或股权融资等各种形式的众筹平台。原来传统产业的发展方式，即投产建厂、招人、招商、铺货、售后等研产销模式，在新经济浪潮的今天被彻底拉平。客户定制、参与设计、众创、众包、众筹成为新创企业的经营和发展模式，创业者拥有更多的渠道和平台去实现创业梦想。当然，众多众筹平台在助推企业成长的过程中也存在一系列问题，毕竟没有专业机构的调查、投资管理实力，投资群体风险意识参差不齐，如果企业选择了股权众筹等方式，在后续的融资过程中要考虑股权结构的优化和老股东的退出问题，以降低上市进程中的规范成本和风险。

知识探究

联合创始人

以前的创业模式通常是创始人单打独斗，利用资源和机会优势，抢先一步，取得事业的成功。但随着新经济模式的出现，新创企业都形成了目前的“标配”：联合创始人、期权池。初创企业的第一笔资金，应该来自启动项目的联合创始人，当然技术等形式也是一种出资方式。目前许多新创企业都设立了期权池和股权激励，通过设立合伙公司来集聚资金，打造利益和事业共同体。

应用案例

运用众筹实现花灯技艺的传承与创新

小文自小学习扎花灯技艺，并师从全国非遗传承人。在高职上学期间，他意识到这门传统技艺鲜为人知，且制作过程费时费力，导致传承困难。面对这一困境，他决定简化花灯制作过程，将其转变为可普及的DIY活动。他与团队开发了一套花灯制作材料包，让普通消费者也能轻松体验制作花灯的乐趣。为了解决创业初期的资金问题，他选择了众筹平台作为融资渠道。通过在众筹平台上展示花灯的文化价值和市场潜力，他详细介绍了项目的创新点、市场分析、预期收益和回报方案，赢得了投资者的信任。众筹活动不仅为项目筹集到了必要的启动资金，还为产品带来了市场预热的效果。利用这笔资金，团队优化了产品设计，扩大了生产规模，并建立了线上销售渠道。他们的花灯产品很快受到市场的欢迎，不仅在国内市场获得了认可，还远销海外，成为传播中华优秀传统文化的载体。

分析：众筹不仅为创业者提供资金支持，还帮助他们验证市场需求、收集反馈、宣传产品，并建立起初步的客户群体。这对于缺乏初始资金和资源的高职生尤为重要。

能力训练

估算启动资金

1. 活动场地：教室。

2. 活动内容：根据自己选择的创业项目，测算一下创业所需要的资金额度，填入表7-8中。

表7-8 启动资金测算表

序号	项目	投资资本/元	运营成本/元					
			1月	2月	3月	4月	……	12月
1	房屋							
2	设备							
3	办公家具							
4	办公用品							
5	员工工资							
6	业务开拓							
7	广告费							
8	水电费							
9	电话费							
10	保险费							
11	折旧费							
12	软件费							
13	开办费							
…	……							
	合计							

7.3 创业团队结构设计

▶能力目标

1. 了解创业团队的概念
2. 了解创业团队组成要素和组建基本原则
3. 能阐述创业团队角色设置

导入案例

协同创新，共筑梦想

“创智联盟”团队由五名不同专业的高职生组成，在一次校级创业竞赛中胜出。他们的项目是开发一款面向校园市场的智能订餐系统，解决学生用餐选择困难和食堂高峰拥挤的问题。团队由项目经理小涛、技术开发小雯、财务规划小莉、用户体验小敏和运营支持小杰组成，每个成员根据自己的专业背景和兴趣负责不同的工作模块，确保了团队运作的高效性。团队运作机制包括明确分工、定期会议、角色轮换和激励机制，这些措施增强了团队的凝聚力和创新能力。智能订餐系统上线后，有效提升了校园用餐体验，受到了广大师生的欢迎。

分析：合理的团队结构能够促进成员间的协作，提升项目成功率。

一、创业团队的概念

创业团队是指由两个或两个以上创业者组成的具有特定的组织功能并协同工作的创业群体，团队中的成员有着共同的创业理想，具备不同的专业知识和能力，能够形成一个优势互补的动态系统。

狭义的创业团队是有着共同目的、共享创业收益、共担创业风险的一群创建新企业的人。广义的创业团队不仅包括狭义的创业团队，还包括与创业过程有关的各种利益相关者，如风险投资人、专家顾问等。

创业团队对公司的经营理念高度认同，他们具有极强的创新精神，为了实现共同的创业愿景，积极参与新公司的创办、成长、管理等不同发展阶段，共同参与公司决策的制定、实施过程，共担风险、共享收益，对创业成功发挥了不可替代的作用。按照能力、贡献、角色等不同，创业团队成员按比例享有一定的股权，并且他们之间有一定的利益关系，团结合作共同承担公司创建、发展过程中的责任，通常担任公司的高管。

二、创业团队的组成要素

（一）目标（purpose）

创业团队组建的前提是拥有共同的创业理念、共同的创业愿景。只有目标明确且一致，才能让成员积极发挥自己的主观能动性，朝着共同理想而努力，这是整个团队的动力来源和奋斗方向。

（二）人员（people）

每个人都是团队的重要组成部分，都发挥着重要作用，团队成员为了共同的创业目标贡献着自己的智慧、能力、技术、资源等。团队成员之间互帮互助，团结协作，提升着整个创业团队的创造力。

（三）岗位分配（place）

由于创业团队成员在技能、性格、资源等各方面不尽相同，因此需要根据每个人的责献度合理分配岗位职责，使团队成员人尽其才、优势互补。

（四）权限（power）

创业团队成员间要根据他们的能力、岗位、股份等情况匹配相对应的权限，每个团队成员应该在自己规定的权限范围内去行使自己的权力，享受相关的收益。在设置权限时要科学规划，不能过高或过低，避免出现尾大不掉或事无巨细上报审议等情况，避免出现成员间信息沟通不畅、上下级之间不信任、不作为等情况，影响工作效率。

（五）创业计划（plan）

根据创业目标，团队成员要共同商讨制订出详细可行的创业计划，明确公司发展战略、产品营销方案、融资方案等，制订出具体的分步骤、分阶段实施的计划，并且根据市场调研、分析反馈随时完善和调整项目策略。

三、创业团队的特征

（一）持久的创业热情

创业过程中会面临各种风险、失误和难以预测的突发情况等，“没有人能随随便便成功”。这时就需要保持持久的创业热情来促进团队坚持不懈，努力向前，同舟共济，避免功亏一篑。

（二）牢固的信任关系和凝聚力

团队中除了必要的能力、技术、资源等因素外，相互之间牢固的信任关系尤为重要，彼此之间只有相互信任，形成互信互惠的良好局面，才能保证团队的长久合作、持续发展。团队成员是利益共同体，共同承担风险与责任，团队的集体利益高于个人利益，团队成员间要同甘共苦，共享创业成果，不断加强团队凝聚力和战斗力。

（三）能力、资源、股权合理配置

小成功靠个人，大成功靠团队。集体的智慧、能力、资源、经验会比单个成员强大得多，团队成员间要能力和资源互相补充、互相合作，弥补创业过程中出现的短板。与此同时，要给予团队成员相匹配的股权，股权比例要和成员创造的价值、贡献度相匹配，平衡好团队成员权利与义务之间的关系，应保证透明、公开、公平、公正。

四、创业团队组建的基本原则

（一）共同的目标、一致的价值观原则

创业团队的组建，首先应当有明确的目标，即所组建的团队应确定要做什么、要开发什么产品。除此之外还应具有共同的价值观，创业团队拥有共同的价值观可以保证创业团队在一些重要决策的制定、发展战略规划、收益分配、职权划分、价值观念等基本问题中不会产生原则性分歧，减少内部矛盾对公司项目的影响。

（二）互补原则

一个团队在开展创业活动时，必然会有技术、市场、销售、管理等不同类型的工作任务需要成员去分工、承担，如此便产生了知识能力互补的人才需求。一般而言，一个团队的创始人是不可能对企业经营管理的各个方面都精通的，所以在引进人才时需要考虑“专

才”与“通才”的搭配：既要有技术、营销等方面的人才，又要有具备战略发展眼光的复合型人才，同时还要根据企业实际情况保证合适的“专才”与“通才”的人才比例。

另外，从创业资源的角度来看，在引入不同知识背景的成员时，也就拓宽了整个创业团队的社会关系网络。通过团队成员联系构造起来的社会关系网络，创业团队可以了解到更多的商业信息，加深对创业活动的认知与了解，进而挖掘出尚未被发现的顾客需求，充分调动现有资源去满足顾客需求，努力提高资源利用率，科学合理地吸引外来资源，壮大企业规模，做强、做好企业。

（三）精简高效原则

创业团队要注意精简高效，团队成员贵在精而不在多，这样既可以节约创业成本，又可以避免因为人员众多导致意见分歧严重、难以统一、议而不决等情况。创业团队应当进行有效管理，团队在运行过程中，就战略目标而言，要分析团队的愿景是否和各个成员相匹配；就具体执行的目标而言，要让团队成员知道每月、每周做哪些事情。

总体来说，早期创业团队的组建应当坚持“三个一”，即一个核心、一个愿景、一个产品。一个核心指团队只能由一个人最后拍板，过于民主会降低效率，同时激化内部矛盾；一个愿景指团队所有人都明白公司的愿景，只有愿景一致，大家努力的方向才能保持一致；一个产品指创业团队在创业初期做产品时数量不能太多，应把一个产品做精。

（四）开放原则

创业过程随时面临各种风险，随时会出现各种突发状况，在创业过程中也可能会出现人员退出、新人加入等情况。所以创业团队需要秉承开放性原则，吐故纳新，确保团队成员富有活力和创业激情。

五、创业团队成员角色设置

创业团队成员之间要分工明确，根据自己的性格特征、知识能力、资源条件等匹配合适的岗位，担任适合的角色，最大程度地发挥自己的作用，同时各团队成员间要密切配合、互帮互助。

（一）创业团队的职位设定

原则上，创业团队的职位可以按照如表 7－9 所示来设定，但并不是所有角色都必须齐全，创业团队组建初期需要考虑成本、工作效率等情况，可以根据工作需要挑选、分配相应角色。

表 7－9　创业团队中的基本职位

职位	主要职责
CEO 首席执行官	对公司的一切重大经营运作事项进行决策，包括对财务、经营方向、业务范围的增减等；参与董事会的决策，执行董事会的决议；主持公司的日常业务活动；对外签订合同或处理业务；任免公司的高层管理人员；定期向董事会报告业务情况，提交年度报告。
CBO 首席品牌官	负责品牌战略管理与运营，代表 CEO 就企业形象、品牌以及文化进行内外部沟通。

续表

职位	主要职责
CFO 首席财政官 或财务总监	具备丰富的金融理论知识和实务经验，负责公司理财与金融市场交互、项目估价、投融资管理、财务风险管理等。
COO 首席营运官	主要负责公司的日常营运，辅助 CEO 的工作。一般来讲，COO 负责公司职能管理组织体系的建设，并代表 CEO 处理企业的日常职能事务；协助 CEO 制订公司的业务发展计划，并对公司的经营绩效进行考核。
CTO 首席技术官	负责制定公司的长期技术方向（战略性）、短期技术方向（战术性），管理、研究对公司经营活动和营利有影响的技术成果、软件等。
CUO 首席客户官 或客户总监	为客户制定媒体关系策略和公关活动策划，达成客户的市场或传播目标；督促客户服务团队执行媒体及公关活动，有效分配资源，并保证服务团队的工作质量；监督公关项目的计划和实施，使公关项目能在预设的时间和费用内完成；积极拓展客源及开发公司业务；与客户进行紧密的业务联络和沟通。
CMO 首席市场官 或市场总监	负责市场运营工作，把握市场机会，制定市场营销战略和实施计划，完成企业的营销目标；协调企业内外部关系，对企业市场营销战略计划的执行进行监督和控制；企业营销组织建设与激励工作。

创业团队的组织还要注意个人的性格与看问题的角度，如果一个团队里能够有总能提出具有建设性、可行性建议的成员和能不断发现问题的具有批判精神的成员，对于创业将大有裨益。

（二）创业团队的不同角色

创业团队由很多成员组成，这些成员在团队里究竟扮演什么角色？对团队完成既定的任务起什么作用？团队缺少什么样的角色？什么样的人与团队现有成员的个人能力和经验是互补的？这些都是需要界定清楚的。这样，我们就可以利用角色理论挑选和配置成员，所挑选出的成员才能做到优势互补。

不同角色对团队的贡献不同，在团队中发挥着不同作用（见表 7 - 10）。一个创业团队要想紧密团结在一起，共同奋斗，努力实现团队的愿景和目标，各种角色的人才都不能或缺。

表 7 - 10　不同角色对团队的贡献

角色	对团队的贡献	缺少该角色的结果
创新者	提出观点	团队的思维会受到局限、缺乏新点子
实干者	运筹、计划	团队会显得比较乱
凝聚者	润滑、调节各种关系	团队的人际关系会比较紧张
信息者	提供各种信息	团队会比较封闭
协调者	协调各方利益和关系	团队领导力会削弱
推进者	促进决策的实施	团队效率会降低
监督者	监督决策实施的过程	团队业绩会有波动
完美者	注重细节，强调高标准	产品或服务会有瑕疵
专家	为团队提供一些指导	团队的发展会受到限制

（三）团队角色搭配

团队中的不同角色在相互配合的时候，会存在各种各样的问题，在角色搭配时需要加以注意。

例如：创新者碰到协调者的上司，这时他们间的关系应该没有问题，因为协调者善于整合各种不同的人一起去达成目标；但如果创新者碰到实干者的上司往往就会不太理想，因为实干者喜欢按计划做事，不喜欢变化。

作为同事，创新者和凝聚者之间不会有问题，因为凝聚者擅长协调人际关系；但如果一个创新者碰到另一个创新者，这时两人会围绕各自的立场和观点展开争论，也就可能出现内耗。

创新者的领导如果碰到一个实干者的下属会很高兴，因为有人在把他的工作想法往前推进，正好是一种互补；但要碰到一个推进者的下属，他们间的矛盾可能就会激化。

两个完美者在一起，可能作为上司的完美者并不欣赏作为下属的完美者，因为完美者永远觉得自己的标准是最佳的，很难接受别人的标准；完美者如果碰到实干者同事，往往彼此欣赏；如果碰到一个信息者的上司，就会有一些冲突，因为信息者对于外界的新鲜事物接受很快，而完美者主张只有在具有充分的把握时才去做，他们会围绕要不要采取新的方式和方法存在争议。类似地，不同团队成员之间还会有很多配合，都需要一一了解。

在一个创业团队中，成员的知识结构越合理，创业的成功概率越大。纯粹由技术人员组成的公司容易形成以技术为主、产品为导向的情况，从而使产品的研发与市场脱节；全部由市场和销售人员组成的创业团队，缺乏对技术的领悟力和敏感性，也容易迷失方向。因此，在创业团队的成员选择上，必须充分注意人员的知识与能力结构——技术、管理、市场、销售等，充分发挥每个人的知识和经验优势。

应用案例

团队的精髓

《西游记》中的唐僧团队，虽然是虚拟的，但是师徒历经千难万险求取真经的故事，却与现实的创业团队有对应之处。首先是团队目标非常明确，即前去西天求取真经。除了唐僧之外，其他三人虽然在最初都是带有一定的功利色彩加入这个团队的，但在经过磨合后，四人对取经的信念都是非常坚定的，这也是这项事业能成功的最重要保证。其次是团队的互补性。个人虽然重要，但毕竟有很多的局限性，一个事业的成功，最主要的是团队的成功。

一、完美型的唐僧

他目光远大，目标明确，有组织设计能力，注重行为规范和工作的高标准，他担任团队的主管。如果一个团队中没有“唐僧”，这样的团队就只是一群乌合之众，不会有什么远大的前程。

二、力量型的孙悟空

他干劲十足，崇尚行动，注重工作的结果，能够迅速理解和完成当前团队的任务，是团队的业务骨干。如果一个团队中没有“孙悟空”，这个团队将很难在艰苦的条件下前进，“唐僧”的远大抱负也很可能化为泡影。

三、活泼型的猪八戒

他热情奔放、感情外露，善于活跃气氛，承担团队的公共关系工作。他帮助每一位同事，并使工作变得有趣。如果一个团队中有“猪八戒”，团队就会避免枯燥乏味和令人厌倦。

四、平和型的沙和尚

他平和、冷静、有耐心，承担团队的事务性工作。事实证明，他能够胜任这份工作并且持之以恒，而且能够在压力下保持冷静。别看他平时默默无闻，关键时刻却可以稳定局面。

一个团队的成员如果全部由同一种性格类型的人组成，这个团队肯定不会是一个理想的团队。正是领袖、精英、润滑剂和老实人这种互补而有机结合的团队，才使取经这项看起来极其困难的事业最终取得成功。我们在做事业、选择团队的时候，也要考虑这些，不能光选择骨干精英，最重要的是组成一个结构合理的团队，只有团队成员形成互补，才能走得长久，取得成功。

六、创业团队股权架构

股权分配是企业的核心问题，一般而言，创业初期股权分配比较明确，结构比较单一，几个股东按照出资多少分得相应的股权。随着企业的发展，必然有进有出，必然在分配上产生种种利益冲突。因此，合理的股权结构是企业稳定的基石。

作为企业的创始人，最重要的就是要给自己确立必要的合作原则，而这个原则的核心就是创业团队的股权架构。这个原则并不是针对某个人或某个阶段而设立的，不仅要考虑眼下与合伙人的合作，还应该考虑事业做大后与更多的人之间的合作。

股权架构标准要简单清晰。在创始阶段，合伙人不是很多，比较合理的架构是 3 个人左右，其中必须有一个核心股东，负责把握公司发展方向，制定公司决策，起到领导作用。股权架构均等是不可取的，每个团队中的合伙人对项目贡献度有差别，即使出资数一样，在实际项目运营过程中每个人发挥的实际作用也不尽相同，每个人擅长的领域也有所区别，一旦股权均分，会打消一部分人的工作积极性，产生互相推诿或者争夺话语权，从而出现矛盾、分歧。

知识探究

为什么要做好股权设计？

1. 明确合伙人的权利、义务、收益，有利于团队的稳定发展

创业除了要实现自己的人生理想，也要实现经济收益，才能有持续发展的动力和资本。创业团队成立初期将相关的权利、义务、收益等情况规划好，科学、合理设置股权比例，有利于团队的稳定发展，尤其是团队成员是朋友、家人、同学等情况，更要提前规划、科学设置，避免后期出现矛盾，影响公司的发展，正所谓“亲兄弟，明算账”。

2. 明确控股人，避免出现群龙无首、议而不决的情况

以股权形式确立公司的实际控股人，在一些问题的探讨中负责把握方向，做出决策，如果股权结构不合理，简单以均分的形式安排，会出现团队之间互相扯皮或倾轧等情况，不利于政策的制定和实施。

3. 方便公司后期融资、上市等进一步发展

当企业发展到一定阶段需要融资时，投资人会在很大程度上考虑创业团队的创新能力、协作能力等情况，科学的股权架构可以帮助投资人增强信心，有利于融资。如果企业需要上市，也要求股权架构清晰、合理。

（一）股权的相关概念

1. 股东

从一般意义上说，**股东是指向公司出资并对公司享有权利和承担义务的人**。但由于公司的类型不同以及取得股权的方式不同，对股东的含义可做不同的表述。按照《中华人民共和国公司法》的规定，在我国境内设立的公司可分为有限责任公司和股份有限公司。有限责任公司的股东是指在公司成立时向公司投入资金或在公司存续期间依法取得股权而享有权利和承担义务的人（一般创业者注册的都是有限责任公司）；股份有限公司的股东就是在公司成立时或在公司成立后合法取得公司股份并对公司享有权利和承担义务的人。自然人投资以后，通过公司所在地的市场监督管理部门注册，进行公司股权登记，这样才能成为真正意义上的股东。这种出资并在市场监督管理部门进行了股权登记的股东，会按所占有股份的多少享有公司经营的利润、承担相应的义务。

2. 干股

干股是指未出资而获得的股份，干股并不是真正的股份，而是指按照相应比例分取红利。干股的概念往往存在于民间，特别是私营企业，公司为了笼络一些有能力的人（通常是公司的业务骨干），需给予这些人一定的红利，但是又不想给这些人实际控制权或者只是给予部分控制权，所以就设定这些人占有一定比例的股份，并且按照这种比例进行年终分红，以达到“进可攻、退可守”的目的，于是就有了干股。公司给予干股的时候，有的会签署一些协议，有的没有，但是基本上无论哪种，持有干股的人都不具有对公司的实际控制权。所以这种干股协议叫作分红协议更加贴切。干股持有者一般不承担公司亏损的义务，只享受作为奖励的分红。

3. 股份期权

股份期权是企业的所有者给予高级管理人员以约定的价格，购买未来一定时期内公司股份（或股票）的权利。实施股份期权的最终目的是激励经营管理者与员工共同努力，以实现企业的长期发展目标，使职业经理人能够稳定地在企业中长期工作，着眼于企业和自己的长期效益。

对于期权额度没有固定的规定，是公司内部的管理行为。期权一般不超过公司总股份的10%，但也不是绝对的。如果高级管理人员本身是股东，而且持有的股份已经超过了10%，就不应当再享受期权，因为期权主要是给予一些没有股权的高级管理人员的。对于上市公司，期权股票应该是能够自由流通的社会公众股，其来源是公司回购的库藏股票。对于非上市公司，采用的是“虚拟”期权形式。期权获授者的业绩考核是实现期权的一个重要条件。

（二）股权分配方案

1. 根据出资多少按比例分配

创业初期，启动资金非常珍贵，很多事情都需要用到大量资金，根据团队成员出资多少来按比例配置股权是比较容易让大家都接受的方案。

2. 团队负责人占有相对多的股份

团队负责人是一个团队的总指挥、总领导，具有较大的权力，同时也担负着更多的责任，负责人通常需要有较多的股份来确定领导地位，发挥带头作用。负责人必须具有公司的控制权和决策权。

3. 根据合伙人的优势分配

创业过程中，主要涉及资金、专利、创意、技术、运营、品牌等方面的资源。在创业的初期、发展、成熟、衰退等不同阶段，不同成员的贡献度是不一样的，因此需要综合考量，动态调整，预留出一定的调整空间。例如，CTO本来应该拿23%股份，为了适应将来的变化，可以先给他降低5%，将这一部分放入期权池，各位合伙人约定好这些作为预留部分，将来会根据每个人的贡献度再进行二次分配，这样也可以促进团队成员积极为团队的集体利益贡献力量。

此外，应为吸收新的合伙人和融资预留出期权池。公司在发展、壮大的过程中，不可避免地会出现新的合伙人加入或需要股份激励新招员工，因此在进行股权架构设计时先预留出一部分放到期权池，后期新加入的成员可以得到相应的激励。创业项目发展到一定阶段，可能需要融资来进一步扩大发展，而在融资过程中，投资人一般会要求占有一部分股份，所以在初期股权设计时也要预留出用于融资的股份，避免从其他股东既有利益中分割，造成矛盾。

（三）股权授予

1. 按年授予

如果团队成员中途退出，却在项目成功以后坐享成果，这显然不公平。可以预估一下这个项目大概需要 n 年可以完成，成员们提前约定好股权按照 n 年授予，也就是股东在预估年份结束后才能得到相应的收益。

2. 按项目进展授予

根据项目推进程度来按比例授予股权，例如，按照产品开发、测试、迭代、推出、推广、达到一定用户数等不同阶段来授予相应的股权，这需要依据项目情况酌情考虑。

3. 按融资进度授予

融资规模体现着投资人对于项目的外部评价，这也在一定程度上代表了项目的成熟情况，因此可以根据A、B、C、D轮不同融资情况来进行股权授予，即完成某一轮融资，可以获得相应比例的股份授权。

4. 按项目运营业绩授予

有些项目可以根据运营业绩来进行股权授予，避免出现某些人加入团队时间较晚但是占有较高股权比例，影响其分红、选举、表决权等。

5. 不授予股权的情况

因自身原因无法履职；因故意和重大过失被解职；离婚、继承等（避免由于离婚、继承等引起的财产分割导致项目整体利益受损）；主动离职。

经典分享

股权激励激发团队潜力

小卢，一位计算机专业的高职生，在校期间与同学共同开发了一款校园社交应用。毕业后，他们决定成立公司将项目商业化。起初，团队仅以工资形式参与，但他很快意识到，为了保持团队的长期动力和忠诚度，需要更有效的激励机制。在市场调研后和专家建议下，他推出了股权激励计划，合理分配了公司股份：创始人持有40%，其他联合创始人分别持有20%和15%，剩余的25%作为员工激励计划。该计划显著提高了团队的凝聚力和创新动力，吸引了更多人才，并且使团队成员愿意在公司面临风险时共同承担。得益于团队的共同努力和股权激励的推动，公司迅速扩大了市场份额，用户数量和公司估值持续增加。三年后，公司成功吸引了一轮大型风险投资，为未来的市场扩张奠定了坚实基础。

分析：通过股权激励，他不仅增强了团队的凝聚力和忠诚度，还激发了成员的创新热情和工作动力。此外，良好的股权结构设计有助于吸引人才、扩大市场影响力和共同承担风险。

能力训练

团队合作训练

1. 你认为自己是适合独立完成一项工作，还是适合在一个团队中与伙伴们合作完成一项工作？请找到3位曾经与你在一个团队中共事过的伙伴，向他们征询关于你的团队意识和建设能力的反馈意见。

2. 有7个人组成了一个团队，每个人都是平等的，但又难免自私自利。他们想通过制度创新来解决每天的吃饭问题——要在粥的总量不是很充足而且没有称量工具的情况下分食一锅粥，怎么分才最有效？现在已经有了四种方法可供选择：

方法一：指定一个人负责分粥；

方法二：大家轮流负责分粥；

方法三：选出德高望重者负责分粥；

方法四：成立分粥委员会和监督委员会。

你认为上述四种方法各有什么弊端？你可以找到一个更好的分粥方法吗？

模块八 创业计划与项目路演

导读导学

创业计划书是一份全面的项目计划，其主要意图是递交给投资人，以便于他们能对企业或者项目做出评估判断，从而使企业获得融资。一份优秀的创业计划书会使创业者达到事半功倍的效果。

创业计划书的起草与创业本身一样是一个复杂的系统工程，不但要对行业、市场进行充分的研究，而且还要有很好的文字功底。创业者在展示创业计划时需要尽可能将详细的计划内容浓缩到一定篇幅的 PPT 中，借助 PPT 排版精美、表现形式丰富的优势，把创业计划中最具吸引力的要点展示出来。PPT 的篇幅一般控制在 20 页以内为宜，繁杂而冗长的内容会适得其反，让投资人无法把握重点。

本模块重点介绍创业计划书的特点、作用、结构、撰写技巧和展示技巧，帮助创业者叩开融资的大门。

思维导图

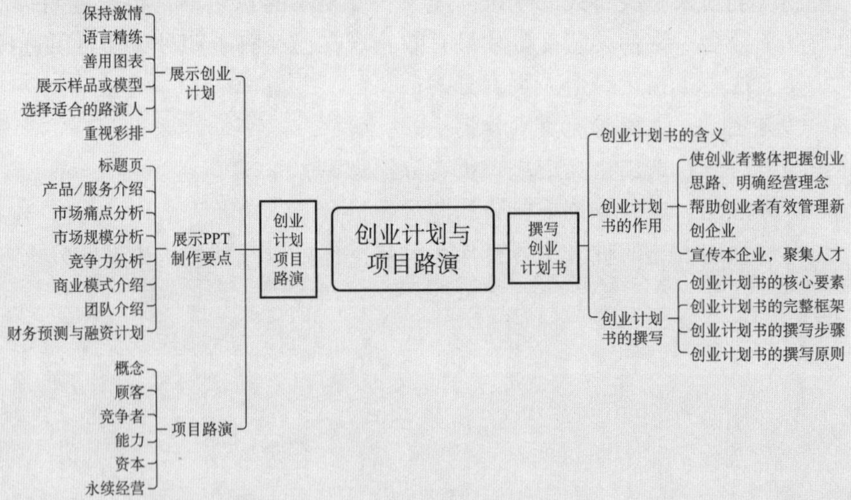

8.1 撰写创业计划书

▶**能力目标**

1. 掌握创业计划书的含义
2. 了解创业计划书的作用
3. 能够撰写简单的创业计划书

导入案例

蓝图变现实

在一次全国性的高职生创业竞赛中，由小周领导的团队凭借其精心制作的创业计划书获得评委的高度评价和一笔启动资金。他和他的团队计划创立一个在线定制T恤平台，主要面向追求个性化时尚的年轻消费群体。创业计划书详细分析了个性化服装市场的发展趋势、目标客户群体以及竞争对手情况；介绍了平台的个性化定制流程、设计软件以及与制造工厂的合作模式；制定了一套结合社交媒体营销和线下活动的多渠道推广计划；提供了初步的财务模型，包括预期收入、成本控制和盈利预测；展示了团队成员的专业背景、技能和职责分配。他利用创业计划书成功吸引了投资者的注意，并获得了必要的启动资金。平台在短时间内吸引了大量用户，订单量稳步增长。公司稳健运营，逐步实现了盈利。

分析：一份详尽的创业计划书，成功地将一个创意转化为现实中的商业项目。它不仅是创业者思路的体现，也是吸引投资、指导运营的重要工具。

一、创业计划书的含义

创业梦想实现的前提要以商业计划为依托，它可以帮助创业者厘清思路、查找错误，让整个团队步伐一致，也可以让投资人进一步了解创业理念，取得投资人的信任。一份成功的创业计划书，对大学生创业具有指导性意义。

创业计划书是一份全面的商业计划，其主要用途是递交给投资人，以便于他们对企业或项目做出评判，从而使企业获得融资。它是用以描述与拟创办企业相关的内外部环境条件和要素特点，为业务的发展提供指示图和衡量业务进展情况的标准。通常，创业计划书中包含市场营销、财务、生产、人力资源等职能计划。

创业计划书有相对固定的格式，包括投资人所有感兴趣的内容，涵盖企业成长经历、产品服务、市场营销、管理团队、股权结构、组织人事、财务、运营、融资方案。只有内容翔实、数据丰富、体系完整、装订精致的创业计划书才能吸引投资人，让他们看懂企业或项目商业运作计划，才能使融资需求成为现实，所以创业计划书的质量对项目融资至关重要。

知识探究

创业计划书的内容要点

对于初创企业来讲，虽然创业计划有时候只是模拟推演，还尚未实践，但一定是创业者经过大量的调研、周密的思考后精心制定的，在技术上、商业模式上都是可行的。一份成功的创业计划书必须体现项目五个方面的要点。

1. 技术上的先进性和新颖性

从风险投资的定义中可以得知，风险投资一定是和高科技紧密联系在一起的。风险投资人看好的投资产品应该是在技术上领先同类产品，或是在某些方面具有独创性。否则，市场上充斥着的相同类型产品将会成为该新产品的有力竞争者，从而使初创企业面临巨大的经营风险。

2. 广阔的市场前景

好的创意并不一定意味着产品具有相当的市场前景，其原因是多方面的，产品进入市场的时机、宏观经济环境的影响、消费者的购买心理等诸多因素常常会使新产品不具有市场前景。因此，分析产品的市场前景在创业计划书中显得非常重要。

3. 高额的预期利润

在进行风险投资的过程中，投资人最为关注的问题就是投资回报率的高低，投资人当然期望所投入的资本获得的利润越高越好。需要指出的是，筹资企业能产生的预期利润率一定要高于投资人的资金预期报酬率，这是获取风险投资的一个前提条件。

4. 短时间内获利的可能性

资金投资回收期过长意味着潜在投资风险的增加，风险投资越是能在短时间内实现创利，越能坚定风险投资人的信心。在有限的时间里，风险投资人通常不会向一个短期不能创利的企业投资。

5. 合理的经费预算

在创业计划书中，经费预算是投融资双方无法回避的重要问题。在经费预算上双方往往存在较大的分歧。投资方为了降低投资风险，同时获得更高的投资回报率，希望投入的资本越少越好。筹资方为开拓市场、提高自身的竞争能力和抗风险能力，常常希望筹得的资本越多越好。在创业风险资本筹资过程中，经费额度完全掌握在投资方的手中。要想最大限度地获得风险投资，就必须证明经费预算中所需的每一分钱都是合理的。应尽量避免在计划书中直接出现“工资”“福利”这样的字眼，因为投资人更希望看到他们的资金用于产品研发、市场开拓、组织建设、人才梯队建设等。

二、创业计划书的作用

创业计划书具有两个最基本的功能：一是为创业者、创业管理团队和企业雇员提供一份清晰的、关于新创企业发展目标和发展战略的说明书；二是为潜在顾客、商业银行和投资人提供一份推销新创企业的报告。在制作创业计划书的过程中，创业者会对产品（或服务）、市场、财务、管理团队等进行详细分析和调研，这有助于创业者及早发现问题，进行事前风控，帮助创业者找出那些影响新创企业成败的关键因素（这是创业者对新创企业进行再认识的一个重要过程）。创业计划书发展至今，已经由单纯的面向投资人转变为企业向外部推销宣传自己的工具，以及企业对内加强管理的依据，其作用具体表现在以下几个方面。

（一）使创业者整体把握创业思路、明确经营理念

创业计划书是创业者为自己开拓事业而量身定制的一面镜子，在撰写过程中，创业者必须理性分析和全面审视自己的创业计划与思路，明确经营理念，系统构建企业经营的战略蓝图，团队内部统一认识，明确方向。另外，在研究和编写创业计划书的过程中，经常会发现经营机会与所期望的不一样，此时创业者会根据实际情况采用不同的策略使创业活动更加可行。只有对创业前景拥有一个清晰的认识，才能更好地开展创业活动。

（二）帮助创业者有效管理新创企业

在创业过程中，各种生产要素是分散的，信息是凌乱的，在撰写计划书的过程中要厘清思路，找到企业运行各个程序的连接点，实现资源的有效整合和利用，形成完整流畅的商业运作计划。创业计划书既提供了企业的全部现状及发展方向，又提供了良好的效益评价体系及管理监控标准，使创业者对企业发展中的每一步都能做出客观的评价，并及时根据具体的经营情况调整经营目标，完善管理方法，最终达到创造商业利润的目的。

（三）宣传本企业，聚集人才

创业计划书是新创企业的象征和代表，它使创业者与外部企业的组织及人员得以良好沟通，是企业进行对外宣传的重要工具。通过一份优秀的创业计划书，能让投资人看到发展潜力，也能吸引志同道合的人一起加入创业团队中，具体表现在以下方面：

（1）寻求战略合作伙伴和签订大规模的合同。

（2）吸收优秀管理人员。

（3）吸引对创业计划感兴趣的单位赞助和支持。

知识探究

实现创业计划的融资需求

创业计划书是创业者寻求资金来源的名片，一份准备充分的创业计划书能够帮助新创企业获得商业银行的信任，从而有助于新创企业得到优厚的信贷条件。

各类投资人和债权人通过创业计划书能够了解新创企业的产品（或服务）、管理策略、市场规划、盈利预测等，增进对新创企业产品或服务的类型、市场性质，以及创业者及其管理团队素质的认同，从而决定是否有必要进行合作。

因此，创业计划书可以有效帮助新创企业与各类投资者及商业银行建立良好的关系，创业者须在新创企业项目启动的初期使用创业计划书来激起投资人的兴趣。

三、创业计划书的撰写

要想获得更多的创业资金，就需要撰写一份创业计划书。下面介绍一下如何撰写创业计划书。

（一）创业计划书的核心要素

1. 事业概述（准备做什么？）

用几句话简明扼要地阐释清楚自己的事业。主要包括3个内容：你的顾客是谁，你提供什么样的产品和服务，通过什么样的方式方法提供给你的顾客。比如二手货车交易平台这样描述：本项目主要面向那些想要购买品质有保证、价格公道的二手货车的人，提供性价比高、信息透明、售后服务完善的二手货车交易服务，顾客可以通过线上预览、线下体验完成整个挑选购买过程。

2. 产品或服务（卖什么？）

详细介绍项目所提供的产品或服务，突出介绍产品或服务的特点、创新性、差异性以及核心优势。这是体现优势的部分，要将产品所拥有的专利等各种特色展示出来。让投资人相信你提供的产品和服务是能够满足甚至超越顾客需求的。

3. 顾客细分（卖给谁？）

顾客细分简单来讲就是明确你的产品或服务是提供给哪些人的。顾客细分需要做到看得到、摸得到、感受得到。从顾客的性别、年龄、收入、性格偏好、行为习惯、生活场景等入手进行描绘，可以通过用户画像的方式向外界传递有效信息。同时要注意的是，这个顾客细分群体的界定不能是坐在办公室里想出来的，要通过一些调研数据证明，这个顾客群体和顾客需求是真实存在的，产品和服务是有真实使用场景的。

4. 营销业态（怎么卖？）

营销业态就是将已成形的产品或服务送到顾客手中的方式方法的体系。在"互联网+"时代，营销方式、产品或服务触达顾客的渠道有了很大的改变。经营方式是线上还是线下，实体店的店址是选在生活区还是商业区，打算采取哪些手段让顾客了解这个项目并且产生购买欲望，这些都需要清晰展示。

5. 竞品分析（凭什么卖得出？）

竞品分析有以下三种情况：

（1）当要创业或要进入一个新市场时，要先做竞品分析，对于产品所处市场周期、处于第一梯队竞品的竞争优势要掌握清晰，才能找准自己的定位。

（2）竞争有时来自直接的竞争者，有时来自其他的行业，所以当一个新竞争者进入市场时要做竞品分析。

（3）随时随地做竞品分析，这样最好、最省力，可以从这五个方向去分析：最接近的竞争者有哪几个，他们的业务如何，他们与你的业务相似的程度如何，从他们那里能学到什么，如何做得比他们好。

6. 团队构成（谁在卖？）

团队构成的现状，要让投资人看到团队成员之间是能力互补、优势互补的，每个人又可以独当一面，共同协作完成项目的运作，也可以适当提及未来人力资源需求，如拟引进专业技术人员、市场营销人员等。

7. 体制建设（如何管理？）

要建立团队的组织架构，分工明确，分层合理。研究表明，除了团队本身，还需要明确是否有其他资源可分配和取得。有研究指出，中小企业 98%的失败是由于管理的缺失，其中 45%是因为管理缺乏竞争力，20%是因为公司内部专业不均衡，还有 18%是缺乏管理经验。因此，团队内部的决策机制、项目管理机制等需要及早确定。

8. 财务分析（如何赚钱?）

财务分析应该关注：筹资/融资款项是用来营运周转还是添购设备、备料进货，技术开发等要何时动工，供货商、规格、品牌、价格、数量、运费、税金等需求如何计算，融资对专业的获利有何贡献，预估未来三年的损益表、资产负债表和现金流量表（第一年报表要以月为单位，第二、三年则以年为单位）。

9. 风险控制（如何规避风险?）

企业经营会有一定风险，包括政策风险、市场波动风险、资金风险、法律风险等，对此需要提前做好风控预案。

10. 前景预测（未来愿景）

在创业计划书中要计划好：下一步要怎么样，三年后要怎么样，五年以后要怎么样。企业是要尽可能长期经营的，所以在做计划时要做到深耕化、多元化和全球化。

（二）创业计划书的完整框架

一般来说，创业计划书中应该包括创业的种类、资金规划及资金来源、资金总额的分配比例、阶段目标、财务预估、营销策略、可能风险评估、创业的动机、股东名册、预定员工人数等内容。创业计划书的框架一般包括以下 12 个方面。

1. 封面

封面的设计要美观，一个好的封面会使读者产生最初的好感，形成良好的第一印象。

2. 目录

读者在阅读创业计划书时，不一定会从头到尾全部通读，而会按需检索相关内容，因此制作一个附带页码的目录能够帮助读者快速找到感兴趣的信息。

3. 概述（摘要）

概述部分浓缩了创业计划书的内容，涵盖了计划的要点，以求一目了然，以便读者能在最短的时间内评审创业计划并做出判断。概述一般包括以下内容：

（1）公司介绍；
（2）管理者及其组织；
（3）主要产品和业务范围；
（4）市场概况；
（5）营销策略；
（6）销售计划；
（7）生产管理计划；
（8）财务计划；
（9）资金需求状况等。

概述要尽量简明、生动，特别要说明企业的不同之处以及有助于获取成功的因素。

注意：这一部分不是创业计划书的前言或引言，而是对整个创业计划书的概括。篇幅不宜超过 3 页（2～3 页），依序介绍创业计划书中的各个部分，其中的章节顺序应与创业计划书中的顺序一致。另外，虽然概述的位置是在创业计划书的第一部分，但它应该是在创业计划书完成后再写。

4. 公司介绍

这一部分需对公司基本情况做初步介绍，让读者在短时间内对公司有一个整体的初步了解。这一部分需关注如下要点问题：

（1）公司的名称、类型、地址、联系方式是什么？

（2）公司的主要业务是什么？发展历史是怎样的？

（3）公司的宗旨是什么？目标是什么？未来的发展规划是什么？

（4）公司拥有的竞争优势和独特性有哪些？

（5）主要创业者的背景、经历、经验和特长是什么？

（6）公司拥有哪些知识产权（专利、商标、版权等）？

5. 产品/服务

这一部分需对公司主要产品/服务做出详细的阐述，要用通俗易懂的语言，让读者能明白和理解，最好能附上产品/服务的原型照片或者其他佐证材料。这一部分需关注如下要点问题：

（1）产品/服务的概念、性能及特性是什么？

（2）产品/服务是面向什么样的客户？能帮助客户解决什么样的问题？客户能从公司的产品/服务中获得什么样的价值？

（3）产品/服务的市场定位是什么？与市场同类产品的竞争状况是怎样的？

（4）公司对自己的产品/服务采取了哪些保护措施来构建进入壁垒？如拥有某些专利、许可证、版权等。

（5）公司的产品/服务处于哪个发展阶段？市场前景预测是怎样的？产品/服务的开发计划有哪些？

6. 行业与市场分析

行业分析与市场分析是创业公司对其所生存的外部环境的具体研究。缺少这一部分的分析，创业计划将会变成不切实际的空谈。

“行业”和“市场”是两个不同的概念，需要区分开来分析。“行业”是指生产或提供相似产品/服务的企业群体，是指公司所生存的整个行业大环境。“市场”是行业中的一部分，是企业经过市场细分后形成的目标市场。

这一部分需关注如下要点问题：

（1）行业分析部分。

1）行业定义：企业所涉及的行业是什么？

2）行业的发展现状如何？行业规模多大？增长速度是怎样的？利润率是怎样的？

3）产业结构具有什么样的特征？参与者的性质是怎样的？有哪些因素决定和驱动着该行业的发展？可用 PEST 分析方法分析影响行业发展的主要外部因素。

4）进入该行业的壁垒是什么？用波特五力竞争模型分析产业内部竞争格局，包括现有企业间的竞争、潜在进入者、替代品威胁、供应商的议价能力、购买者的议价能力。

5）行业趋势预测。一是环境趋势：经济趋势、社会趋势、技术进步、政策法规变化等哪些是有利的、哪些是不利的；二是商业趋势：利润率将上升还是下降、增长速度会加快还是减慢。

（2）市场分析部分。

这一部分需将行业进行细分，并瞄准企业的目标市场。大多数企业并不致力于服务整个行业，而是只关注如何为行业中的某个具体市场提供更好的产品或服务。

1）企业所涉及行业的市场细分情况是怎样的？企业的目标市场是如何选择的？目标市场的规模有多大？未来是否可以拓展新的市场？

2）竞争者分析：最主要的竞争对手有哪些？相比较来说，企业的竞争优劣势是怎样的（可用 SWOT 分析方法）？如果没有直接竞争对手，谁是间接竞争者和最有可能的潜在竞争者？

3）针对该目标市场情况，企业未来 3～5 年的年销售额预计是多少？市场份额预计是多少？

7. 营销计划

这一部分需要阐述公司产品/服务从生产现场到达最终用户的营销策略，需从产品策略、价格策略、渠道策略和促销策略等多个方面进行阐述。企业营销计划的全部内容都应该以客户需求为导向，确保营销活动都是基于营销的总体任务和对目标市场的深入了解。

这一部分需关注如下要点问题：

（1）企业的营销计划制订的总体思路是什么？

（2）企业所具体追逐的目标市场和人群是什么？与竞争者的差异点在哪里？

（3）打算从哪些目标客户群着手进入市场？后期将如何扩展？

（4）对每个目标市场，你希望最终的产品/服务的销售价格是多少（预计）？企业是用什么样的标准得出这一价格的？在该定价下，利润率预计是多少？

（5）企业希望用低价渗透市场，还是从一开始就争取较高回报？

（6）企业的销售流程是怎样的？在此过程中哪些因素会影响客户的购买决策？

（7）企业打算通过什么分销方法触达目标客户？

（8）企业将利用什么方法使目标客户注意到企业的产品或服务？争取一个客户的时间和资源成本是多少？

（9）如何吸引客户多次购买？如何维持长久的客户忠诚度？

8. 运营计划

这一部分需介绍企业如何生产产品和提供服务，应包含以下内容：企业选址、工艺流程、设备引进、生产周期、生产计划、物料需求、劳动力需求、库房管理、质量管理、售后服务等。如果是创意服务类企业，由于运营的复杂性较低，这一部分可侧重于介绍企业的人力资源、位置优势、信息优势、售后服务等。

这一部分需关注如下要点问题：

（1）企业的运营模式与程序是怎样的？可用运营流程图来说明生产产品或提供服务的关键步骤。

（2）企业如何选址？采用了哪些评价指标来衡量选址问题？

（3）企业的生产过程是如何计划的？如何保证新产品在进入规模化生产时的稳定性和可靠性？

（4）设备的购买、引进情况如何？供应商是谁？生产的工艺流程的设计需要考虑哪些因素？

（5）物料需求计划是怎样的？公司将从供应商或第三方那里购买什么原材料、零部件或服务？

（6）描述企业产品/服务的生产周期，如企业什么时候支付原料投入款？生产产品将花费多长时间？顾客什么时候能购买到产品？企业什么时候能获得收益？

（7）企业具备多大的产品生产能力和服务提供能力（产品数量或服务数量）？

（8）企业的库存组织和安排如何？库存多久能周转一次？

（9）产品/服务的成本结构（固定成本和可变成本）是怎样的？

（10）企业需要什么样的人力资源？对未来人力资源需求的规划是什么？

（11）企业计划采用什么样的措施来保证产品的质量？

（12）企业的售后服务是如何处理的？

9. 管理团队

这一部分需详细阐述初创企业的管理团队和企业组织结构。高素质的管理团队和良好的组织结构是管理好企业的重要保证。

对主要管理人员需介绍他们所具备的能力、经历、背景以及在公司的职务和责任。

对公司的组织结构需提供公司的组织结构图，并介绍各部门的功能和职责范围、各部门负责人及主要成员、公司的报酬体系、公司的股权分配情况等。

这一部分需关注如下要点问题：

（1）企业管理团队的构成是怎样的？团队中每位成员的职务和责任是什么，有什么样的教育背景，以前的工作和相关经历有哪些？团队成员获得过哪些业绩或表彰？

（2）企业的股权人有哪些？股权是如何划分的？

（3）企业的组织结构图是怎样的？各部门的主要负责人和成员是谁？企业现有多少雇员？企业的薪酬体系是怎样的？

（4）企业的人员缺口有哪些？企业将如何补充这些人员？

10. 财务计划

创业计划书中的财务计划是指初创企业对相关资金使用、经营收支及财务成果等信息梳理整合的书面文件。这一部分首先需做出企业的基本财务假定，即对销售量、销售成本和毛利润做出预期或假设；还需要制作和分析三大财务报表：现金流量表、资产负债表和利润表；除此之外，还需分析盈亏平衡点、资金的来源和使用情况。

这一部分需关注如下要点问题：

（1）产品/服务在每一个期间的生产量和售出量各多少？生产费用是多少？每件/项产品/服务的定价是多少？预期的成本和利润是多少？

（2）企业的盈利能力有哪些分析指标？盈亏平衡点在哪里？

（3）企业的现金流量发展趋势是怎样的？预计什么时候能达到收支平衡？

（4）目前企业已有哪些资金来源？能否满足融资需求？

（5）创业者期望从风险投资者那里获得多少投资？是通过债权融资还是股权融资？如果是股权融资，将会出让多少股权？企业将如何使用这些资金？

（6）投资者可以得到多少回报？在什么时候、用什么形式可以得到这些回报？

11. 风险控制与资本退出

这一部分需详细分析初创企业可能面对的风险种类和程度，企业将采取何种措施和方案去降低或防范风险。

创业者需在这一部分中告诉风险投资者，他们的投资将会以何种方式退出，预期能获得多少回报。

这一部分需关注如下要点问题：

（1）企业会面临哪些风险？其中哪些风险对公司生存和发展的影响最大？

（2）在面临风险时，企业将会采取哪些措施来进行防范？

（3）市场中的最大风险可能会出现在哪里？如何应对？

（4）技术风险会出现在哪些方面？如何应对？

（5）企业将来有哪些退出方式？首选何种方式？

12. 附录

为了保证创业计划书正文内容重点突出且不影响阅读的连贯性，需要把一些非必要内容和相关支撑材料放在附录中，为创业计划书的正文内容提供客观翔实的补充材料。附录的主要内容可包括：

（1）合同资料；

（2）信誉证明；

（3）相关获奖或专利；

（4）授权使用书；

（5）图片资料；

（6）市场调研分析报告；

（7）财务报表；

（8）相关政策文件；

（9）企业宣传材料。

应用案例

教你打造十页完美的创业计划书

第一页，用几句话清楚说明你发现目前市场中存在一个什么空白点，或者存在一个什么问题，以及这个问题有多严重，几句话就够了。例如，现在网游市场里盗号现象严重，你有一个产品能解决这个问题，只需要一句话说清楚就可以。

第二页，说明你有什么样的解决方案或者产品能够解决这个问题，你的方案或者产品是什么，提供了怎样的功能。

第三页，说明你的产品将面对的用户群是哪些。一定要有一个用户群的划分。

第四页，说明你的竞争力。为什么这件事情你能做，而别人不能做？否则，如果这件事谁都能干，为什么要投资给你？你有什么特别的核心竞争力？有什么与众不同的地方？所以，关键不在于所做事情的大小，而在于你能比别人干得好，与别人干得不一样。

第五页，论证一下这个市场有多大，你认为这个市场的未来会是什么样。

第六页，说明你将如何挣钱。如果真的不知道怎么挣钱，可以老老实实地说："我不知道这个怎么挣钱，但我目前拥有大量的用户，拥有用户就有潜在价值。"

第七页，用简单的几句话告诉投资人，这个市场里有没有其他人在做同样的事，他们的具体情况是怎样的。不要说"我这个想法前无古人、后无来者"这样的话。有其他人在做同样的事也没关系，重要的是你是否对这个行业有一个基本了解和客观认识。要说实话、干实事，可以进行一些简单的优劣势分析。

第八页，突出自己的亮点，只要有一点比竞争者突出就行。刚上市的产品肯定还不完善，要重点说明你的优点在哪里。

第九页，进行简单的财务分析。不要预计未来十年能挣多少钱，投资人很难会相信。说说未来一年或者六个月需要多少钱，打算用这些钱干什么。

第十页，如果投资人还愿意听下去，介绍一下自己的团队、团队成员的优秀之处，以及自己做过什么。

一份包含以上内容的计划书，就是一份非常好的创业计划书。

（三）创业计划书的撰写步骤

创业计划书的撰写步骤一般分为资料准备阶段、创业构思阶段、市场调研阶段、方案起草阶段、检查更新阶段。

1. 资料准备阶段

以创业计划书总体的框架为指导，针对创业目的和宗旨，搜寻内部与外部资料，包括创业企业所在行业的发展趋势、产品市场信息、产品测试、实验资料、竞争对于信息、行业同类企业财务报表等。资料收集分为实地调查和收集二手资料两种方式。与此同时，可搜集和整理其他创业成功者的创业计划书案例，借鉴他人的成功经验，有针对性地准备自己的创业计划书。

2. 创业构思阶段

在分析自身条件和了解创业计划的基础上，创业者可对创业项目做初步的构思和选择，即选择创业的切入点。

（1）环境分析。

环境分析主要包括宏观环境分析和微观环境分析。宏观环境指的是能对企业活动产生强制性、不确定性和不可控影响的因素，比如要充分了解国家政策是鼓励发展还是限制发展。微观环境是指实际上直接制约和影响企业活动的力量与因素，比如供应商、企业内的各个部门。创业者必须学会规避风险，找到发展的机遇，获得创业的先机。

（2）产品和服务的定位。

好的企业建立在好的创业构思上，而好的创业构思则建立在市场需求和服务开发上。所以，创业者在开拓自己的事业前，需要明确定位产品或服务的目标，根据市场的需求设计开发具有价值的产品或服务，只有这样才能牢牢把握住市场的发展趋势。

3. 市场调研阶段

确定创业构思之后，要详细调查和论证产品或服务是否符合市场需求，从而明确市场需求和自我定位。可以尝试思考并回答以下问题：

（1）自己如何向顾客提供有价值的产品或服务？

（2）自己给顾客提供的商品会被其他商品轻易代替吗？

（3）市场上确定有这种需求吗？竞争对手的情况如何？

（4）产品或服务处于什么样的阶段？市场前景如何？

（5）确定自己是最适合的产品或服务的提供者吗？

4. 方案起草阶段

根据创业构思和市场调研的结果，对企业介绍、产品或服务介绍、管理团队介绍、商业模式、营销策略、市场分析及风险管理、发展规划、财务规划、融资需求及资金用途等内容进行撰写，初步形成比较完整的创业计划方案。一般而言，创业计划方案主要包括计划书执行摘要、演示文件、完整版的创业计划书、未来 3～5 年的财务预测等内容。

5. 检查更新阶段

检查主要是对计划书的格式、文字、内容进行检查和修改，使其更加符合创业计划书的规范，并对计划书进行提升和提炼，从而进一步厘清创业思路，夯实创业准备工作。

完成一份创业计划书并不意味着一劳永逸，在实际操作过程中，由于环境、市场的变动要经常对计划进行更新，确保计划的时效性、真实性和完备性，以备不时之需。

（四）创业计划书的撰写原则

一份好的创业计划书必须呈现竞争优势与投资者利益，同时也要具体可行，并提供尽可能多的客观数据来加以佐证。

1. 市场导向

利润来自市场的需求，没有对市场进行深入的调查和分析，所撰写的创业计划书将会是空泛的。创业计划书应该以市场为导向进行撰写，对于市场容量、未来发展趋势进行科学研判。

2. 直切主题

创业计划书应该避免那些与主题无关的内容，要直切主题。投资者没有时间也不愿意花过多的时间来阅读一些对他来说毫无意义的东西。直切主题的写法比较容易引起投资者的注意和兴趣，能提高融资成功的概率。要在开篇以一段话简明扼要地阐释清楚所要做的事情。

3. 实事求是

不要用大量的形容词来吹嘘，尽量用数据、图表来进行展示。计划书中的所有内容必须实事求是，尤其是财务计划，不应该是凭空想象出来的，必须事先进行大量的调研和科学分析。

4. 通俗易懂

计划书中应该尽量避免技术性很强的专业术语，过多的专业术语会影响读者的兴趣。如必须使用专业术语，则应该在附录中加以解释和说明。这是因为创业计划书的内容复杂繁多，容易出现前后不一、自相矛盾的现象。如果出现这种情况，会让人很难明白，甚至会对计划书产生怀疑。

5. 突出优势

突出优势也就是应该突出这份计划书的卖点。这就需要在计划书中呈现以下内容：创业者有强烈的上进心、非凡的竞争能力、目标一致的管理团队、独一无二的技术优势、对市场的清晰认识等。

6. 循序渐进

创业计划书不是一个简单的计划书，它是指导企业运行的管理工具。在创业初期，计划书主要的功能是吸引投资者和顾客。但这并不是说计划书只要吸引到投资者和顾客就行了，还要在计划书中确定企业的目标和具体措施，以指导企业未来的工作。创业计划书的内容非常繁多，写作时应该注意逻辑性，遵循循序渐进的原则，不能杂乱无章。

经典分享

创业蓝图，梦想起航

小津，一位对智能家居充满热情的电子工程专业高职生，面对市场上现有产品的不足，决心开发更智能、更安全的家居安防系统。他知道，要将这个想法变为现实，需要一份详尽的创业计划书。在多个深夜，小津和他的团队埋头苦干，从市场调研到技术规划，从资金筹集到风险评估，每一步都精心策划。数周后，一份包含市场定位、技术优势、运营模式、财务规划、团队介绍和风险评估等内容的创业计划书诞生了。这份计划书不是纸上谈兵，而是团队智慧和努力的结晶。它详尽阐述了如何通过创新技术满足市场需求，展示了团队的专业能力和项目的可行性。凭借这份计划书，他在校园创业大赛中获得了一等奖，赢得了启动资金和行业专家的关注。随后，小津的团队吸引了一批志同道合的伙伴，包括资深的工程师和市场运营专家。他们共同成立了公司，专注于智能安防系统的研发和市场推广。在计划书的指导下，公司迅速完成了产品原型设计，并在首轮测试中获得了用户的积极反馈。公司也逐渐成为智能家居安防领域的新星。

分析：创业计划书帮助创业者清晰地规划项目，推动产品开发和市场推广。

能力训练

撰写创业计划书

1. 活动目标：

明确创业计划书的框架和内容，培养撰写创业计划书的能力。

2. 活动过程和规则：

（1）学生随机分组，每3～5人为一组，并推选出一名组长。

（2）请学生结合自身专业，挖掘市场上对某种产品或者服务的需求点，策划一个创业项目。

（3）各小组根据项目撰写一份创业计划书。

（4）各小组派代表上台展示小组创业计划书的内容。

（5）全班共同进行分析，指出优点和问题。

（6）各小组组长和老师分别进行打分和评价，最终评价得分最高的小组为优胜组。

（7）老师进行总结。

8.2 创业计划项目路演

▶能力目标

1. 认知创业计划展示的注意事项
2. 掌握PPT的制作要点
3. 能够根据自身的创业计划进行合理的展示

导入案例

电梯演讲

麦肯锡公司曾经得到过一次沉痛的教训：该公司曾经为一家重要的大客户做咨询，咨询结束后，麦肯锡的项目负责人在电梯间里遇见了对方的董事长，该董事长问麦肯锡的项目负责人："你能不能说一下现在的结果呢?"由于该项目负责人没有准备，而且即使有准备，也无法在电梯从30层到1层的30秒钟内把结果说清楚。最终，麦肯锡失去了这一重要客户。从此，麦肯锡公司要求员工凡事要在最短的时间内把结果表达清楚，凡事要直奔主题、直奔结果。麦肯锡认为，一般情况下人们最多记得住一二三，记不住四五六，所以凡事要归纳在三条以内。这就是如今在商界流传甚广的"30秒钟电梯理论"，或称"电梯演讲"。

撰写创业计划书是创业团队需要完成的重要准备工作，同时，如何将自己的创业计划成功地推广出去并引起风险投资人的投资兴趣也是创业者的必修课之一。投资人在选择投资项目时，除了会评估项目本身的投资潜力外，更加关注创业者的综合能力和个人魅力。因此，创业计划的展示是创业者展示项目潜力和自身能力的重要机会，是创业者给投资人的第一印象。

风云人物

王宁

王宁，Keep 创始人兼 CEO，毕业于北京信息科技大学（见图 8-1）。他追求极致产品设计和用户体验。他是运动爱好者，也是减肥成功者。在 2014 年，他将自身的减肥经验和搜集的课程内容整合，打造了一个软件应用，从此开启了他引领中国线上健身潮流的传奇之旅。如今公司已超越其最初的减肥教学定位，扩展至体育用品销售、全方位赛事播报和多元化的健身课程。

图 8-1　王宁

一、展示创业计划

展示创业计划的基本技巧主要有以下几点。

（一）保持激情

激情来自强大的内驱力和执着的信念，创业者在展示创业计划时需要保持真诚的态度和充沛的情感，并通过自己的感染力将发自内心的激情传递给投资人。

（二）语言精练

在介绍自己的创业计划时需做到语言精练准确、语速平稳适中、吐字清楚连贯、语调抑扬顿挫，尽量避免使用“我估计”“差不多”“可能是”等模糊的陈述语言，这样会给风险投资人留下不真诚、不严谨的印象。

（三）善用图表

撰写创业计划书时需进行结构性的思考，展示创业计划时应通过形象化的表达。在能够使用图表来表示时，一定要充分利用图表。例如，市场分析、竞争分析、财务预测等。

（四）展示样品或模型

如果你的产品可以制作成样品或者模型，在展示时是最直观的。如果没有样品，也可以将产品模型或服务模式用直观的形式表现出来，这样有助于投资人了解你的产品或服务。

（五）选择适合的路演人

选谁上台路演是个问题。最好的路演人人选是团队的创始人（CEO），他对于项目的把控力强，熟悉整体项目的战略发展布局，在问答环节能做到游刃有余。如果不是创始人来现场路演，则弱点很明显：如果对创业项目的现阶段发展认识不够全面，对项目未来走势不明确，很容易在投资评审环节回答不够完善。

（六）重视彩排

路演方案需要反复修改打磨，做好充分的准备，而不是寄希望于现场即兴发挥。创业路演最好采用现在流行的 TED 演讲方式。

二、展示 PPT 制作要点

据不完全统计，大多数风险投资人阅读一份创业计划书的时间不会超过 5 分钟。不仅如此，在各级各类的创业大赛中均要求参赛者在规定时间内完成创业项目的展示。因此创业者在展示创业计划时需要尽可能将详细的计划内容浓缩到一定篇幅的 PPT 中，借助 PPT 排版精美、表现形式丰富的优势，把创业计划中最具吸引力的重点要点展示出来。PPT 的篇幅一般控制在 20 页以内为宜，繁杂而冗长的内容会适得其反，让人无法把握重点。

PPT 的作用是为路演人提供讲演的思路，起到提示的作用，因此在制作 PPT 时，每张 PPT 的内容只需用关键词（句）展现出来，无须堆积大量的文字段落。路演人需要做到的是在 PPT 的辅助下把创业计划更好地推荐给观众，帮助观众迅速把握创业计划中的要点，而绝不能对着 PPT 一字一句地照着读，甚至是打开 PPT 让观众自己看。PPT 的整体风格要简约，用色不宜超过三种，尽量采用图表的表现形式。PPT 上需要展示的重点内容包括以下几个部分。

（一）标题页（1 页）

创业计划书的标题是 PPT 的第一页，为了给观众留下先入为主的第一印象，标题页需有自己的亮点，比如可将拟创公司的宗旨或目标浓缩成一句话，作为副标题展现，也可以为公司设计一个亮眼的标志等。

（二）产品/服务介绍（1～2 页）

用简洁并且通俗易懂的语言讲清楚企业是做什么的。建议配上示意图或实物图，也可以配上服务流程图，让观众对公司所提供的产品/服务一目了然。

（三）市场痛点分析（2～3 页）

讲清楚潜在消费者有待解决的痛点问题，公司的产品/服务正是在目前的行业背景下为潜在顾客解决了一个甚至多个痛点问题，或者是为他们提供了更好的、更高性价比的服务体验。

（四）市场规模分析（1～2 页）

通过引用数据，借助图表的形式，直观地分析产品的市场规模，展示所属行业和细分市场的规模与潜力都是巨大的。

（五）竞争力分析（1～2页）

向观众展示你的核心优势，包括专利技术、供应链、营销渠道等，让他们相信这个项目只有你和你的团队能做，或者是你能够做得比其他人更好。

（六）商业模式介绍（2～3页）

讲清楚公司的商业模式，尤其是盈利模式，告诉观众企业是如何赚钱的，包括现有投入、生产运营、营销策略、盈利途径等，这部分是投资人关心的重点之一。

（七）团队介绍（1～2页）

投资项目实际上是在投资人，项目团队的介绍是必不可少的。需讲清楚核心团队的构成与分工，每位核心成员的背景与专长，需突出个人能力与岗位职责的匹配度，必要时可增加组织结构图或者股权分配比例等内容。

（八）财务预测与融资计划（2～3页）

用图表形式直观分析近三年的财务状况并对未来三年进行财务预测，讲清楚自己的融资计划，包括需要多少资金、准备稀释多少股份、融资所得资金打算怎么使用等。

应用案例

幻灯片上的创业征程

小瑾，一名对健康科技充满激情的信息工程专业高职生，决心开发一款多功能智能手环，以满足用户对健康监测和社交互动的复合需求。为了将这一创新想法实现，她和团队投入无数个日夜，制作出一份精练且内容丰富的创业计划PPT。这份PPT成为小瑾团队的得力助手，它详细阐述了市场分析、产品特性、商业模式、营销策略、运营计划、财务预测、团队介绍和项目里程碑。在校内外的创业竞赛和路演中，她凭借这份PPT赢得了评委和投资者的信任，成功获得了项目的启动资金。最终，智能手环项目在小瑾的带领下成功启动，迅速占领市场，获得了用户的高度评价和品牌知名度的显著提升。

分析：创业计划PPT不仅作为项目展示的窗口，更是团队合作的桥梁，市场验证的工具，以及吸引投资的磁石。

三、项目路演

项目路演就是企业或创业代表在讲台上向投资方讲解项目属性、发展计划和融资计划。项目路演分为线上项目路演和线下项目路演。线上项目路演主要是通过QQ群、微信群，或者在线视频等互联网方式对项目进行讲解；线下项目路演主要通过活动专场面向投资人进行演讲和交流。

创业者提供的产品和服务千差万别，因此项目路演不可能一成不变。一般来说，出色的项目路演应包括以下6个关键要素，可以用“6C”来概括。

（一）概念（concept）

创业者要说明自己创业的主体是什么，明确企业所提供的产品或服务的特性，以及未来的发展前景。

（二）顾客（customers）

明确企业产品或服务所适合的客户群体类型，了解客户的需求、购买力，并对潜在的客户群体特征做出判断，预测市场销售情况。

（三）竞争者（competitors）

需要明确所选择的创业项目有哪些竞争者，例如该项目是否有人从事，若有人从事，要充分了解其情况。只有知己知彼，方能百战不殆。

（四）能力（capabilities）

创业者本人的能力从根本上决定了企业的发展态势，因此在创业初期，创业者必须进行深入客观的自我分析，以便构建互补型的团队并弥补个人能力的欠缺。同时，应设定能力成长目标，通过自身的进步带动企业的良性发展。

（五）资本（capital）

资本既可以是现金也可以是资产，或者是可以换成现金的实物。资本在哪里、有多少，自有的部分有多少，可以借贷的有多少，都要阐述清楚。当拥有充足的启动资金时，要知道如何使用这些资源，让企业赢在起跑线上。

（六）永续经营（continuation）

当事业在起步阶段良性发展时，要为进一步的持续发展做出规划。同时，也要学会处理和面对风险，避免将过多的精力耗费在非关键风险上面。

知识探究

项目路演的内容与注意事项

1. 项目路演的内容

（1）用几句话说明你发现目前市场存在的空白点，或者存在什么问题（痛点）。

（2）你有什么解决方案，或者什么产品能够解决这个痛点问题？

（3）你的产品面对的用户是哪些？

（4）为什么这个事情你能做而别人做不了？如果大家都能做，为什么要投资给你？你的核心竞争力是什么？

（5）论证你的市场有多大。

（6）说明你如何赚钱，如果不知道怎么赚钱，至少让投资人知道你的项目有价值。

（7）用几句话告诉投资人，这个市场中有没有别人在干这个事情；如果有，那么他们做得怎么样？最好对你的项目进行SWOT分析。

（8）突出自己的亮点，说明你的优点。

（9）做财务分析，说明未来一段时期需要多少钱、能赚多少钱。

（10）介绍一下你的团队。

2. 项目路演的注意事项

（1）熟悉舞台和PPT内容。

（2）衣着打扮要适当。

（3）语速不能过快，不要有蔑视竞争对手的言语。

（4）不要过于激情洋溢，需要的是情商和智商。

（5）把握好时间，不要讲太多专业用语，内容要通俗易懂。

（6）要讲一个真正好听的故事。

（7）要清楚路演的目的和对象。不同的投资者有不同的关注点，比如财务投资者关心财务和盈利；产业资本关心技术和研发能力等。

经典分享

创业路演的3个必答题

TED（technology、entertainment、design的首字母缩写，即技术、娱乐、设计）是美国的一家私有非营利机构，该机构以它组织的TED大会著称，这个会议的宗旨是“传播一切值得传播的创意”（Ideas worth spreading）。创业路演的目的是说服观众（投资人），TED在邀请演讲者时一般会问3个问题：

（1）为什么是这个主题（创想）？

（2）为什么是你来讲这个主题（创想）？

（3）这个主题（创想）与观众（投资人）有什么联系？

能力训练

创业计划路演训练

1. 活动目标：培养创业计划路演实操能力。

2. 建议时间：课下时间自定，课上用时30分钟。

3. 材料准备：笔、A4纸、大卡纸、便利贴。

4. 活动规则与程序：

（1）学生分组，形成创业团队。思考自己团队的创业计划书应该如何路演，在8分钟内需要组织和讲述的内容有哪些。各创业团队撰写一份创业计划书，可套用以下格式模板：

1）项目概述——描绘宏伟蓝图，用一句话清晰概括项目。

2）市场痛点——用户需求/痛点。

3）解决方案——如何解决用户痛点。

4）用户分析——用户是谁？做用户画像。

5）核心团队——展示团队的能力和优势。

6）市场空间——市场蛋糕有多大？（数据分析）

7）推广方式——通过精准营销实现目标。

8）商业模式——整合资源实现价值变现。

9）竞争优势——对标企业有哪些？自身的核心优势是什么？展现市场机会和发展潜力，突出自身的核心资源和壁垒门槛。

10）财务预测——预测未来营收情况。

11）融资规划——融资多少、出让股份比例、如何花钱。

（2）各团队进行项目路演，每个团队的路演时间为8分钟。

（3）每个团队挑选一名成员扮演投资人，对其他团队的项目进行提问和选投。

模块九 初创企业组建及基本运营

导读导学

有了好的创新创业想法和商业模式，与创业团队进行充分的市场调研，经过慎重思考，我们决定开始创业，此时就需要考虑进行企业的组建。本模块介绍企业的组织形式：个人独资企业、合伙企业、公司制企业，以及企业选址、命名和注册这些基础工作。本模块将重点学习初创企业的管理，包括综合管理、员工管理和财务管理三个最基础的方面，力求让同学们在最短的时间内学到最实用的组建与管理初创企业的知识。

思维导图

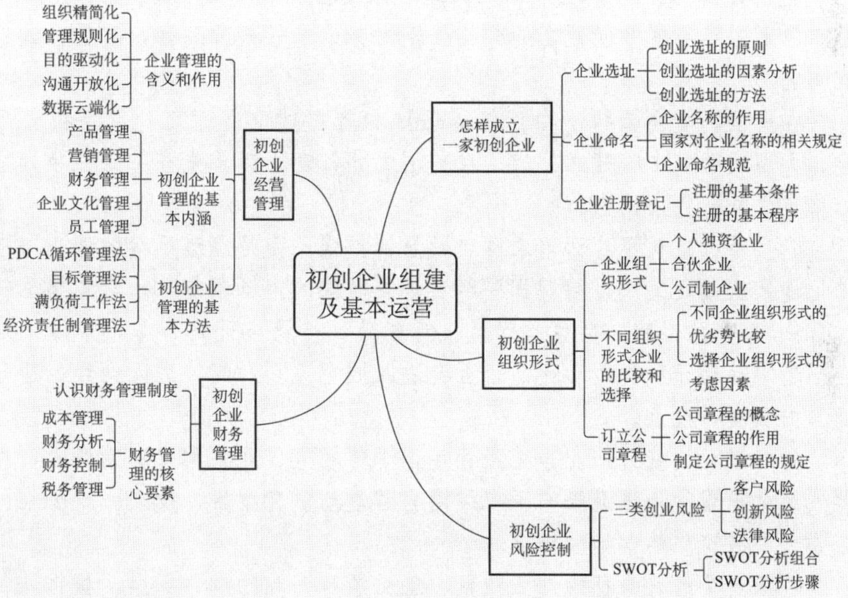

9.1 怎样成立一家初创企业

▶能力目标

1. 了解企业选址的概念、原则及方法
2. 了解企业命名的有关规定和基本规范
3. 了解企业注册登记的基本流程

导入案例

麦当劳的选址特色

麦当劳的研究表明，有70%的顾客来麦当劳就餐是出于“一时冲动”，麦当劳选址的基本原则是尽可能方便顾客的光临。麦当劳的选址精确到米，尽量让人们在最需要时容易找到它。

在美国，麦当劳除了在传统的区域和郊区建立餐厅之外，还在食品商场、医院、大学、大型的购物中心建立分店；在美国之外，麦当劳首先在中心城市建立餐厅，然后在中心城市之外辐射出网点。

麦当劳选址从不片面追求网点数量的扩张，而是经过严格的调查与店址评估。麦当劳选址建新店慎之又慎，前期都要经过很长时间的市场调查。通常在建立一家餐厅之前要经过3～6个月的考察，考察的问题极为细致，涉及店址是否与城市规划发展相符合，是否会出现市政动迁和周边动迁，是否会进入城市规划红线。进入红线的店址坚决不碰，老化商圈内坚决不设点。

针对目标消费群，麦当劳经营定位于年轻人、儿童和家庭消费者，所以选点通常在这些人经常出现的地方或繁华闹市。麦当劳选址讲究醒目，设点一定要在一楼或二楼的临街店堂，要有透明的落地玻璃窗。

创业者要经营自己的创业项目，就必须有一定的经营场所。根据法律规定，创业者有合法的经营场所并依法注册登记后，方可进行正常运营。因此，创业选址对创业者来说也是一个重要的问题，创业选址的好坏将直接影响创业项目的成败。

一、企业选址

创业选址是指运用科学的方法决定设施的地理位置，使之与企业的整体经营系统有机结合，以便有效、经济地达到企业的经营目的。

创业选址一般包括两个层次的问题：选址和定址。选址就是选择什么地区（区域）设置设施，通常需考虑是乡村还是城市、是南方还是北方、是东部地区还是西部地区、是沿海还是内地、是国内还是国外等。定址就是在所选的地区（区域）的什么位置设置设施，在已选定的区域内选定一个地方作为设施的具体位置。

（一）创业选址的原则

1. 成本费用原则

创业企业首先是经济实体，经济利益对于企业无论何时何地都是重要的。建设初期的固定费用、投入运行后的变动费用、产品出售以后的年收入等，都与选址有关。

2. 集聚人才原则

人才是创业最宝贵的资源，创业选址选择得合适有利于吸引人才。因创业搬迁造成员工生活不便，导致员工流失的事情时有发生。

3. 接近用户原则

对于服务型企业，几乎都需要遵循这条原则。许多制造企业也把工厂搬到消费市场附近，以降低运费和损耗。

4. 长远发展原则

创业选址是一项带有战略性的经营管理活动，因此要有战略意识。选址工作要考虑到创业生产力的合理布局，要考虑市场的开拓，要有利于获得新技术、新思想。在当前世界经济越来越趋于一体化的时代背景下，还要考虑如何有利于参与国际竞争。

5. 兼顾其他原则

需兼顾政策因素、环境因素、文化因素、社情民意等，如创业项目选址是否顺应政策导向，是否符合当地环保政策，是否适应当地气候条件，是否符合当地人民的生活风俗和习惯等。

（二）创业选址的因素分析

创业选址的因素分析如图 9-1 所示。

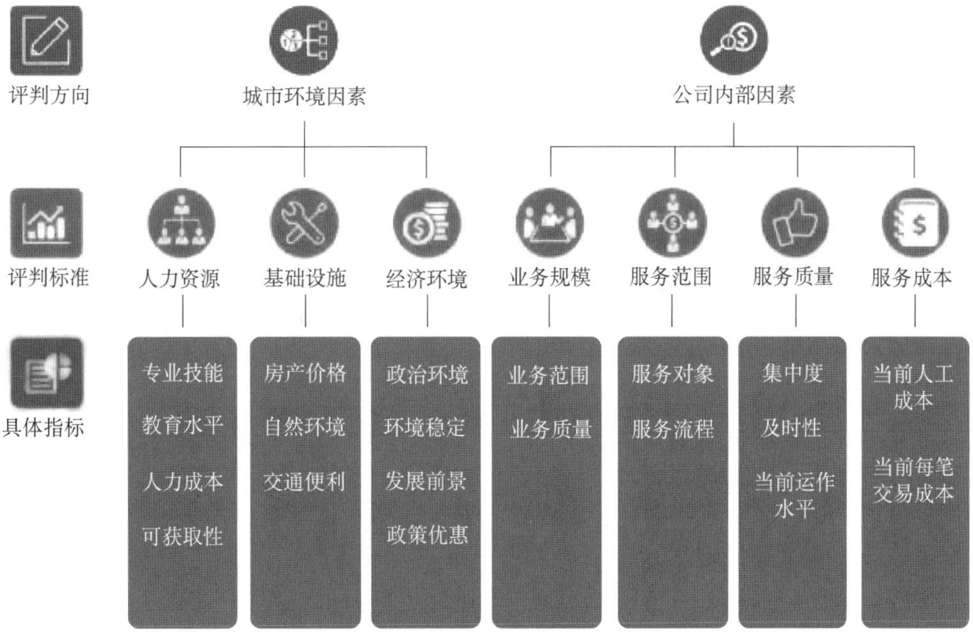

图 9-1　创业选址因素分析

（三）创业选址的方法

在进行选址时，企业有很多要考虑的影响因素，需要仔细权衡各种因素，做出最佳选择。

1. 有效地进行商圈分析

所谓商圈，是指以店铺所在地为中心，沿着一定的方向和距离扩展的、能吸引顾客的范围。简单地说，就是来店顾客所居住的地理范围。店铺的销售范围通常都有一定的地理界限，即有相对稳定的商圈。

创业者在进行选址时，要细心观察商圈的情况。如商圈内的客流量与车流量有多大，商圈内的竞争对手有多少，商圈所处的地理位置是城市中心还是城市边缘。

2. 根据主营商品来确定地址

营业地点的选择与主营商品及潜在客户群息息相关，各行各业均有不同的特性和消费对象，商业繁华区并不是唯一的选择。比如，宾馆适合开在长途汽车站、火车站附近，发廊适宜开在大型居民区附近，体育用品店可开在大学校园附近等。所以，这也就要求创业者首先要对自营的产品及目标消费群体有清醒的认识，知己知彼，方可制胜。

3. 看是否有方便的交通条件及停车场所

所选位置最好能够交通便利、通畅，与过街天桥、过街地下通道、公共汽车站、地铁站口、轻轨站口等公共交通设施相邻，尽可能位于十字路口的拐角，该类地区的人流量一般都会很大。同时，还应注意门前或附近是否有停车场，以方便有车的消费者来店时停车。

4. 当机立断，发现好的店铺要迅速拿下

好的地理位置你能看中，别人也很可能看中，一旦发现好的店铺位置就要迅速拿下，以避免夜长梦多，错失良机。

5. 了解房东与店铺背景

创业者需与房东进行细致的沟通，或与附近经营者沟通，了解房东的背景，避免上当受骗。

6. 对附近经营店铺进行调查

客观的评价要胜于主观的臆断。在发现一块自认为不错的位置后，还要对周边店铺的经营者进行咨询。一是可以更加明晰该位置的房价；二是可以了解周边竞争程度，有效地制定产品销售价格及促销方案，在未来抢得先机。

知识探究

地址因素评分法

地址因素评分法是使用最广泛的一种选址方法，它以简单易懂的方式将各种不同因素综合起来，便于应用。地址因素评分法的具体步骤如下：(1) 决定一组相关的选址决策因素。(2) 对每一因素赋予一个权重以反映这个因素的重要性。每一因素的分值根据权重来确定，而权重则要根据成本的标准差来确定，而不是根据成本值来确定。(3) 对所有因素的打分设定一个共同的取值范围，一般是 1～10 分，或 1～100 分。(4) 对每一个备选地址的所有因素在取值范围内打分。(5) 用各个因素的得分与相应的权重相乘，并把所有因素的加权值相加，得到每一个备选地址的最终得分。(6) 选择得分最高的地址作为最佳的选址。示例如表 9-1 所示。

表 9-1　备选地址信息

因素	权重	得分（总分 100）/分		加权得分/分	
		地点 1	地点 2	地点 1	地点 2
邻近已有商店	0.10	100	60	10.0	6.0
交通便利	0.05	80	80	4.0	4.0
租金	0.40	70	90	28.0	36.0
面积	0.10	86	92	8.60	9.2
布局	0.20	40	70	8.0	14.0
成本	0.15	80	90	12.0	13.5
合计	1.00			70.6	82.7

创业者通常会对综合得分设定最低临界值。如果备选地址达不到最低临界值，创业者就不必进一步考虑它。如果没有地址达到最低临界值，那就意味着需要增加备选地址或对这个最低临界值重新考虑。需要注意的是，在运用该法时，由于确定权重和得分完全靠个人的主观判断，只要个人判断有误差就会影响评分数值，最后影响决策的可行性。

应用案例

餐厅的大数据选址法

每年有大量的餐饮创业者进入市场，而每年的餐饮门店选址成功率极低，这些贸然的选址和战略上的失误，主要是由于市场定位不明确，缺乏商圈信息对比，没有全方位的数据支持。大数据选址法（见图 9-2）可以解决以上问题。

图 9-2　大数据选址法

(1) 市场定位：去哪个城市开店？

(2) 商圈定位：进入哪个商圈？

(3) 菜单定位：做什么菜系？菜单怎么定？客单价怎么定才合适？

(4) 投资测算：销售额预估有多少？选址成功率有多高？

(5) 运营分析：开店之后怎么运营？怎么提升门店销售额？

没有人能准确无误地预测未来，但是利用大数据可以把可控风险降到最低。利用大数据的分析因素很多。例如，城市的基本情况：经济总体发展现状、常住人口数量、流动人口数量、消费总额、人均收入等；该城市餐饮业生态情况：商圈数量、菜系的分布、销量前 50 的菜系占比、堂食/外卖的热销门店前 50、热销菜式前 50；商圈定位：交通情况、购物概况、房租/房价、停车场、客流量。

通过多维度的数据分析，可以从中判断出本餐厅是否适合这个商圈的餐饮生态，并确定入驻哪个商圈。

二、企业命名

（一）企业名称的作用

企业名称是企业参与市场活动的名片。企业要参与生产或者销售活动，都必须有个名字。企业有个好名字，才能更好地被市场和消费者认识，才能更好地参与市场活动。

企业名称是企业形象的代表之一。企业形象来自人们对企业的印象，而企业的名称则能使人们对企业形成首要的、最初的印象。企业名称的好坏，直接影响人们对企业的感觉，进而影响顾客选择或者其他企业是否愿意与其产生经济关系。

对于新创立的企业，拥有一个适当的名字十分重要，它不仅是企业的标志，也反映了企业的性质和文化，这对于在人们心中建立企业形象及产品的推广是很重要的。

（二）国家对企业名称的相关规定

1. 企业取名的步骤

（1）企业名称的结构。

企业名称的结构是全国统一的，即行政区划＋字号＋行业＋组织形式。行政区划是指企业所在的省或市，字号就是企业的名称。

（2）进行名称查重。

企业起好名称后不能马上去核名，要先进行查重，即不能与同行业已有的企业名称重复，才能通过企业核名。因此，在拟订企业名称的时候，最好多拟订几个备用名称，做到有备无患。按照国家有关法律规定，企业名称具有专用性和排他性，一旦核准登记，在规定的范围内享有专用权，受法律保护，其他单位和个人不得与之混用或假冒其名称。另外，名称要符合有关法律的规定，受法律保护的名称还可以转让或出售。

（3）核名后领取通知书。

确认名称没有与其他企业名称重复后，即可到企业所属的市场监督管理部门进行名称核准，获得通过后就能拿到市场监督管理部门下发的“企业名称预先核准通知书”。

2. 企业取名的法律规定

（1）企业名称不得含有下列内容的文字：有损于国家、社会公共利益的；可能对公众造成欺骗或者误解的；国家（地区）名称、国际组织名称、政党名称、党政军机关名称、群众组织名称、社会团体名称及部队番号；外国文字、汉语拼音字母、阿拉伯数字；其他法律、行政法规规定禁止的。

（2）企业名称应当使用符合国家规范的汉字。

（3）企业法人名称中不得含有其他法人的名称，国家市场监督管理总局另有规定的除外。企业分支机构名称应当冠以其所从属企业的名称。

（4）企业营业执照上只准标明一个企业名称。

（5）企业名称有下列情形之一的，不予核准：与同一市场监督管理机关核准或者登记注册的同行业企业名称字号相同（有投资关系的除外）；与其他企业变更名称未满一年的原名称相同；与注销登记或者被吊销营业执照未满三年的企业名称相同；其他违反法律、行政法规的。企业名称需译成外文使用的，由企业依据文字翻译原则自行翻译使用，不需报市场监督管理机关核准登记。

（三）企业命名规范

企业起名要注重名称的合法性、专业性、品牌战略、行业特点，同时，从与现代市场紧密结合的角度看，还要注意企业名称的“国际性”，不能违反其他国家的法律。要为企业起个好名称需要注意以下几点。

1. 合法性

企业起名后需要经过市场监督管理部门审核。合法性是企业起名的首要条件，要引起重视。

2. 品牌唯一性

新成立的企业一般没有什么品牌优势，但是，一旦企业发展起来，就会树立起自己的品牌地位。这里有两点需要注意：

（1）新成立企业的名称不要与现有的企业名称或市场品牌的读音和字形相近。这主要是因为一旦产生侵权纠纷，不仅白白地给别人做了宣传，还将企业的人力、资金投入浪费掉了。

（2）新成立企业的品牌一旦打响，有可能被别的企业所利用。如果企业的品牌信息不具有独特性、唯一性，很容易让他人获得“打擦边球”的机会，这在市场中非常常见。

3. 反映企业品质与文化

一些企业要求名称大气、响亮，而事实上，企业名称要根据企业发展的阶段状况而定，名不副实是一大忌讳。

4. 其他要求

命名应本着乐观向上、积极进取的原则，并且让人产生联想、容易记住，还要注意与其他企业区别开来。名字不要误导消费者，不要带有消极倾向。

建议名字不要太长，一般不超过四个字。名字应该易读、易写、易记，不可生僻拗口，也不要落俗套、随大流。有的企业专门给自己起一个稀奇古怪、读起来拗口的名字，这实在不是明智之举。

知识探究

2023 年 8 月通过的《企业名称登记管理实施办法》第十四条规定，企业名称以“中国”“中华”“全国”“国家”“国际”等字词的，国家市场监督管理总局应当按照法律法规相关规定从严审核，提出意见并报国务院批准。企业名称中间含有“中国”“中华”“全国”“国家”等字词的，该字词应当是行业限定语。外商投资企业名称中含有“（中国）”字样的，其字号应当与企业的外国投资者名称或字号翻译内容保持一致，并符合法律法规规定。

此外，该《办法》还规定，企业名称应当使用规范汉字。企业需将名称译成外文使用的，应当依据相关外文翻译原则进行翻译使用，不得违反法律法规规定。

《办法》规定，企业可以选择字号。字号应当由两个以上的字组成。县级以上地方行政区划名称、行业或者经营特点用语等具有其他含义，且社会公众可以明确识别，不会认为与地名、行业或者经营特点有特定联系的，可以作为字号或字号的组成部分。自然人投资人的姓名可以作为字号。

三、企业注册登记

注册登记是企业成立的重要前提和依据，目的在于保护公众的利益，将企业的基本情况、经营情况、股份持有人等法律允许公布的事项向社会发布，有助于公众与企业安全交易。

（一）注册的基本条件

企业法人登记程序是指有关法规、规章所规定的申请企业法人登记应遵循的步骤和过程，它有两个基本要求：

（1）开业者要符合国家规定的开业条件。

根据相关法律法规的规定，申请企业法人登记时应符合下列基本条件：1）有固定的生产经营场所和必要的设施；2）有固定的人员；3）有必要的资金；4）有符合规定的名称和章程；5）有明确的生产经营范围并符合国家有关政策法令。

（2）要备齐有关法律文件。

包括企业筹建人签署的申请登记书、政府部门或主管部门的批文、企业的章程和企业主要负责人的名单、身份证明（并附照片）。

（二）注册的基本程序

1. 确定企业名称

企业只能使用一个名称。企业名称由企业的投资人依法提出申请，企业名称登记管理机关（国家市场监督管理总局和地方各级市场监督管理局）依法核准。

2. 提供办公场地证明

如果店面是自己所有，则提供房产证；如果场地是租来的，则需提供租房合同和房东的房产证；如果办公场所无产权证的，须提供产权单位上级或产权证发放单位的相关证明。不同地方市场监督管理机构对办公场地的要求会有所不同，大部分地方规定登记地址必须是商务用途的办公楼才可以，少数地方对注册地址的要求没有那么严格，住宅也可以登记。

3. 办理证照

2015 年 10 月 1 日起，企业登记实行“三证合一”，就是将企业依次申请的营业执照、组织机构代码证和税务登记证三证合为一证，提高市场准入效率。

营业执照是市场监督管理机关发给工商企业、个体经营者的准许从事某项生产经营活动的凭证。其格式由市场监督管理总局统一规定。

经典分享

企业注册简明流程

1. 确定公司的类型（见图 9－3）

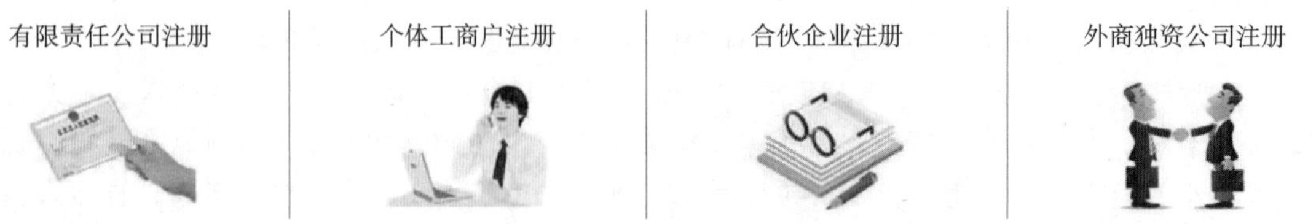

图 9－3　注册公司类型

2. 公司注册流程（见图 9－4）

图 9－4　公司注册流程

3. 注册所需资料信息

（1）公司名称；

（2）法人及全体股东身份证信息；

（3）法人及全体股东个人 U 盾；

（4）注册资本；

（5）股东出资比例；

（6）经营范围；

（7）注册地址。

4. 办理证照等

（1）营业执照正副本（多证合一）；

（2）公司公章、法人公章、财务章；

（3）公司章程。

5. 记账报税

（1）公司注册完成后，需要一名专业的会计在 10 个工作日内开始为企业建账报税，制定财务管理制度，对接国家税务管理窗口（各地税务报到时间要求有所不同，以当地政策为准）。

（2）公司注册后当月或下月 15 号前，需要进行首次记账报税。即使每个月没有任何收入，也需要向税务部门进行纳税申报。

6. 银行开户

开设银行账户所需资料：营业执照正副本；法人身份证；公章、财务章、法人章。

开户后可对公转账，可签扣税协议，方便企业缴纳税款，可代发工资及提取现金。

7. 商标注册

商标注册需提供的材料包括：营业执照复印件、清晰的商标标识、申请书、委托书。

商标注册前应进行查询，以提高商标注册的成功率。现在注册商标近似概率非常高，一定要提前做好商标查询。

能力训练

企业选址训练

1. 活动目标：

认识和理解创业企业选址的重要性和影响因素，能够根据项目的特点，运用选址方法选择适当地址进行创业。

2. 活动过程和规则：

（1）学生随机分组，每 3～5 人为一组，并推选出一名组长。

（2）请学生以“团队创业选址”为题，假设自己的小组现要创业，各小组根据团队情况，通过交流讨论后，选择适合的地址。每个小组派代表上台阐述团队创业选择地址及其原因。各小组组长和老师分别进行打分和评价，最终评价得分最高的小组为优胜组。

（3）老师进行总结。

9.2 初创企业组织形式

▶能力目标

1. 了解常见的企业组织形式
2. 理解个人独资企业、合伙企业和有限责任公司的区别
3. 能根据需要选择适当的企业组织形式

导入案例

合伙人对合伙企业的债务承担连带清偿责任

张某为某合伙企业合伙人之一，因市场竞争激烈，该合伙企业经营状况一直不佳，为此张某决定退出该合伙企业，并按规定通知了其他合伙人。其间，另一合伙人余某以该合伙企业名义与迪乐装饰建材公司签订了代销油漆涂料的合同。

王某自认为很有商业头脑，精通经营之道，要求加入该合伙企业，但其提出只负责货物销售，享受一定比例的利润提成，对合伙企业的债务不负责任，其他合伙人口头表示认可，从此王某便以该合伙企业的名义到处活动。

张某在办理退伙事宜时，因合伙企业与迪乐装饰建材公司刚刚签订代销油漆涂料的合同，故未将此合同有关事宜进行结算，张某退伙后，即去外地打工。

该合伙企业在后来的经营过程中，因违法经营，问题严重，被依法吊销营业执照，导致该合伙企业解散。迪乐装饰建材公司得知该合伙企业解散的消息后，即向法院起诉，请求该合伙企业偿还代销其油漆涂料的货款。

张某对合伙企业的债务是否还应承担责任？在该案的诉讼活动中，王某可否被列为被告？

不同形式的企业，法律责任是不同的。对于创业者来说，要创办一家企业，首先要清楚有关企业创立的一些基本知识，如创办企业需要哪些条件、企业有哪些组织形式、遵守哪些相关法律法规、履行企业成立的哪些程序及相关条件等。只有清楚了这些有关企业创办的基本知识，进行企业创办才有实质性意义。

一、企业组织形式

企业组织形式反映了企业的性质、地位、作用和行为方式；规范了企业与出资人、企业与债权人、企业与政府、企业与企业、企业与职工等内外部的关系。企业只有选择了合理的组织形式，才有可能充分地调动各个方面的积极性，使之充满生机和活力。

每种企业组织形式都有自身的优点和缺点，因此创业者必须考虑企业组织形式的法律规定及相互之间的对比，在此基础上甄选出最合适的企业组织形式（见图 9－5）。

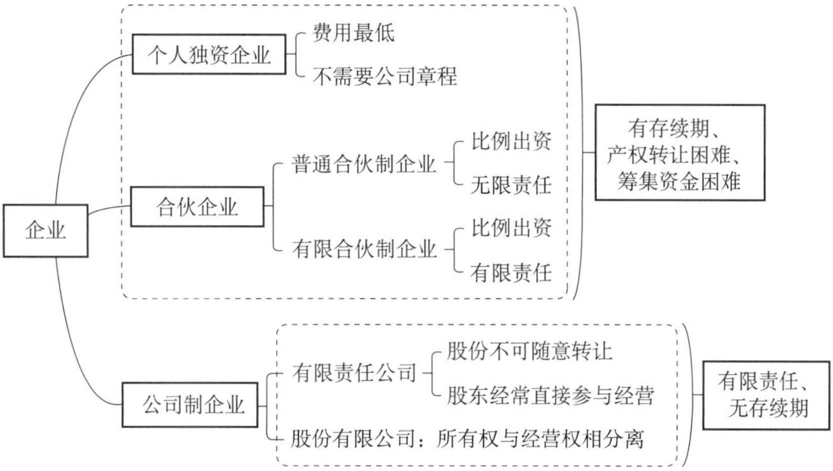

图 9－5　企业组织形式

（一）个人独资企业

个人独资企业是最早出现的企业组织形式。个人独资企业又称个人业主制企业，是指依法设立，由一个自然人投资并承担无限连带责任，财产为投资者个人所有的经营实体。独资企业的业主可以自行管理企业的各项业务，也可以聘任其他的人员管理企业事务。投资人聘用他人管理企业事务的，要签订书面合同，明确授权范围。

创业者申请设立个人独资企业，应当具备下列条件：（1）投资人为一个自然人；（2）有合法的企业名称；（3）有投资人申报的出资；（4）有固定的生产经营场所和必要的生产经营条件；（5）有必要的从业人员。

（二）合伙企业

如果两个或两个以上的人员共同创业，就可以选择合伙制作为新企业的组织形式，设立合伙企业应当具备下列条件：（1）有两个以上合伙人，合伙人均承担无限责任；（2）有书面合伙协议；（3）有各合伙人实际缴付的出资；（4）有合伙企业的名称；（5）有经营场所和从事合伙经营的必要条件。

申请设立合伙企业，应向所在地的企业登记机关申请办理设立登记。营业执照的签发日期，即合伙企业的成立日期。

入伙是指合伙企业成立后，其他人加入合伙企业的行为。新合伙人入伙时，应当经全体合伙人同意，并依法订立书面的入伙协议；入伙协议未约定的，新合伙人与原合伙人享有同等权益，承担同等责任。新合伙人必须对入伙前合伙企业的债务承担连带责任。退伙是指合伙人退出合伙企业，从而丧失合伙人资格。退伙一般分为任意退伙、法定退伙和除名三种。

（三）公司制企业

公司制企业实行所有权与经营权分离，与传统“两权合一”的个人业主制、合伙制相比，创业者选择公司制作为企业组织形式的最大特点是：仅以其所持股份或出资额为限对公司承担有限责任。同时，承担双重纳税义务，即公司盈利要上缴公司所得税，创业者作为股东还要上缴企业投资所得税或个人所得税。

公司制可分为有限责任公司（包括一人有限责任公司）和股份有限公司两种类型。

1. 有限责任公司

有限责任公司，简称有限公司，是由 50 个以下的股东出资设立，每个股东以其所认缴的出资额为限对公司承担有限责任，公司法人以其全部资产对公司债务承担全部责任的经济组织。有限责任公司包括国有独资公司以及其他有限责任公司。

其优点是设立程序比较简单，不必发布公告，也不必公布账目，尤其是公司的资产负债表一般不予公开，公司内部机构设置灵活。其缺点是由于不能公开发行股票，筹集资金范围和规模一般都比较小，难以适应大规模生产经营活动的需要。因此，有限责任公司这种形式一般适于中小型非股份制公司。

对于创业来说，有限责任公司是比较适合创业的类型，大部分的投融资方案都是基于有限责任公司进行设计的。

2. 股份有限公司

股份有限公司是指以公司资本为股份所组成的公司，是股东以其认购的股份为限对公司承担责任的企业法人。设立股份有限公司，应当有 2 人以上 200 以下为发起人。其基本特征如下：

（1）股东具有广泛性。

股份有限公司通过向社会公众广泛发行股票筹集资本，任何投资者只要认购股票和支付股款，都可成为股份有限公司的股东。

（2）出资具有股份性。

这一特征是股份有限公司和有限责任公司的主要区别之一。股份有限公司的全部资本划分为金额相等的股份，股份是构成公司资本的最小单位。

（3）股东责任有限性。

股份有限公司的股东对公司债务仅就其认购的股份为限承担责任，公司的债权人不得直接向公司股东提出清偿债务的要求。

（4）股份公开、自由性。

股份公开性、自由性包括股份的发行和转让。股份有限公司通常都以发行股票的方式公开募集资本，这种募集方式使得股东人数众多、分散广泛。同时，为提高股份的融资能力和吸引投资者，股份必须有较高程度的流通性，股票必须能够自由转让和交易。

（5）公司的公开性。

股份有限公司的经营状况不仅要向股东公开，还必须向社会公开，使社会公众了解公司的经营状况，这也是它和有限责任公司的主要区别之一。

核心概念

一人有限责任公司

一人有限责任公司其实是有限责任公司的一种。一人有限责任公司，是指只有一个自然人股东或者一个法人股东的有限责任公司。一个自然人只能投资设立一个一人有限责任公司。该一人有限责任公司不能投资设立新的一人有限责任公司。一人有限责任公司应当在公司登记中注明自然人独资或者法人独资，并在公司营业执照中载明。一人有限责任公司章程由股东制定。一人有限责任公司不设股东会。

一人有限责任公司的设立比较便利，成为创办新企业的一种主要组织形式，在很大程度上促进了创业型企业的形成。一人有限责任公司在组织形式上降低了公司创立的门槛；因主体是公司且只承担有限责任，降低了创业者的风险；一人有限责任公司往往组织结构简单，经营机制较灵活，增加了企业的经营柔性；因不存在股东大会和董事会，所有者与经营者合一，没有代理成本，有利于企业快速经营决策，也有利于人力资本价值的实现和激励。但一人有限责任公司也存在一些缺点：筹资功能不足，缺乏科学的决策机制等。因此创业者选择时必须保持清醒，尤其是对于首次创业者，如果缺乏一定的公司管理经验和资金实力，应该谨慎选择一人有限责任公司。

知识探究

个体工商户

个体工商户，指公民在法律允许的范围内，依法经核准登记，从事工商业经营的公民。个体工商户可以起字号，并以其字号进行活动。农村承包经营户是指农村集体组织的成员，在法律允许的范围内，按照承包合同规定从事商品经营的家庭或户。

自然人或以个人为单位，或以家庭为单位从事工商业经营，均为个体工商户。根据法律有关政策，可以申请个体工商户经营的主要是城镇待业青年、社会闲散人员和农村村民。国家机关干部、企事业单位职工不能申请从事个体工商业经营。

自然人从事个体工商业经营必须依法核准登记，取得营业执照后，才可以开始经营。个体工商户转业、合并、变更登记事项或歇业，也应办理登记手续。

二、不同组织形式企业的比较和选择

初创企业可以选择不同的组织形式，创业者可以选择由个体独立创办的个人独资企业和一人有限责任公司，或者由几个人创办合伙制企业，或者成立公司制企业。不同组织形式的企业，对创业者来说各有利弊，没有绝对的好坏之分，关键看是否适合创业者自身。

（一）不同企业组织形式的优劣势比较

个人独资企业、合伙企业、有限责任公司、一人有限责任公司和股份有限公司的优劣势比较如表 9－2 所示。

表 9-2 各种企业组织形式的优劣势比较

组织形式	优势	劣势
个人独资企业	● 企业设立手续非常简便，费用低 ● 所有者拥有企业控制权 ● 可以迅速对市场变化做出反应 ● 只需缴纳个人所得税，不双重纳税 ● 在技术和经营方面易于保密	● 创业者承担无限责任 ● 企业成功过多依赖创业者个人能力 ● 筹资困难 ● 企业随着创业者退出而消亡，寿命有限 ● 创业者投资的流动性低
合伙企业	● 创办较简单，费用低 ● 经营上比较灵活 ● 企业拥有更多人的技能和能力 ● 资金来源较广，信用度较高	● 合伙创业人承担无限责任 ● 企业绩效依赖合伙人的能力，企业规模受限 ● 企业往往因关键合伙人退出而解散 ● 合伙人的投资流动性低，产权转让困难
有限责任公司	● 创业股东只承担有限责任，风险小 ● 公司具有独立寿命，易于存续 ● 可以吸纳多个投资人，促进资本集中 ● 多元化产权结构有利于决策科学化	● 创立的程序相对复杂 ● 存在双重纳税，税收负担较重 ● 不能公开发行股票，筹集资金的规模受限 ● 产权不能充分流动，资产运作受限
一人有限责任公司	● 设立比较便捷，管理成本比较低 ● 鼓励个人创业以及技术型企业 ● 风险承担责任小，经营机制灵活	● 缺乏信用体系，筹资能力受限 ● 财务审计条件严格，运营较难
股份有限公司	● 创业股东只承担有限责任，风险小 ● 筹资能力强 ● 公司具有独立寿命，易于存续 ● 职业经理人进行管理，管理水平较高 ● 产权可以股票形式充分流动	● 创立的程序复杂 ● 存在双重纳税，税收负担较重 ● 要定期报告公司的财务状况、公开自己的财务数据，不便于严格保密 ● 政府限制较多，法规要求比较严格

（二）选择企业组织形式的考虑因素

通常而言，选择企业组织形式时应当考虑如下几个方面的因素。

1. 拟进入的行业

对于一些特殊的行业，法律规定只能采用特殊的组织形式。比如律师事务所只能采用合伙形式而不能采取公司制形式，而对于银行、保险等金融事业，法律则要求必须采用公司制形式。因此，根据拟进入的行业确定可以采取的企业组织形式是应当首先考虑的因素。对于法律有强制性规定的行业，只能按照法律规定的要求办理，对于法律没有强制性要求的，则需要根据实务中通常的做法以及创业者的特殊要求来确定组织形式。

2. 创业者风险承担能力

对于创业者而言，其风险承担能力是其创业前必须考虑的重要因素之一。商业环境中存在各式各样的经营风险，而企业的组织形式与创业者日后所需要承担的责任大小息息相关。公司制企业的股东仅以其出资额为限对公司承担责任，公司以其全部的资产对公司的债务承担责任，因此公司制企业的有限责任制度对于风险控制具有重大的意义。而对于普通合伙企业以及个人独资企业，合伙人或者投资人则需要对企业承担无限责任，如果选择这两种组织形式，则创业者所必须承担的风险不仅包括目前投资数额，还包括全部个人财产。因此，采用这两种组织形式进行创业的风险相对较大。

3. 税务因素

由于不同的企业组织形式所缴纳的税不同，因此选择企业组织形式时必须考虑税赋问题。根据我国相关法律的规定，对个人独资企业和合伙企业生产经营所得计征个人所得税，其中合伙企业的投资者将全部生产经营所得按协议约定的分配比例，确定各自的应纳税所得额，分别缴纳个人所得税。而对于公司制企业，既要就公司经营所得缴纳企业所得税，又要在向股东分配利润时为股东代缴个人所得税。

因此从税赋筹划的角度而言，选择合伙企业和个人独资企业，通常所需要缴纳的税赋较公司制企业更低。但是这不能一概而论，对于一些特殊的行业，例如高新技术企业和小微企业，由于我国政府对其采取税收优惠政策，在享受到税赋优惠政策的情况下，公司制企业会更加节税。

4. 未来融资的需要

企业组织形式对于未来的融资也具有较大的影响。如果创业者自身资金充足，拟投资的事业所需资金要求也不大，则采用合伙制或者有限责任公司的形式均可；但是如果日后发展企业所需要的资金规模非常大，则建议采用股份有限公司形式。

5. 关于经营期限的考量

无论合伙企业还是个人独资企业，通常的经营期限都不会很长，很难持续发展下去。但公司制企业却完全不同，除出现法定解散事由或者股东决议解散外，原则上公司制是可以永远存在的。因此，创业时可以根据拟经营的期限来选择企业组织形式，若希望将该企业长期经营下去，则建议采用公司制企业形式。

三、订立公司章程

（一）公司章程的概念

公司章程是指关于公司组织和行为的基本规范。公司章程不但是公司的自治法规，而且是国家管理公司的重要依据。

（二）公司章程的作用

1. 公司章程是公司设立的最主要的条件和最重要的文件

公司的设立程序以订立公司章程开始，以设立登记结束。《公司法》明确规定，订立公司章程是设立公司的条件之一。审批机关和登记机关要对公司章程进行审查，以决定是否给予批准或者给予登记。公司没有公司章程，不能获得批准，也不能获得登记。

2. 公司章程是确定公司权利、义务关系的基本法律文件

公司章程一经有关部门批准，并经公司登记机关核准，即对外产生法律效力。公司依公司章程享有各项权利，并承担各项义务。符合公司章程的行为受国家法律的保护；违反章程的行为，有关机关有权对其进行干预和处罚。

3. 公司章程是公司对外进行经营交往的基本法律依据

由于公司章程规定了公司的组织和活动原则及其细则，包括经营目的、财产状况、

权利与义务关系等，这就为投资者、债权人和第三人与该公司进行经济交往提供了条件和资信依据。凡依公司章程而与公司进行经济交往的所有人，依法可以得到有效的保护。

4. 公司章程是明确股东之间权利义务关系的基本依据

由于新公司法没有具体的相关规定，对于公司股东之间权利义务关系的约束只能靠公司章程。所以，公司股东在成立公司时一定要在公司章程中将各方的权利义务都尽量写清楚、详尽，例如，出资问题、不出资的惩罚问题、分红问题、股东退出问题等，以保证出现纠纷时能够顺利地解决。

5. 公司章程是唯一也是最主要的解决股权纠纷问题的证据

随着新公司法的实施，公司股东之间的股权纠纷将进一步增加，而股权争议中最有力的证据就是公司章程。

（三）制定公司章程的规定

鉴于公司章程的上述作用，必须强化公司章程的法律效力，这不仅是公司活动本身的需要，也是市场经济健康发展的需要。这就要求公司的股东和发起人在制定公司章程时，必须考虑周全，规定得明确详细。公司登记机关必须严格把关，使公司章程做到规范化，从国家管理的角度对公司的设立进行监督，保证公司设立以后能够正常运行。有限责任公司章程由股东共同制定，经全体股东一致同意，由股东在公司章程上签名盖章。修改公司章程，必须经代表三分之二以上表决权的股东通过。有限责任公司的章程必须载明下列事项：公司名称和住所；公司经营范围；公司注册资本；股东的姓名和名称；股东的权利和义务；股东的出资方式和出资额；股东转让出资的条件；公司机构的产生办法、职权、议事规则；公司的法定代表人；公司的解散事由和清算办法；股东认为需要规定的其他事项。

经典分享

大学生创业企业组织形式的选择

公司制企业、合伙企业、个人独资企业这三种形式各有利弊，大学生在自主创业时应具体分析，做出慎重选择。另外，股份有限公司注册资本较高，故对大学生初次创业适用面较窄，但可作为企业发展壮大、资金积累雄厚以后的组织形式。

有限责任公司是指有 2 名以上 50 名以下股东（自然人或法人）组成的对公司债务承担有限责任的法人组织。可见，有限责任公司适用于有 2～50 名大学生组成的创业团队，这 2～50 名大学生成为所设立的有限责任公司的股东，以他们的出资额为限对公司债务承担责任，该公司则以其全部资产为限对公司债务承担责任。

大学生可以用自己的知识成果入股企业。对此《中华人民共和国公司法》规定，股东可以用货币出资，也可以用实物、知识产权、土地使用权等可以用货币估价并可以依法转让的非货币财产作价出资；但是，法律、行政法规规定不得作为出资的财产除外。

有限责任公司要求具有较为完善的公司治理结构，如股东会、董事会、经理、监事等。这就要求在采用有限责任公司作为企业组织形式时，大学生创业团队要广泛吸纳各种类型的人才作为发起人，不但要有拥有资金、掌握专利技术的人才，还要有拥有管理、经营、财会等多方面专长的人才加入。另外，基于有限责任公司集资合性与人合性于一身的组织形式的特点，大学生创业团队的协作精神、互信基础也是不可或缺的。

能力训练

训练 1　团队创业选择企业组织形式

1. 活动目标：

认识和理解不同的企业组织形式，能够根据不同情况的创业团队选择不同的企业组织形式。

2. 活动过程和规则：

（1）学生随机分组，每 3～5 人为一组，并推选出一名组长。

（2）请学生以“团队创业选择企业组织形式”为题，假设自己的小组团队现要创业，各小组根据团队情况，通过交流讨论后，选择企业组织形式，每个小组派代表上台阐述团队创业选择的企业组织形式并说明原因。各小组组长和老师分别进行打分和评价，最终评价得分最高的小组为优胜组。

（3）老师进行总结。

训练 2　制定公司章程

1. 活动目标：

为企业制定合乎规定的公司章程。

2. 活动规则：

假设某自动化有限公司设立注册资金 100 万元，四人为股东，但其中一人不出资，以此为素材为该公司制定公司章程。公司章程必须载明公司名称和住所、经营范围、注册资本、法定代表人、股东的姓名和名称、股东的权利和义务、股东的出资方式和出资额。

3. 活动步骤：

（1）采用随机的方式分组，以每组 4～6 人为宜。

（2）每组制定公司章程，载明事项应齐全，且合理合规。

（3）老师进行总结和点评。

9.3 初创企业经营管理

▶能力目标

1. 了解初创企业管理的主要内容
2. 掌握 PDCA 管理法、目标管理法
3. 理解员工管理原则及方法

导入案例

被人淡忘的“中国第一博客网站”

2002 年，方兴东创建“博客中国”。之后 3 年内网站始终保持每月超过 30%的增长，全球排名一度飙升到 60 多位。

2004 年，方兴东获得盛大创始人陈天桥和软银赛富合伙人羊东的 50 万美元天使投资。

2005 年 9 月，方兴东从著名风险投资公司 Granite Global Ventures、Mobius Venture Capital、软银赛富和 Bessemer Venture Partner 那里融资 1 000 万美元，并引发了中国 Web2.0 的投资热潮。

随后，“博客中国”更名为“博客网”，并宣称要做博客式门户网站，号称“全球最大中文博客网站”，还喊出“一年超新浪，两年上市”的目标。

短短半年的时间，博客网的员工就从 40 多人扩张至 400 多人，据称 60%～70%的资金都用在人员工资上；加之在视频、游戏、购物、社交等众多项目上大把烧钱，千万美元很快就所剩无几。

博客网自此开始了持续 3 年的剧烈人事动荡，高层几乎整体流失，而方兴东本人的 CEO 职务也被一个决策小组取代。到 2006 年年底，博客网的员工已经缩减到融资之初的 40 多人。

随着新兴门户网站的快速崛起，博客网逐渐被人们淡忘。

一、企业管理的含义和作用

管理是通过计划、组织、控制、激励和领导等环节来协调人力、物力和财力资源，以期更好地达成组织目标的过程。管理是一门科学，也是一门艺术，有强大的力量及功效。每一位企业管理者都应该充分认识到自己的责任和使命，通过科学有效的管理发展和寻找更多的商机，创造更多的财富。任何企业只要从本企业实际出发，通过合理的体制模式、组织形式、经营方式等，就能把企业的潜能最大限度地调动并发挥出来，从而让企业充满朝气与活力，提高企业的竞争能力，并在不断变化的市场中取得属于自己的生存空间。

对于初创企业来说，要做到组织精简化、管理规则化、目的驱动化、沟通开放化、数据云端化，做到有效管理、提高效益、力促成效。

（一）组织精简化

即减少企业层级，让组织变得更为精简。不仅组织精简化，工作团队也要小型化。当企业组织精简化后，信息是横向流动居多，如 A 部门和 B 部门之间直接进行内部合作、内部谈判，然后推进工作的执行。这样将更能激发员工的积极性，员工从“任务执行者”变成“责任承担者”，员工容易感受到工作的成就感，所以愿意接受更多的挑战。资源的配置也将变得更合理和有效，横向流动的信息使得一线人员可以根据各自的利益诉求做出决策。

（二）管理规则化

即通过制定目标、规则来控制整个团队的整体方向。员工在各自的工作中遵循管理规则，管理者在发生突发事件时出面进行调解和解决问题；而在日常运营中，管理者则最好躲在后面，通过放权给团队，实现员工自下而上地去中心化管理。

风云人物

王传福

王传福（见图 9－6），比亚迪股份有限公司董事长、执行董事兼总裁。在 1995 年创立比亚迪，最初公司以生产电池为主，后来逐渐扩展到手机零部件和组装业务。进入 21 世纪，他凭借前瞻的眼光，将业务拓展到新能源汽车领域，成为中国乃至全球新能源汽车行业的领军企业之一。

图 9－6　王传福

（三）目的驱动化

即在日常的工作中，虽然在组织架构上做出了团队的划分，但是在实际工作中，团队的界限往往是不那么明显的，而是以工作的目标来作为划分的标准。利用 QQ 群、微信群、企业社交协作软件等沟通工具，可以非常简单、快速地为每个任务建立一个虚拟的小组，组内的成员可以在群组内进行信息共享，从而打破原有的部门界限，实现跨部门协作。

（四）沟通开放化

即增强员工内部的交流、促进成员之间的共同学习。企业可以利用企业社交协作软件建立企业内部沟通渠道，从而让信息在企业内部能够充分地流动起来，让员工之间建立更紧密的连接，这样一来可以让团队互相知晓各自的工作，二来可以有效营造学习型组织的氛围。

（五）数据云端化

即把公司数据储存在云端。把公司数据存储在云端的好处是不仅可以进行多终端的数据同步，而且数据的存储更加安全，让企业可以完整保存自己的运营历史，还能随时找到所需要的数据。在云存储时代之前，公司的数据其实是割裂开的，每个员工都储存着一部分公司的数据，这些数据由于没有存放在统一的平台上，因此也无法被搜索，这种情况造成了数据资源的巨大浪费。数据云端化还有很多额外的好处，比如说员工的离职对公司造成的数据损失将不再是个问题；员工可以充分利用公司网络内的数据资源，增强自身的业务能力；新员工入职可以快速地实现工作交接。

二、初创企业管理的基本内涵

为了促进企业管理水平的提高，增强企业的竞争力和发展能力，创业者应该掌握企业管理的基本知识，并能够运用这些管理知识和方法来解决企业管理中的实际问题。

（一）产品管理

新产品是指采用新技术原理、新设计构思研制、生产的全新产品，或在结构、材质、工艺等某一方面比原有产品有明显改进，从而显著提高了产品性能或扩大了使用功能的产品。新产品的开发要以满足市场需求为前提，以企业获利为目标。在这个过程中，企业应当遵循的原则是：根据市场需要，开发适销对路的产品；根据企业的资源、技术等能力确定开发方向；量力而行，选择切实可行的开发方式。在产品的开发管理过程中，采用何种策略则要根据企业自身的实力、市场情况和竞争对手的情况而定。同时，企业决策者的个人因素也直接影响产品开发策略。

（二）营销管理

营销管理是指为了实现企业或组织目标，建立和保持与目标市场之间的互利交换关系，而对设计项目的分析、规划、实施和控制。从实质上来说，营销管理就是需求管理，即对需求的水平、时机和性质进行有效的调解。

在市场行为中，营销管理涉及许多方面，各个环节的需求都要考虑到。营销管理中，企业强调团队合作，强调供应链。一个好的营销政策要充分考虑营销政策推行的各个方面，其中主要是企业、消费者、经销商、终端、销售队伍这五个方面。

（三）财务管理

财务管理是在一定的整体目标下，关于资产的购置（投资）、资本的融通（筹资）、经营中现金流量（营运资金），以及利润分配的管理。对于新创企业来讲，特别要做好现金流的管理，保持相对充裕的现金，以抵御各种不可预期的风险。一般来说，企业要保留6个月的现金流。

财务管理是一项涉及面广、综合性和制约性都很强的系统工程，在现代企业管理中，财务管理是通过价值形态对资金活动进行决策、计划和控制的综合性管理，是企业管理的核心。财务管理贯穿于企业管理的各个环节中，任何环节的失误都可能给企业带来财务风险，因此，企业的管理者应当注重此方面，将财务管理的风险防范工作始终落实到位。

（四）企业文化管理

企业文化是企业内部成员的共同价值观体系，表现为企业的“个性与风格”，它以企业宗旨、企业理念的形式得以精练、概括和传播，最终由企业的产品和员工行为习惯体现出来。优秀的企业文化，在精神上能够带动员工树立与企业一致的目标，使员工在个人奋斗的过程中保持与企业目标相同的步调，营造出一种积极的工作氛围、共享的价值观念和管理机制，产生鼓励积极创造的工作环境。此外，优秀的企业文化也会对企业的绩效产生强大的推动作用。

企业文化的内涵有五大要素，包括企业环境、价值观、英雄人物、习俗和仪式、文化传播网络，从形象层、行为层、制度层、精神层，层层深入，缔造一个企业的文化（见图9-7）。

（五）员工管理

员工管理对于创业企业来说极为重要。人力资源的短缺是创业企业在发展中所面临的

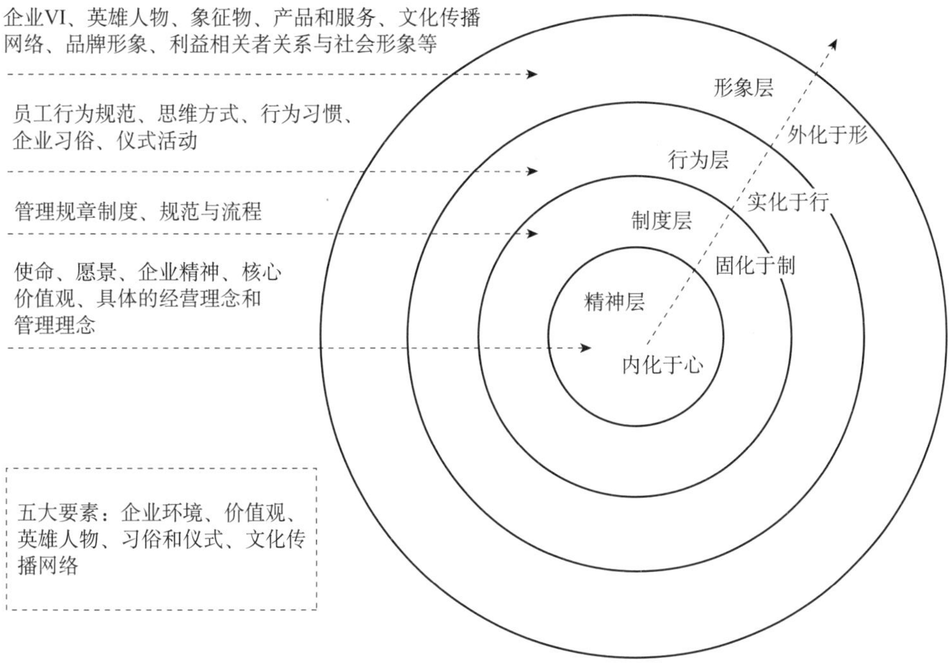

图 9-7 企业文化管理

主要制约因素之一。很多创业者在企业度过生存期后所面临的第一个挑战就是寻找合适人员来支撑企业的发展。新创企业员工管理一般遵循以下原则：一是充分了解企业的员工；二是聆听员工的心声；三是德才兼备，量才使用；四是淡化权力，强化权威；五是多表彰员工。

知识探究

小微企业的人员组成与岗位职责

1. 小微企业的人员组成

(1) 企业主。

在大多数的小微企业中，企业主既是企业的所有者又是经营者，是企业的灵魂和核心。企业主可以行使以下职责：

1) 开发创意，确定目标和行动计划。

2) 组织和调用员工实施行动计划。

3) 确保计划的执行，使企业达到预期目标。

(2) 企业合伙人。

如果一家企业不只有一个企业主，那么，这些企业主将以合伙人的身份共享收益、共担风险。他们共同决定如何分工合作，例如：一个人负责销售，一个人负责采购，一个人负责管理。合伙人之间的交流一定要透明和诚恳。合伙人之间若无法形成统一决策，往往会导致企业经营失败。因此，有必要在决定合作前签订股份合作协议或合伙协议。

(3) 员工。

如果企业主没有时间或能力把全部工作包下来，就需要雇用员工。小微企业可能只需要雇用1～2名员工，有的企业则需要雇用更多的员工。为了雇用到合适的员工，企业主要考虑以下几点：

1）按照企业主的企业构思，把该做的工作列出来。

2）明确哪些工作是企业主自己做不了的。

3）详细说明员工应具备的知识、技能和条件。

4）决定要由多少人来完成每项工作。

2. 确定岗位职责

确定岗位职责就是让合适的人做合适的事。因此，企业主必须考虑建立企业的人员管理制度，明确岗位职责，让所有员工都知道自己必须做哪些工作，以及完成这些工作所需要的知识和技能，即以制度管人，而非以人管人。岗位职责规定了某一特定岗位的工作内容，对于这些内容，企业主必须清楚地描述出来。这样做有如下好处：能明确员工的岗位及职责、权利与利益；能提供绩效考评的依据，调动员工的积极性。

一般来说，确定岗位职责时应注意以下问题：

（1）根据企业经营需要确定工作岗位名称及数量。

（2）根据岗位工种确定岗位职务范围。

（3）明确岗位任职条件。

（4）确定各个岗位之间的关系。

（5）根据岗位的性质明确实现岗位目标的责任。

（6）制定岗位职责（见表9-3）。

表9-3 岗位职责表

岗位	工作内容	所需素质或技能
经理	做计划、制定目标、监督实施、协调内部关系、与市场监督管理部门和税务部门等打交道	有主见、认真、果断、应变能力强、人际交往能力强
财务	出纳、收款、记账、管理现金、盘点库存	认真踏实、有条理、诚实、细致
销售管理	市场调查、与顾客建立并保持良好的关系、接订单、预测销售量、确定价格、组织促销活动、发货送货	认真、思路敏捷、有活力、善于与人交往、谈判能力强、讲诚信
生产管理	组织生产、监督生产、控制质量、管理工具设备和技术资料、维修、制订生产计划	认真、熟悉产品、懂技术、动手能力强、善于和人相处、善于处理矛盾和解决问题
产品设计开发	跟踪市场需求动态、收集样品信息、设计制作样品	有一定的美术基础、有较丰富的历史文化知识、富有创造性、懂工艺
生产工人	生产产品	有责任心、勤快、能吃苦、手巧

知识探究

建立公平合理的报酬激励机制

创业之初，必须制定规范的报酬制度，以合同的形式明确团队成员的利益分配机制。

对于每一个关键团队成员都必须合理制定报酬制度，尽可能公平地反映每位团队成员的责任，使每个成员的付出与报酬能够对等。

合理的报酬激励机制需要综合考虑企业和个人的目标。如果一个企业不需要外部资本，就可以不考虑外部股东对报酬问题的态度或影响，但需要考虑企业的综合目标。如企业的目标是在未来5～10年获得大量资本收益，那么就需要针对如何完成这一目标以及如何保持创业团队长期的创业精神来制定报酬制度。

三、初创企业管理的基本方法

（一）PDCA循环管理法

各种管理方法都有其独特的个性，但探究各种方法实施的全过程，会发现它们往往有彼此相似的规律——按照计划、执行、检查、处理（即P、D、C、A）的循环不断地重复进行。PDCA循环管理法在质量管理工作中得到推广。其实，它的应用显著超出了质量管理的范围，它不但反映计划、组织、控制三项管理功能的有机结合，也表述了企业经营管理工作的一般规律。所以可以说，PDCA循环管理法是企业经营管理中的一种十分基本的方法。

核心概念

PDCA循环

PDCA循环的含义如下：(1) P（计划），根据企业目标制订计划。(2) D（执行），按照计划定出措施，组织执行。(3) C（检查），对照目标检查效果，发现问题。(4) A（处理），总结经验，把成功的经验保留下来，并纳入标准；把遗留的和新产生的问题转入下一循环，制订新的计划，继续求得解决。

PDCA循环的运行状态如下：

(1) PDCA循环犹如车轮一般，按P、D、C、A四个阶段不停转动。

(2) 整个企业的管理系统构成一个大的PDCA循环，而各个部门、各个环节的管理又都有各自小的PDCA循环。这样，大环套小环，小环保大环，一环扣一环，一起转动（见图9-8）。

(3) PDCA循环每转动一圈，就提高一步，如同登梯一般，不停地转动，逐级升高，问题随之不断得到解决，经营管理水平也不断提高（见图9-9）。

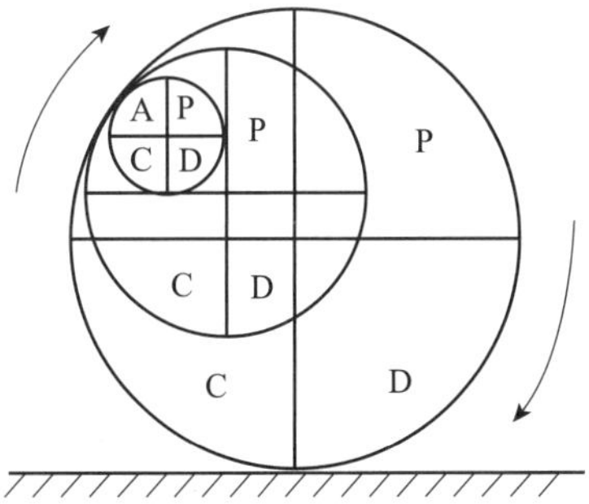

图9-8 大环套小环

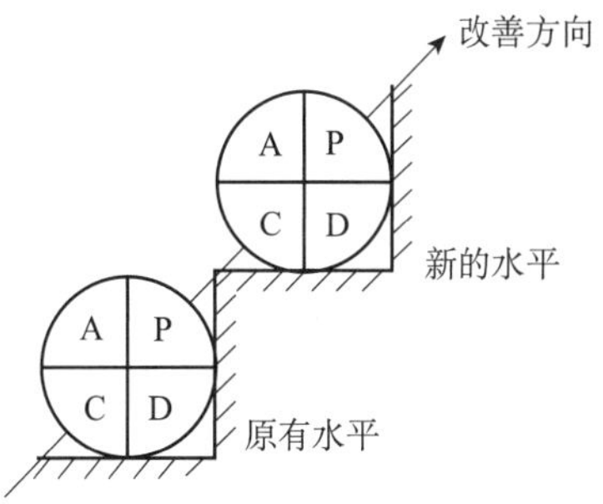

图9-9 PDCA循环逐级上升

（二）目标管理法

目标管理法是指以企业总目标为依据，从最高领导开始，逐级的主管与其下属协同定出本部门和每个人的目标，以及达到目标的计划和实施进度，据此填写目标卡（见表 9－4），并将全过程记录下来。到期终做出评定，给予奖惩，而后重新制定目标，开始新的循环。显然，这是 PDCA 循环在计划管理方面的应用。

表 9－4　目标卡

<table>
<tr><td colspan="17">部门________</td><td>责任者</td><td></td><td>主管领导</td><td></td></tr>
<tr><td colspan="2">目标</td><td rowspan="2">对策措施</td><td colspan="12">进度/月</td><td rowspan="2">权限</td><td rowspan="2">自我评价</td><td colspan="2">主管部门审核</td><td colspan="2"></td></tr>
<tr><td>项目</td><td>权重/%</td><td>1</td><td>2</td><td>3</td><td>4</td><td>5</td><td>6</td><td>7</td><td>8</td><td>9</td><td>10</td><td>11</td><td>12</td><td colspan="2">领导评价</td><td colspan="2"></td></tr>
<tr><td></td><td></td><td></td><td></td><td></td><td></td><td></td><td></td><td></td><td></td><td></td><td></td><td></td><td></td><td></td><td></td><td></td><td>实际完成</td><td></td><td>得分</td><td></td></tr>
</table>

实行目标管理法，可以在指定的时期内获得明显的效果，而且由于上下协调、层层落实，检查、控制、奖惩都比较易于执行。其缺点是容易忽视非定量的目标、例外事件或新的机会等；外部环境多变时，容易打乱原定部署。

（三）满负荷工作法

满负荷工作法在具体实施时，先对企业的各项工作提出较为先进的目标，分成几个阶段逐步求其实现，而后层层落实，形成保证体系，并与个人报酬挂钩。其主要内容有：质量指标；经营指标；设备运转；物资使用；资金周转；能源利用；费用降低；人员工作量，按定员定额；八小时工作制，提高工时利用率。此法最适用于管理基础较差的企业，要结合具体情况推行。

（四）经济责任制管理法

经济责任制管理法更适用于生产企业，其基础工作是：合理设置企业机构，做好定额定员工作；健全计量、检测、统计和原始记录工作；建立全厂、车间、班组三级核算体系。

实行经济责任制管理法的组织措施如下：建立领导小组，以总经理为首，有关各方面主管参加，审查经济责任制的总体方案，并对实施过程加以监督检查；指定主管部门，一般是企业管理办公室、总经理办公室等综合部门，由其提出总体方案；以计划、承包等方式将要求分摊到各部门，再层层落实到车间、班组和个人；建立联合办公制度，由主管部门及主要职能部门负责人参加，负责协调、平衡、汇总和查核各部门执行结果，确定奖惩；建立经济责任制信息网络，各环节都有人员负责收集、整理执行结果，并沟通信息。

经典分享

顺丰管理员工的秘诀

王卫 17 岁离开学校，做过搬运工、清洁工，23 岁创办顺丰。现在顺丰已有 21 万名员工，快递业务年收入达 200 多亿元，顺丰航空件的数量占国内货物空运量的 17%。

1. 练好内功，先要平衡“五行”

王卫介绍，顺丰经营管理体系由“五元素”构成：质量、品牌、市场占有率、利润与抗风险。王卫说：“犹如金木水火土是相生相克的关系，必须保持平衡，在某一环节上投入过多就会打破平衡。”而在“五元素”下还有极为细致的层层分解的行动方案，由每个部门制定与执行。

2. 靠“心法四诀”避免“走火入魔”

王卫认为，顺丰速运的管理体系只是企业管理的“外功”，要练好“外功”，还必须有“心法”的协助，要不然就容易“走火入魔”，误入歧途。“有爱心，与员工有同理心；有舍心，与员工慷慨分享；有狠心，出于爱与舍，对员工严格要求；有恒心，长期坚持这样做下去”，这就是“心法四诀”。

3. 员工管理

顺丰一直致力于在企业中创造一种积极的工作氛围，为员工营造轻松自由的工作环境。顺丰还为新入职的员工设计了一套标准化的培训体系，新员工不仅要参加军训，还要接受一系列有关服务技巧、服务标准和管理方面的培训。顺丰还有“内部种子计划”，为员工规划良好的职业晋升渠道，激发员工的工作热情。

顺丰的中层管理岗位都是公开招聘的。首先依据员工的业绩和管理层的评价等指标对员工进行筛选，然后了解员工对管理工作的规划和工作意愿，将最合适的员工放在最合适的管理岗位上。

员工是企业的第一资源，用心管理好员工，发挥员工的聪明才智，对企业完成目标与创造更大价值有重要的意义。

能力训练

管理者与下属沟通训练

1. 活动目标：

认识到员工管理对初创企业的重要作用和意义，掌握管理者管理员工的方法，能够理解和初步运用不同的员工管理方法。

2. 活动过程和规则：

（1）学生随机分组，每3～5人为一组，并推选出一名组长。

（2）请学生以“管理者如何与下属沟通”为题，各组成员列出各自的观点。

（3）组内成员相互交流，讨论后形成统一的小组观点。

（4）每组随机抽取一名代表上台阐述小组观点。各小组组长和老师分别进行打分和评价，最终评价得分最高的小组为优胜组。

（5）老师进行总结。

9.4 初创企业财务管理

▶能力目标

1. 了解企业财务管理制度
2. 掌握财务管理的核心要素

导入案例

财务数字里的创业智慧

小白毕业后与同学合伙创立了一家专注于移动应用开发的科技公司。他们推出的健康管理应用迅速获得市场认可。面对初创公司财务管理的挑战，小白和团队采取明智的策略：他们制定了严格的年度预算，优化现金流管理，实施成本控制措施，定期编制透明的财务报告，并建立全面的风险管理机制。此外，他们还进行了合理的税务规划和审慎的投资决策分析，确保资金使用的高效和安全。这些财务管理措施极大提升了资金使用效率，有效降低了运营成本，预防了潜在财务风险，并增强了团队成员与投资者的信心。良好的财务状况使公司能够加大市场推广力度，迅速扩大了市场份额，并吸引了更多投资者的关注，为公司的持续发展和未来扩张打下了坚实的基础。

分析：通过精心的预算编制，小白不仅确保了企业财务的稳健，也为公司的快速发展提供了强有力的支持。

一、认识财务管理制度

对于初创企业来说，创业者的关注重点主要集中在产品和业务发展等企业经营方面，财务往往不会引起创业者的重视。在新公司成立之初，随便找个代理记账公司就把财务工作外包出去了，许多创业者根本不知道财务工作都包含什么内容，更谈不上如何对公司进行财务管理。

然而，财务管理水平的高低直接影响企业未来的发展，决定了企业的存亡。对于初创企业，财务管理的首要任务是资金管理。很多创业者在公司成立之初对于未来业务的发展做了详细的规划，但是关于资金的需求却没有任何计划，资金支出完全跟随着业务发展的脚步，只有在资金不足，公司运营不下去的时候才开始寻求资金渠道。这个时候公司和创业者就会很被动，新的投资者可能会提出比较苛刻的条件，创业者只得接受。

处于初创期的企业，规范有效的财务管理制度是确保企业健康发展的重要工具。新创企业应结合实际，建立健全财务管理制度。新创企业的财务管理体系建设是一个逐步规范和完善的过程。要求在明晰产权的基础上，明确董事会、财务经理、一般财务人员各自在财务战略制定和实施中的地位与职责，并形成内部牵制以及责、权、利相结合的激励制度安排。创业者作为企业法定代表人，是企业财务工作的第一责任人。因此，创业者要自觉学习财务管理的相关基础知识，只有懂规则、懂专业知识，才能有效进行财务管理和监督，避免因不懂规则而造成不必要的损失。

应用案例

创业企业股权之争

1988 年，吴某出资 45 万元，另外两名同学各出资 27.5 万元，以 100 万元的注册资金创立了某照明企业。2005 年，吴某与另外两位企业创始人爆发矛盾，他第一次被“赶”出董事会。由于经销商力挺吴某，他回到董事会，另外两名创始人被迫接受各拿 8 000 万元离开企业。

2006—2008 年，企业不断募集资金，引入软银赛富、高盛等投资者的资金，吴某股权不断被冲淡，失去了第一大股东的位置。2011 年，施耐德电气成为企业的第三大股东。2012 年，吴某被毫无征兆地“因个人原因”而辞去企业的一切职务，他第二次被“赶”出董事会，2013 年重返董事会。2014 年德豪润达再度从吴某手中收购股份，在香港举行的临时股东大会中，吴某第三次被“赶”出董事会。

作为公司的创始人吴某，却一再从自己一手创办的企业中出局。他借助资本的力量，曾完美解决创业股东之间的纠纷，却陷入一场场“局中局”。

李彦宏说过：不要轻易将主动权交给投资人，在创业的过程中没有人会乐善好施。

经典分享

初创公司财务管理的几个“坑”

1. 资金往来通过个人支付宝、微信账户，不经过公司银行账户，财务反馈只有支出，不反馈收入，涉嫌隐瞒收入偷税，有时会为公司带来不必要的麻烦。

2. 公司的财务制度一般规定了费用报销的期限，一般当月发生当月报销，特殊情况可以延后 1～3 个月，而很多客户反馈给财务的发票严重超期，甚至有往年的发票仍然拿来报销。

3. 有人认为公司设立后没有收入，就不需要报税，甚至有人认为开出发票才要交税，不开发票无须交税。实际上，公司从成立之日起，就有法定的纳税义务，即使企业暂时没有收入，也应每月在报税截止日期前按要求申报各项税费。没实现营业收入，增值税表只需零申报即可，但是不能长期都是零申报。

4. 投资人的资金投入企业后，变成了企业的资产，投资人使用企业的资金，只能作为暂时从企业借款，企业应根据财务内控制度进行管理。如果这笔钱是企业对股东进行的利润分配，要交 20%的个人所得税。如果是个人借款不冲销，长期挂账，会导致虚增资产。

5. 收入不回发票，长期挂预收款，存在偷漏税风险。如果预收账款挂账时间超出正常情况，需做出合理解释。一旦查出是应确认而未确认的收入，就会带来税收风险。

6. 公司购置物品不开发票真的省钱吗？从眼前利益来讲，开发票付出的成本会增加，但要知道，企业所得税是按利润缴纳的，采购时不开发票，成本无法扣除，则虚增利润，导致后期要为这笔采购款多交 25%的所得税。

二、财务管理的核心要素

（一）成本管理

成本管理是指企业生产经营过程中各项成本核算、成本分析、成本决策和成本控制等一系列科学管理行为的总称。成本管理由成本规划、成本计算、成本控制和业绩评价四项内容组成。成本管理充分动员和组织企业全体人员，在保证产品质量的前提下，对企业生产经营过程的各个环节进行科学合理的管理，力求以最少生产耗费取得最大的生产成果。成本管理是企业管理的一个重要组成部分，它要求系统全面、科学合理，对于促进增产节支、加强经济核算、改进企业管理、提高企业整体管理水平具有重大意义。

成本是体现企业生产经营管理水平高低的一个综合指标。因此，成本管理不能仅局限于生产耗费活动，应扩展到产品设计、工艺安排、设备利用、原材料采购、人力分配等产品生产、技术、销售、储备和经营等各个领域。参与成本管理的人员也不能仅仅是专职成本管理人员，应包括各部门的生产和经营管理人员，并要发动广大职工群众，调动全体员工的积极性，实行全面成本管理，最大限度地挖掘企业降低成本的潜力，提高企业整体成本管理水平。

（二）财务分析

财务分析是以会计核算和报表资料及其他相关资料为依据，采用一系列专门的分析技术和方法，对企业等经济组织过去和现在有关筹资活动、投资活动、经营活动、分配活动的盈利能力、营运能力、偿债能力和增长能力状况等进行分析与评价的经济管理活动。它为企业的投资者、债权人、经营者及其他关心企业的组织或个人了解企业过去、评价企业现状、预测企业未来、做出正确决策提供准确的信息。

常见财务报表有：资产负债表、利润表、现金流量表与股东权益变动表与相关附注说明。下面简要就资产负债表、利润表、现金流量表三大基本报表进行讲述。

1. 资产负债表

资产负债表是总括反映会计主体在特定日期财务状况的报表，主要分析流动资产、长期投资、固定资产、无形资产等信息，其基本结构是：资产＝负债＋所有者权益。资产负债表如表 9－5 所示。

资产负债表是反映公司某一特定日期（月末、年末）全部资产、负债和所有者权益情况的会计报表。不论公司处于怎样的状态，这个“资产＝负债＋所有者权益”会计平衡式永远是恒等的。报表左边反映的是公司所拥有的资源；右边反映的是公司的不同权利人对这些资源的要求。债权人可以对公司的全部资源有要求权，公司以全部资产对不同债权人承担偿付责任，偿付完全部的负债之后，余下的才是所有者权益，即公司的资产净额。

表 9－5 资产负债表

会企 01 表

编制单位：　　　　______年____月____日　　　　单位：元

资产	期末余额	上年年末余额	负债和所有者权益（或股东权益）	期末余额	上年年末余额
流动资产：			流动负债：		
货币资金			短期借款		
交易性金融资产			交易性金融负债		
衍生金融资产			衍生金融负债		
应收票据			应付票据		
应收账款			应付账款		
应收款项融资			预收款项		
预付款项			合同负债		
其他应收款			应付职工薪酬		
存货			应交税费		
合同资产			其他应付款		

续表

资产	期末余额	上年年末余额	负债和所有者权益（或股东权益）	期末余额	上年年末余额
持有待售资产			持有待售负债		
一年内到期的非流动资产			一年内到期的非流动负债		
其他流动资产			其他流动负债		
流动资产合计			流动负债合计		
非流动资产：			非流动负债：		
债权投资			长期借款		
其他债权投资			应付债券		
长期应收款			其中：优先股		
长期股权投资			永续债		
其他权益工具投资			租赁负债		
其他非流动金融资产			长期应付款		
投资性房地产			预计负债		
固定资产			递延收益		
在建工程			递延所得税负债		
生产性生物资产			其他非流动负债		
油气资产			非流动负债合计		
使用权资产			负债合计		
无形资产			所有者权益（或股东权益）：		
开发支出			实收资本（或股本）		
商誉			其他权益工具		
长期待摊费用			其中：优先股		
递延所得税资产			永续债		
其他非流动资产			资本公积		
非流动资产合计			减：库存股		
			其他综合收益		
			专项储备		
			盈余公积		
			未分配利润		
			所有者权益（或股东权益）合计		
资产总计			负债和所有者权益（或股东权益）总计		

初创企业可运用资产负债表的资料，分析出公司资产的分布状态、负债和所有者权益的构成情况，据以评价公司资金营运、财务结构是否正常、合理；分析公司的流动性或变现能力，以及长、短期债务数量及偿债能力，评价公司承担风险的能力；利用该表提供的资料还有助于计算公司的获利能力，评价公司的经营绩效。

2. 利润表

利润表是反映企业在一定会计期间的经营成果的财务报表。利润表依据“收入一费用＝利润”来编制，主要反映一定时期内公司的营业收入减去营业支出之后的净收益，如表 9－6 所示。

表 9－6　利润表

会企 02 表

编制单位：　　　　　　______年____月　　　　　　单位：元

项目	本期金额	上期金额
一、营业收入		
减：营业成本		
税金及附加		
销售费用		
管理费用		
研发费用		
财务费用		
其中：利息费用		
利息收入		
加：其他收益		
投资收益（损失以“一”号填列）		
其中：对联营企业和合营企业的投资收益		
以摊余成本计量的金融资产终止确认收益（损失以“一”号填列）		
净敞口套期收益（损失以“一”号填列）		
公允价值变动收益（损失以“一”号填列）		
信用减值损失（损失以“一”号填列）		
资产减值损失（损失以“一”号填列）		
资产处置收益（损失以“一”号填列）		
二、营业利润（亏损以“一”号填列）		
加：营业外收入		
减：营业外支出		
三、利润总额（亏损总额以“一”号填列）		
减：所得税费用		
四、净利润（净亏损以“一”号填列）		

续表

项目	本期金额	上期金额
（一）持续经营净利润（净亏损以“一”号填列）		
（二）终止经营净利润（净亏损以“一”号填列）		
五、其他综合收益的税后净额		
（一）不能重分类进损益的其他综合收益		
1. 重新计量设定受益计划变动额		
2. 权益法下不能转损益的其他综合收益		
3. 其他权益工具投资公允价值变动		
4. 企业自身信用风险公允价值变动		
……		
（二）将重分类进损益的其他综合收益		
1. 权益法下可转损益的其他综合收益		
2. 其他债权投资公允价值变动		
3. 金融资产重分类计入其他综合收益的金额		
4. 其他债权投资信用减值准备		
5. 现金流量套期储备		
6. 外币财务报表折算差额		
……		
六、综合收益总额		
七、每股收益		
（一）基本每股收益		
（二）稀释每股收益		

通过利润表，我们一般可以对公司的经营业绩、管理的成功程度做出评估，从而评价投资者的投资价值和报酬。对利润表进行分析，主要从两方面入手：一是收入项目分析。公司通过销售产品、提供劳务取得各项营业收入，也可以将资源提供给他人使用，获取租金与利息等营业外收入。收入的增加，则意味着公司资产的增加或负债的减少。记入收入账的包括当期收到的现金收入、应收票据或应收账款，以实际收到的金额或账面价值入账。二是费用项目分析。费用是收入的扣除，费用的确认、扣除正确与否直接关系公司的盈利。所以分析费用项目时，应首先注意费用包含的内容是否适当，确认费用应贯彻权责发生制原则、历史成本原则、划分收益性支出与资本性支出的原则等。其次，要对成本费用的结构与变动趋势进行分析，分析各项费用占营业收入百分比，分析费用结构是否合理，对不合理的费用要查明原因，对费用的各个项目进行分析，同时与公司的财务情况说明书联系起来，看各个项目的增减变动趋势，以此判定公司的管理水平和财务状况，预测公司的发展前景。

3. 现金流量表

现金流量表是反映上市公司现金流入与流出信息的报表。这里的现金不仅指公司在财会部门保险柜里的现钞，还包括银行存款、短期证券投资、其他货币资金。现金流量表可以告诉我们公司经营活动、投资活动和筹资活动所产生的现金收支活动，以及现金流量净增加额，从而有助于我们分析公司的变现能力和支付能力，进而把握公司的生存能力、发展能力和适应市场变化的能力。现金流量表如表 9－7 所示。

表 9－7　现金流量表

会企 03 表

编制单位：　　　　______年____月　　　　单位：元

项目	本期金额	上期金额
一、经营活动产生的现金流量		
销售商品、提供劳务收到的现金		
收到的税费返还		
收到其他与经营活动有关的现金		
经营活动现金流入小计		
购买商品、接受劳务支付的现金		
支付给职工以及为职工支付的现金		
支付的各项税费		
支付其他与经营活动有关的现金		
经营活动现金流出小计		
经营活动产生的现金流量净额		
二、投资活动产生的现金流量		
收回投资收到的现金		
取得投资收益收到的现金		
处置固定资产、无形资产和其他长期资产收回的现金净额		
处置子公司及其他营业单位收到的现金净额		
收到其他与投资活动有关的现金		
投资活动现金流入小计		
购建固定资产、无形资产和其他长期资产支付的现金		
投资支付的现金		
取得子公司及其他营业单位支付的现金净额		
支付其他与投资活动有关的现金		
投资活动现金流出小计		
投资活动产生的现金流量净额		
三、筹资活动产生的现金流量		
吸收投资收到的现金		

续表

项目	本期金额	上期金额
取得借款收到的现金		
收到其他与筹资活动有关的现金		
筹资活动现金流入小计		
偿还债务支付的现金		
分配股利、利润或偿付利息支付的现金		
支付其他与筹资活动有关的现金		
筹资活动现金流出小计		
筹资活动产生的现金流量净额		
四、汇率变动对现金及现金等价物的影响		
五、现金及现金等价物净增加额		
加：期初现金及现金等价物余额		
六、期末现金及现金等价物余额		

企业的现金流量具体可以分为以下几个方面：

（1）来自经营活动的现金流量：反映公司为开展正常业务而引起的现金流入量、流出量和净流量，如商品销售收入、出口退税等增加现金流入量，购买原材料、支付税款和人员工资增加现金流出量等。

（2）来自投资活动的现金流量：反映公司取得和处置证券投资、固定资产和无形资产等活动所引起的现金收支活动及结果，如变卖厂房取得现金收入、购入股票和债券等对外投资引起现金流出等。

（3）来自筹资活动的现金流量：是指公司在筹集资金过程中所引起的现金收支活动及结果，如吸收股本、分配股利、发行债券、取得借款和归还借款等。

（4）非常项目产生的现金流量：是指非正常经济活动所引起的现金流量，如接受捐赠或捐赠他人、罚款现金收支等。

（5）不涉及现金收支的投资与筹资活动：这是一类对股民非常重要的信息，虽然这些活动并不会引起本期的现金收支，但对未来的现金流量会产生甚至极为重大的影响。这类活动主要反映在补充资料一栏里，如以对外投资偿还债务、以固定资产对外投资等。

（三）财务控制

新创企业进行财务控制活动，主要是对企业的资金投入及收益过程和结果进行衡量与校正，目的是确保企业目标以及为达到此目标所制订的财务计划得以实现。

财务控制是企业内部控制的一个重要组成部分，也是内部控制的核心，是内部控制在资金和价值方面的体现。财务控制必须确保企业经营的效率性和效果性、资产的安全性、经济信息和财务报告的可靠性。

新创企业实行良好的财务控制制度，有利于实现企业创业确定的经营方针和目标，是工作中实时监控的有效手段，也是企业评价标准；有利于保护企业各项资产的安全，防止资产流失；有利于保证企业业务经营信息和财务会计资料的真实性和完整性。

（四）税务管理

新创企业应严格遵守国家税法，积极开展企业税务管理活动，即在不损害国家利益的前提下，充分利用税收法规所提供的包括减免税在内的一切优惠政策，达到少缴税或递延缴纳税款，从而降低税收成本，实现税收成本最小化的经营管理活动。

能力训练

新创企业财务管理训练

1. 活动目标：

认识到财务管理是企业的一项重要基础性工作，掌握财务管理内容，能够理解和初步运用新创企业财务管理方法或手段。

2. 活动过程和规则：

（1）学生随机分组，每 3～5 人为一组，并推选出一名组长。

（2）请学生以“如何有效地进行新创企业财务管理”为题，各组成员先自己列出个人观点。

（3）组内成员就个人观点相互交流，进行讨论后，形成统一的小组观点。

（4）每组随机抽取一名代表上台阐述如何有效地进行新创企业财务管理。各小组组长和老师分别进行打分和评价，最终评价得分最高的小组为优胜组。

（5）老师进行总结。

9.5 初创企业风险控制

▶能力目标

1. 了解三类创业风险
2. 掌握 SWOT 分析的步骤

导入案例

18 个月是初创企业的“关键分叉点”

创业需要半年的准备期，特别是人才招募，优秀互补的创始团队是成功的基石。创业启动第一年为“生存关键期”，初创企业平均 12 个月后开始盈利，需要闯过“盈利生死线”，确保企业平稳度过出生期。实现盈利后创业企业进入“加速提升期”，第二年也成为企业能否迅速壮大、杀出重围、成为未来成功企业的关键阶段。

调查发现，18 个月时是初创企业走向分化的“关键分叉点”，创业企业发展分成加速成为高成长性企业、进入瓶颈等待突破、创业失利三类（见图 9－10）。在这 18 个月中，初创企业面临着各种风险，能否有效实行风险控制，将决定着企业发展的成败。

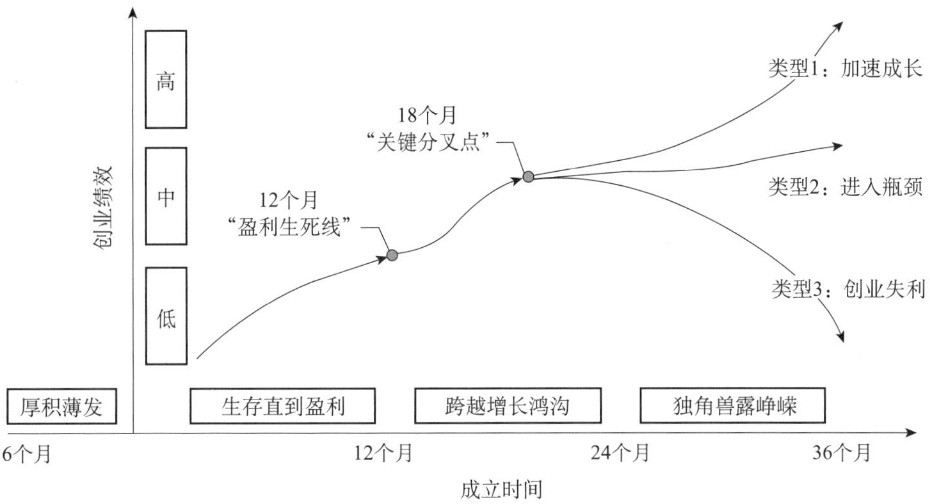

图 9－10　初创企业全生命周期演化图

一、三类创业风险

对于初创企业而言，在其所面临的诸多风险中，最主要和影响最大的三类风险分别是客户风险、创新风险和法律风险。

（一）客户风险

客户风险是指新创企业并不确定自己的创新产品是否拥有市场。这是当前我国大多数创业公司面临的最主要的风险。虽然中国已经成为全球创业最活跃的国家之一，但由于技术水平和制度环境的限制，目前，中国创业者大多数所选择的还是对现有技术进行“二次创业”，集中表现在网络产品和服务开发，并利用互联网渠道进行销售方面。这实际上并不是完全的发明创造或颠覆性的技术创新，而是属于“微创新”，因此这类企业面临的真正风险不是来自技术，而是在于此产品或服务到底是否存在真正的客户和市场。换言之，即客户和市场对新创公司的产品和服务是否“买账”。具体说来，客户风险可以从以下三个方面进行识别。

1. 创业者不能清晰地定义目标客户群体

初创企业最初都没有客户，这是必须面对的事实。对于仅有的少量客户，还要注意防范“大客户陷阱”。因此，新创企业必须承认自己的新产品或新服务还停留在“实验”阶段，无论是客户群体还是自己的解决方案都建立在“设想”之上，还仅仅是一种“可能”而不是“现实”，能否真正找到客户和市场都还是问题，还有待检验。

2. 创业者不能清晰地定义商业模式

对初创企业来说，并不存在现成的商业模式。而新的商业模式实际上来自创业者的假设，其可行性要不断地接受市场检验和测试才能固定下来，但在实践中，创始人往往认为自己已经找到了可行的商业模式，从而将重点放在“执行力”上面。

3. 创业者不能清晰地定义产品特征

即便新创企业能够清晰地定义客户群体，也无法预先知道客户会青睐什么样的产品。实际上，我们在事后会发现，取得成功的新产品开发极少能提供全面的产品功能，而更加普遍的情形是新产品或解决方案往往是在某一方面“单点突破”，提供完美的价值。因此，重要的并不是创业者所设想的完美的产品，而是在某一方面超越传统产品的客户体验。在与客户直接沟通之前，新创企业对此无从知晓。但在现实中，创业者通常都对新产品具有什么样的特征有非常清晰的想法，只是创业者往往忘记了这是他们自己的想法，而不是顾客的。产品特征到底是否符合顾客的要求，只能通过市场来检验。

（二）创新风险

创新风险指的是新创企业将技术成果商品化过程中的技术创新失败的可能。显然，技术创新一旦取得成功，将会有高投资回报，但也存在研发周期长、投资成本高、产品性能不确定性大等问题。具体说来，创新风险大致包括如下几类风险：一是技术自身的风险，如技术能否被成功开发、其实际效果、是否有技术副作用等都难以确定。二是相关技术不匹配的风险。三是技术环境风险，包括发展前景及替代技术的出现等。

我国新创企业往往依赖成熟技术，这从另外一个侧面反映出创新风险过高。应该指出的是，由于创业环境与创业制度制约，我国大多数创业公司所面临的创新风险并非来自颠覆式的技术变革，而主要是技术改进。对于少数真正进行先进技术研发的技术型创业公司而言，除了需关注技术研发本身的创新风险，还应关注创新的外部环境风险，其中主要来自国家政策变动与规制，例如医药领域、信息安全等领域的技术研发，研发环节中常常涉及政府审批，且与国家政策与资金支持紧密相关。

（三）法律风险

新创企业普遍缺乏法律咨询意识和法律风险防范机制，这与只重视社会关系、崇拜权力而轻视法律法规的创业环境有关。新创企业由于财力有限，规模尚小，更是难以顾及法律规范和法律咨询。实际上，这是新创企业面临的最为隐秘的风险。新创企业本质上就是要打破常规，因此其所面对的不确定性要远远高于成熟的大企业。

既然已经选择了创业，就需要了解企业的法律环境和要承担的企业责任。所有创业者都要按照国家法律的规定开办和经营企业，并承担相应的企业责任。初创企业相关法律法规如表 9－8 所示。

表 9－8　初创企业相关法律

法律	相关内容
企业法	《中华人民共和国公司法》《中华人民共和国个人独资企业法》《中华人民共和国合伙企业法》《个体工商户条例》《中华人民共和国中外合作经营企业法》中的相关内容
民法典	农村承包经营户、个体工商户、合伙企业、企业法人、代理、财产所以权、债权、知识产权、民事责任等；合同的订立、效力、履行、变更和转让，权利、义务的终止，违约责任等
劳动法	劳动合同和集体合同、工作时间和休息休假、工资、女职工和未成年人特殊保护、职业培训、社会保险和福利、劳动争议、监督检查等
劳动合同法	劳动合同的订立、履行、变更、终止与解除，法律责任等

二、SWOT 分析

SWOT 分析是市场营销管理中经常使用的功能强大的分析工具，最早是由美国旧金山大学的管理学教授在 20 世纪 80 年代提出来的。S 代表 strength（优势），W 代表 weakness（弱点），O 代表 opportunity（机会），T 代表 threat（威胁），其中，S、W 是内部因素，O、T 是外部因素。

（一）SWOT 分析组合

SWOT 分析有四种不同类型的组合：优势-机会（SO）组合、弱点-机会（WO）组合、优势-威胁（ST）组合、弱点-威胁（WT）组合（见图 9－11）。

内部分析 / 外部分析	优势S 列出优势	弱点W 列出弱点
机会O 列出机会	SO战略 发挥优势 利用机会	WO战略 克服弱点 利用机会
威胁T 列出威胁	ST战略 利用优势 回避威胁	WT战略 减少弱点 回避威胁

图 9－11　SWOT 分析组合

优势-机会（SO）组合是一种发展企业内部优势与利用外部机会的战略，是一种理想的战略模式。当企业具有特定方面的优势，而外部环境又为发挥这种优势提供有利机会时，可以采取该战略。

弱点-机会（WO）组合是利用外部机会来弥补内部弱点，使企业获取优势的战略。存在外部机会，但由于企业存在一些内部弱点而妨碍其利用机会，可采取措施先克服这些弱点。

优势-威胁（ST）组合是指企业利用自身优势，回避或减轻外部威胁所造成的影响。外部威胁如竞争对手利用新技术大幅度降低成本，给企业很大的成本压力；同时材料供应紧张，其价格可能上涨；消费者要求大幅度提高产品质量；企业要支付高额环保成本等。

弱点-威胁（WT）组合是一种旨在减少内部弱点，回避外部环境威胁的防御性战略。当企业存在内忧外患时，往往面临生存危机，降低成本也许成为主要的应对措施。

（二）SWOT 分析步骤

1. 运用七要素进行行业分析

七要素如下：

（1）人口因素：地理分布、种族构成、人口数量、年龄结构、收入水平等；

（2）经济因素：通货膨胀率、个人存贷款率、利率、税率、贸易赤字盈余、预算赤字盈余、GDP 等；

（3）政策/法律因素：税收政策、反垄断法律、劳工培训法、放松管制的措施等；

（4）技术因素：产品创新、知识应用、私人和政府支持的研发支出焦点、新沟通技术等；

（5）全球化因素：重要政治事件、新兴工业化国家、关键的全球市场、不同文化和制度属性等；

（6）自然环境因素：能源消费、能源开发、可再生能源的利用、环境友好型产品的生产等；

（7）社会文化因素：社会阶层、风俗习惯、价值观、宗教信仰等。

2. 运用“八力竞合”展开竞争分析

（1）行业内竞争对手：数量、行业集聚度、发展战略、研发策略等；

（2）替代品供应商：交叉价格弹性、技术发展趋势、客户行为、营销策略、非相关多元化的可能性等；

（3）互补品供应商：交叉价格弹性、技术发展趋势、客户行为、营销策略、联合营销的可能性等；

（4）买方：收入价格弹性、可支配收入水平、讨价还价的能力、偏好、消费习惯等；

（5）供应商：产业集聚度、研发策略、设备标准化、生产能力等；

（6）地方政府：公共关系、政策稳定性、地方优惠措施、城市规划、地方保护主义等；

（7）行业协会：行业数据搜集与分析、行业标准建设、行业协调沟通方式等；

（8）潜在进入者：迂回进入渠道、进入成本、竞争力等。

3. 盘点资源能力

从企业的有形资源、无形资源和企业能力几个方面进行内部盘点。

4. 构造 SWOT 矩阵

将调查得出的各种因素根据轻重缓急或影响程度等方式排序，构造 SWOT 矩阵。在此过程中，将那些对公司发展有直接的、重要的、大量的、迫切的、久远的影响因素优先排列出来，而将那些间接的、次要的、少许的、不急的、短暂的影响因素排列在后面。

5. 制订行动计划

在完成环境因素分析和构造 SWOT 矩阵后，便可以制订出相应的行动计划（见图 9－12）。制订计划的基本思路是：发挥优势因素，克服弱点因素，利用机会因素，化解威胁因素。

S	W
O	T

WT计划	最小与最小计划，即考虑弱点因素和威胁因素，目的是努力使这些因素都趋于最小	悲观
WO计划	最小与最大计划，即着重考虑弱点因素和机会因素，目的是努力使弱点趋于最小，使机会趋于最大	苦乐参半
ST计划	最小与最大计划，即着重考虑优势因素和威胁因素，目的是努力使优势因素趋于最大，使威胁因素趋于最小	苦乐参半
SO计划	最大与最大计划，即着重考虑优势因素和机会因素，目的在于努力使这两种因素都趋于最大	理想

图 9－12　制订行动计划

能力训练

SWOT 分析训练

1. 活动目标：

了解 SWOT 分析的步骤，掌握 SWOT 分析的方法。

2. 活动过程与规则：

（1）学生随机分组，每 4～6 人为一组，并推选出一名组长。

（2）在某一行业中选取若干同类型企业，每个小组选择一家企业，对其进行 SWOT 分析，为其制定发展战略。

（3）每个小组派代表上台展示分析结果。

（4）各小组组长和老师分别进行评价。

（5）老师进行总结。

参考文献

[1] 刘志迎．中国创新 50 人笔谈［M］．4 辑．合肥：中国科学技术大学出版社，2024.

[2] 李家华．创新创业教育［M］．3 版．北京：高等教育出版社，2024.

[3] 张玉利．创业管理［M］．北京：机械工业出版社，2020.

[4] 蔡莉，张玉利．创业学：原理与实践［M］．北京：高等教育出版社，2021.

[5] 杨斌．创新思维与方法［M］．北京：中国人民大学出版社，2022.

[6] 李海波．高校创业教育的国际比较［M］．杭州：浙江工商大学出版社，2020.

[7] 哈索・普拉特纳．认识设计思维．姜浩，译［M］．北京：人民邮电出版社，2019.

[8] 爱德华・德博诺．六顶思考帽．马睿，译［M］．北京：科学技术出版社，2016.

[9] 彼得・蒂尔，布莱克・马斯特斯．从 0 到 1：开启商业与未来的秘密．高玉芳，译［M］．北京：中信出版社，2015.

[10] 布鲁斯・R. 巴林杰．创业计划书：从创意到方案．陈忠卫，译［M］．北京：机械工业出版社，2016.

[11] 杰弗里・蒂蒙斯．创业学．周伟民，李长春，译［M］．北京：人民邮电出版社，2018.

[12] 马克・格鲁伯，［以］莎朗・塔尔．正向创业．刘薇娜，译［M］．北京：电子工业出版社，2019.

[13] 彼得・德鲁克．创新与企业家精神．魏江，译［M］．北京：机械工业出版社，2023

[14] 董晓彤．大学生创新创业理论及实践指南［M］．北京：文化发展出版社，2023

[15] 彭情，蔡永强，陆尚平．创新创业大赛案例集［M］．北京：中国水利水电出版社，2023

[16] 祝海波，陈洪华，罗匡，等．创新创业基础［M］．重庆：重庆大学出版社，2023

[17] 蔡中华．创新教育与创业基础［M］．北京：人民邮电出版社，2023

[18] 曹珍，韩提文，李爽．TRIZ 理论及工程应用教程［M］．北京：化学工业出版社，2023

[19] 温东荣，王海斌．创新创业实践［M］．厦门：厦门大学出版社，2022

[20] 徐德力，钱军，刘勤华，等．创新创业管理［M］．苏州：苏州大学出版社，2022

［21］邓立治，邓张升，唐雨歆．商业计划书案例［M］．北京：机械工业出版社，2022

［22］蔡静，吴维俊．“双创”时代大学生创业法治素养的提升［M］．太原：山西经济出版社：2022.

［23］杨炜苗．大学生创新创业［M］．北京：中国传媒大学出版社，2022

［24］杨冬，张娟，徐志强．何以可教：大学生创新创业能力生成机制的实证研究［J］．教育发展研究，2024（3）．

［25］纪海波．CIPP模型视角下高职院校创新创业教育现状审视、困境解析与策略优化［J］．江苏高职教育，2025，25（1）：91-101.

［26］龚成莹．新工科背景下创新创业人才培养探索与实践：以电子信息工程专业为例［J］．兰州工业学院学报，2025，32（1）：146-149.

［27］徐波波．“双高计划”下高职院校创新创业型人才培养的现实困境与实践进路［J］．现代商贸工业，2025，（6）：101-103.

［28］王广铭．高职院校大学生创新创业能力培养的有效途径与策略研究［J］．现代职业教育，2025，（8）：65-68.

［29］王秀媛，管忻玥．高校创新创业教育体系的构建与优化［N］．市场信息报，2025-02-24.

［30］尚骁原．高职院校创新创业人才培养体系的构建与实施［N］．黑龙江日报，2025-01-21.

［31］杨斯涵，蒋诗雨，刘家璇．着力构建全链条生态体系支持大学生创业［N］．湖南日报，2024-12-03.

图书在版编目（CIP）数据

创新创业教育 / 孔震主编 . -- 北京：中国人民大学出版社，2025.3. --（新编 21 世纪高等职业教育精品教材）. -- ISBN 978-7-300-33818-7

Ⅰ. G717.38

中国国家版本馆 CIP 数据核字第 2025JE3550 号

新编 21 世纪高等职业教育精品教材·通识课系列

创新创业教育

主　编　孔　震

副主编　范新灿　张春青　刘丽莎　罗海林

Chuangxin Chuangye Jiaoyu

出版发行	中国人民大学出版社		
社　　址	北京中关村大街 31 号	**邮政编码**	100080
电　　话	010－62511242（总编室）		010－62511770（质管部）
	010－82501766（邮购部）		010－62514148（门市部）
	010－62511173（发行公司）		010－62515275（盗版举报）
网　　址	http://www.crup.com.cn		
经　　销	新华书店		
印　　刷	天津鑫丰华印务有限公司		
开　　本	787 mm×1092 mm　1/16	**版　　次**	2025 年 3 月第 1 版
印　　张	16	**印　　次**	2025 年 3 月第 1 次印刷
字　　数	364 000	**定　　价**	45.00 元

版权所有　侵权必究　印装差错　负责调换